Gaohan Ganhan Diqu Gaodengji Gonglu Jianshe Jishu Zhinan

高寒干旱地区高等级公路建设技术指南

内蒙古自治区省际通道建设管理办公室
内　蒙　古　自　治　区　公　路　学　会　主编

人民交通出版社

内 容 提 要

本书收录了交通运输部和内蒙古自治区立项研究并通过鉴定和验收的科研项目共10项指南，分别为草原地区一级公路升级改造设计指南；高寒干旱地区桥涵混凝土结构裂缝病害诊治技术指南；高寒地区桥面沥青混凝土铺装层施工技术指南；高性能粉煤灰混凝土在路面工程中应用技术指南；盐碱干燥大温差条件下混凝土结构防护技术指南；一级公路交通安全设施设计技术指南；脆弱生态环境区域公路建设环境保护技术指南；钢筋混凝土梁桥运营阶段无损检测评价指标应用指南；风积沙路基施工技术指南；填石路堤施工技术指南。

该书填补了高寒干旱地区公路建设技术的空白，具有很高的工程实用价值。书中内容可供全国类似地质、气候条件下的公路建设项目借鉴，也可供科技人员和高等院校师生研究参考。

图书在版编目（CIP）数据

高寒干旱地区高等级公路建设技术指南/内蒙古自治区省际通道建设管理办公室，内蒙古自治区公路学会主编. —北京：人民交通出版社，2008.11
ISBN 978-7-114-07486-8

Ⅰ.高… Ⅱ.①内…②内… Ⅲ.干旱区-道路工程-工程施工-指南 Ⅳ.U419-62

中国版本图书馆 CIP 数据核字（2008）第181122号

书　　名：高寒干旱地区高等级公路建设技术指南
著 作 者：内蒙古自治区省际通道建设管理办公室
　　　　　内 蒙 古 自 治 区 公 路 学 会
责任编辑：沈鸿雁　黎小东
出版发行：人民交通出版社
地　　址：(100011)北京市朝阳区安定门外外馆斜街3号
网　　址：http://www.ccpress.com.cn
销售电话：(010)59757969，59757973
总 经 销：北京中交盛世书刊有限公司
经　　销：各地新华书店
印　　刷：北京鑫正大印刷有限公司
开　　本：880×1230　1/16
印　　张：17
字　　数：490千
版　　次：2008年12月　第1版
印　　次：2008年12月　第1次印刷
书　　号：ISBN 978-7-114-07486-8
定　　价：50.00元

前　言

内蒙古自治区省际通道东起呼伦贝尔市的阿荣旗、西至鄂尔多斯市的苏家河畔，全长2 600km，横贯内蒙古自治区东西，是全国距离最长的一个公路建设项目。省际通道穿越草原、沙漠，通过东部高寒地区与西部干旱地区，地质条件复杂，气候条件多样。为向当地人民交出一条优质路，广大科技人员在技术上进行了艰苦的探索和深入的研究，取得了不少技术研究成果。在此基础上，我们组织编写了《高寒干旱地区高等级公路建设技术指南》，旨在为在内蒙古自治区、乃至全国推广应用这些技术。

本书共收录了10项指南，分别为草原地区一级公路升级改造设计指南；高寒干旱地区桥涵混凝土结构裂缝病害诊治技术指南；高寒地区桥面沥青混凝土铺装层施工技术指南；高性能粉煤灰混凝土在路面工程中应用技术指南；盐碱干燥大温差条件下混凝土结构防护技术指南；一级公路交通安全设施设计技术指南；脆弱生态环境区域公路建设环境保护技术指南；钢筋混凝土梁桥运营阶段无损检测评价指标应用指南；风积沙路基施工技术指南；填石路堤施工技术指南。这些指南均来自于交通部（现已更名为交通运输部）和内蒙古自治区立项研究并通过鉴定和验收的科研项目，并在内蒙古自治区高等级公路建设项目上得到了应用，其中部分内容填补了行业规范的空白，具有很高的工程实用价值。书中内容可供全国类似地质、气候条件下的公路建设项目借鉴，也可供科技人员和高等院校师生研究参考。

参加本书编写的单位有：内蒙古自治区省际通道建设管理办公室、中交第一公路勘察设计研究院、华南理工大学科技开发公司、中国科学院广州化学研究所、武汉理工大学、内蒙古自治区交通设计院有限责任公司、北京中咨正达交通工程科技有限公司、长安大学、中交桥梁技术有限公司等。此外，我们还邀请了有关专家，对本书进行了审阅，并提出了不少有价值的意见和建议。在本书出版之际，谨向参加本书编写工作的单位和人员表示深深的谢意！

本指南若有不足之处，恳请各位专家和设计、施工、科技人员提出宝贵意见和建议，以便再版时修改完善。

总　目　录

草原地区一级公路升级改造设计指南

主编单位：内蒙古自治区省际通道建设管理办公室

中交第一公路勘察设计研究院

参编单位：长安大学

西安众合公路改建养护工程技术有限公司

主要编制人员：

张　广　吴明先　燕建民　李　涛　雒　应

贾廷跃　万　山　李俊梅　刘建蓓　刘学珍

马骏原　刘金利　赵满喜　李桂英　王艳丰

孙英杰　乔国栋　张红伟　袁　博　李　非

寇志宏

编 制 说 明

《草原地区一级公路升级改造设计指南》(以下简称设计指南)是根据交通部科技项目“草原地区一级公路升级改造适用标准及关键技术研究”(任务书编号2006 353 315 010)的要求,在系统分析草原地区公路特点、全面调查一级公路升级改造现状、仔细总结内蒙古自治区省际通道升级改造适用的技术标准与指标的研究成果基础上,参考有关技术规范编制而成。本设计指南由项目承担单位内蒙古自治区省际通道建设管理办公室、中交第一公路勘察设计研究院共同编制。

本设计指南共包括8部分和1个条文说明,主要内容有总则、名词术语、总体设计、安全性评价与检验、交叉口升级改造方案、封闭方案、交通工程及沿线设施、升级改造的灵活设计等,条文说明是对部分条文的内容补充或背景介绍。指南侧重于提出基本的技术方案与思路,对具体的技术指标与细节倡导灵活性。

通过本设计指南的编制及推广应用,旨在为草原地区公路升级改造的技术方案提供科学依据,并为其他地区类似工程项目提供参考与借鉴。

为了进一步提高设计指南的实用性和科学性,请有关单位在参考执行的过程中,注意积累资料,总结经验,将建议和有关信息反馈到科研课题组,以便再次修订时参考。同时,对在本指南编写过程中提供大力支持的各单位表示诚挚的谢意!

目　录

1 总则

1.1 基本原则

1.1.1 贯彻科学发展观,坚持公路建设“三个服务”的理念,打造和谐公路、生态公路。

1.1.2 贯彻新时期公路设计的新理念,即“六个坚持、六个树立”。

1.1.3 安全第一、灵活设计,充分利用旧路,有效降低工程造价。

1.1.4 充分重视草原生态环境保护,贯彻“不破坏就是最大的保护”的原则。

1.1.5 充分考虑沿线群众利益,重视辅道建设,促进区域交通、经济快速发展。

1.1.6 在遵循现有标准和规范的基础上,优先采用“不提速、不加宽、仅封闭”的升级改造方案。有条件时宜采用“提速、加宽、封闭”的升级改造方案。

1.1.7 本指南未涉及的内容,应遵循现行标准、规范的相应要求。

1.2 关键内容

1.2.1 安全性检验与评价。

1.2.2 交叉口改造方案。

1.2.3 封闭方案的确定。

1.2.4 交通工程及沿线设施。

1.3 适用范围

本指南适用于草原地区一级公路升级改造工程,草原地区高等级公路设计可供参考。

2 名词术语

2.0.1 草原地区

本指南所指的草原为狭义的草原,即为温带半干旱至半湿润环境下,多年生草本植物组成的地带性植被类型。

草原地区的公路一般有如下特点:

(1)地形以高平原为主、山岭少。

(2)地广人稀、远离城市、沿线居民以畜牧业为主、经济欠发达。

(3)公路线形指标高。

(4)公路沿线交叉口少、交叉口间距大。

(5)交通量少、行车速度高。

(6)交通组成以货运为主、摩托车占一定比例、非机动车和行人较少。

2.0.2 运行速度

指在特定路段上,在干净、潮湿条件下,85%的驾驶员行车不会超过的行驶速度,简称v_{85}。

2.0.3 一改高

一级公路升级改造为高速公路的全过程简称为“一改高”。

2.0.4 升级改造的四种模式

(1)不提速、不加宽、仅封闭改造

一级公路升级改造时,保持现有一级公路的设计速度和路基宽度,只对现有一级公路进行封闭改造,使之满足控制出入的高速公路功能。

（2）封闭、提速、不加宽改造

一级公路升级改造时，在保持现有一级公路路基宽度的基础上，提高设计速度，对现有一级公路进行封闭改造，使之达到控制出入的高速公路功能。

（3）封闭、加宽、不提速改造

一级公路升级改造时，在保持现有一级公路设计速度的基础上，根据规范要求加宽路基宽度，对现有一级公路进行封闭改造，使之达到控制出入的高速公路功能。

（4）封闭、提速、加宽改造

一级公路升级改造时，提高设计速度，加宽路基宽度，并对现有一级公路进行封闭改造，使之达到控制出入的高速公路功能。

2.0.5 人烟稀少路段

现有一级公路在连续15km范围内没有平交或仅有一处平交的路段。

2.0.6 一般路段

一级公路除人烟稀少路段外的其他路段。

2.0.7 灵活设计

在满足安全和环保的同时，全面分析建设条件，灵活合理地确定公路工程设计各要素指标，把此设计的方法称为灵活设计。

2.0.8 线形指标适应度

在对已建公路改建设计时，需要评价既有公路的线形指标与现行标准规范的符合度，从而获得既有公路的线形指标与现行标准的适应程度。由此把评价得到的某路段适应程度等级简称为该路段的线形指标适应度。

2.0.9 高接高

高速公路与高速公路交叉并采用匝道连接或高速公路与高路公路对接，简称高接高。一般情况下，连接高速公路的匝道应采用较高的线形指标。

3 总体设计

3.1 一般规定

3.1.1 草原地区一级公路升级改造项目应特别重视总体设计。通过细致完善的总体设计，确定升级改造段落的技术标准、建设规模和改造模式。

3.1.2 总体设计方案，既要考虑近期需要，又要考虑远期发展。

3.1.3 总体设计方案的确定过程中，应仔细研究一级公路升级改造后对区域路网的影响，从而合理确定与之平行、交叉等项目的衔接关系。

3.1.4 应针对升级改造项目所处不同区域的自然环境、建设条件、风土人情，确定和谐、符合地域特色的工程方案。

3.2 升级改造四种模式的选择

3.2.1 不提速、不加宽、仅封闭的升级改造模式，适应于现有一级公路交通量小、线形适应度较好、路基宽度满足现行规范要求，保持现有公路设计速度可满足高速公路功能要求及服务水平需求的公路。

3.2.2 封闭、提速、不加宽的升级改造模式，适应于线形指标较高，与高于现有公路设计速度一个等级的线形指标适应度好或较好，路基宽度满足提速后现行规范要求的公路。

3.2.3 封闭、加宽、不提速的升级改造模式，适用于交通量大、线形适应度较好、现有公路的设计速度符合高速公路对应设计速度要求的公路。

3.2.4 封闭、提速、加宽的升级改造模式，适用于交通量大、线形指标较高、与高于现有公路设计速度一个等级的线形指标适应度好或者较好的公路。

3.3 总体设计要点

3.3.1 应优先采用“不提速、不加宽、仅封闭”的升级改造模式，以提高安全性和服务水平，降低工程造价。

3.3.2 封闭升级改造为高速公路后，实际运行速度宜控制在 80 ~ 120km/h 之间。

3.3.3 一般情况下，维持现有一级公路平、纵、横指标，并尽最大可能保持公路主体工程不变。

3.3.4 对靠近城市（旗、镇）必须改线的路段，要保持改线起讫点前后线形连续一致，运行速度无明显突变，并尽可能采用平面间距大于 12m 的分离式路基。

3.3.5 边坡改造时，应尽可能放缓边坡，并保证较大的路侧安全净空区。

3.3.6 应将交叉口改造工程作为升级改造的重点工作之一，结合实际需求，确定合理的交叉口改造方案。

3.3.7 应重点研究和确定升级改造工程中交通安全设施、服务设施及管理设施的合理布局与规模。全面完善沿线标志、标线设施，并体现草原地区特色。应增设限速监控设施，有条件时宜设置全线监控、动态信息发布设施，大力提升公路的软环境。

3.3.8 在对一级公路封闭升级改造的同时，应系统地规划和实施辅道工程。同时应合理解决辅道与主路的连接贯通问题，切实考虑公路沿线群众的出行需求。

3.3.9 升级改造工程应结合项目区域分布的动物类型合理设置动物横穿通道。

3.3.10 应提升公路的旅游服务功能，设置具有草原特色的观景平台和公共汽车停靠站。

3.3.11 结合沿线自然、人口及交通实际状况，灵活确定隔离栅的设置原则。

4 安全性评价与检验

4.1 一般规定

4.1.1 对草原地区一级公路升级改造时，均应进行安全性检验与评价。

4.1.2 通过安全性检验与评价，测算现有公路实际运行速度的协调性和一致性，并通过建立公路项目区的三维仿真模型，绘制设计速度要求视距、运行速度要求视距和公路线形能提供的通视视距三者的曲线图，发现和找出不安全的因素和相应段落，特别是引起运行速度发生突变或超速的影响因素。寻找或确定现有一级公路上事故多发点或存在安全隐患的路段，提出改进措施，为升级改造方案的设计提供依据。

4.1.3 安全性检验与评价是确定各类构造物能否正常使用、交通安全设施（标志、护栏、视线诱导标）、服务设施设置形式和设置位置的重要依据。

4.2 评价与检验的内容

通过对各项技术指标的分析检验，使草原地区一级公路在升级改造后，车辆的实际运行速度与设计速度及改造公路的各项技术指标相匹配、协调，以保证车辆行驶的安全性，体现升级改造公路注重道路使用者安全、舒适的新理念。

4.2.1 平面设计

（1）圆曲线半径评价

根据 v_{85} 计算相应平曲线的最小极限半径，以检验设计中相应点的半径取值的合理性。

（2）平曲线最小长度

验算全线平曲线最小长度是否满足各结点运行速度对应路线规范要求的曲线长度最小值。

(3)缓和曲线参数

验算缓和曲线是否满足运行速度 v_{85} 对应圆曲线半径超高过渡段的要求,是否满足相邻缓和曲线的均衡性。

(4)直线段长度

直线路段的长度不宜过长,一般为不超过运行速度的20倍为宜。

(5)曲线间最小直线长度

同向曲线间的最小直线长度宜为行车速度的6倍,反向曲线的最小直线长度为行车速度的2倍。根据路段各结点的运行速度,对路线同向、反向曲线间的最小直线长度进行的检验均应满足要求,也可根据工程规模及建设条件适当放宽,但同向曲线间的最小直线长度应不小于 $3v$。

4.2.2 纵断面设计

(1)一般路段纵坡坡度、坡长

应满足运行速度对应《公路路线设计规范》(JTG D20—2006)中关于最大坡度、最小坡长、不同坡度最大坡长等技术指标的要求。

(2)竖曲线半径

通过运行速度测算数据,检查纵面设计指标是否满足竖曲线半径极限值、一般值和视距要求指标。对不满足的应结合视距检验,考虑调整竖曲线半径或采取其他速度控制措施。

(3)对长大纵坡的路段应采用大货车的运行速度进行检验。切实重视下坡方向的安全检验与措施。

4.2.3 横断面设计

(1)横断面组成

在理想状态下的行车道宽度为3.75m,路缘带宽度为0.5m,路肩宽度为2.5m。如果实际公路横断面组成部分的宽度大于此宽度,则其横断面因素不对车辆行驶的自由流状态构成影响,横断面能够满足车辆安全运行的要求。

同时要根据横断面对应的运行速度检验横断面宽度是否满足现行规范要求。

(2)紧急停车带

对于路面组成中硬路肩宽度均大于2.5m的车道,可不考虑设置紧急停车带。

(3)路侧安全净空区

①清除硬路肩边缘以外一定区域的所有障碍物。

②放缓边坡。

③加宽行车道外侧路基宽度。

④设置防撞等级高的护栏(高路基、桥梁护栏)。

⑤挖方路基设置暗埋式盖板边沟。

⑥挖方路段减少护栏设置等。

4.2.4 视距检验

(1)设计视距

高速公路是以停车视距作为安全设计要求的,在视距检验时应按提高一个等级取值。各种速度下小客车、大货车停车视距见表4.2.4。

各种速度下停车视距 表4.2.4

设计速度(km/h)	120	110	100	90	80	70	60	50
小客车停车视距(m)	210	185	160	130	110	85	75	—
大货车停车视距(m)	245	215	180	150	125	100	85	65

(2)运行视距

运行视距即车辆以实际的运行速度行使时所需对应的视距,也可参照上表4.2.4确定。运行速度较高时所需视距数值亦就越大。

(3)空间视距

空间视距即按照《公路路线设计规范》(JTG D20—2006)对视点高度和物点高度的要求，驾驶员在公路视点最不利车道(由于弯道的影响)上实际所能看到物体的最远距离。空间视距为几何线形所能提供的最大视距。

(4)视距检验分析的重点路段

①线形指标较低或不满足规范要求的路段(平、纵面和平纵面组合设计)。

②桥梁起终点引线路段。

③隧道进出口接线路段。

④互通式立交出入口路段。

(5)改善视距的方法

①调整平纵面指标或线形组合。

②优化大型工点接线处的线形设计方案。

③改变路基横断面组成和宽度。

④限制或降低实际运行速度。

⑤提供多项交通安全设施设计。

⑥路侧景观设计。

4.2.5 超高

(1)确定公路项目最大超高

利用曲线结点的运行速度和对应半径反算所需最大超高。如公路交通流中大货客车比例超过30%时，应以大货车的运行速度进行验算。

(2)超高值的计算

一般纵坡路段应通过计算后确定所采用的超高值。计算公式见式(4.2.5-1)。

$$i = \frac{v^2}{127R} - f \tag{4.2.5-1}$$

式中：R——计算平曲线半径(m)；

v——运行速度(km/h)；

f——横向力系数，是由路面与轮胎之间的摩阻力、旅行舒适度决定；

i——超高横坡度，当车辆在曲线内侧车道行驶时，取正号；当车辆在曲线外侧车道行驶时，取负号。

若f小于0.10~0.16以下，汽车在坡道上行驶时，不会感到或稍感到曲线的存在，乘客感到舒适、平稳。

若f大于0.16以上，汽车在坡道上行驶时，乘客会感到不舒适和不稳，需要调整超高值。

建议：一般路段上超高取值可按规范中、偏下限取值。

(3)长大纵坡路段上的超高

当下坡坡度大于3%时，超高值宜增加，按公式(4.2.5-2)计算。

$$E_{\min} = E + \frac{i_{纵} + E}{6} \tag{4.2.5-2}$$

式中：$E_{\min}$——长大纵坡路段的最小超高值(%)；

$i_{纵}$——纵向坡度(%)；

E——《公路路线设计规范》(JTG D20—2006)规定的超高值(%)。

4.2.6 路基路面

(1)通过在现有公路上布设一定数量的路基孔、桥头孔、地基孔，并进行相应的试验，测试有关力学指标，为病害治理、稳定验算及分析路面破坏原因提供依据。

(2)对路面进行全面检测,评价其性能,确定路面利用和改造方案。

4.2.7 桥梁涵洞

在升级改造方案确定的过程中,应对桥梁涵洞构造物进行全面的调查与检测,为加固、拆除、利用及加宽等方案提供科学依据,特别对于大中桥应选取有代表性的桥梁进行全面的荷载试验。

4.3 评价与检验的方法

4.3.1 阶段划分

(1)第一阶段:既有公路初始安全性评价阶段。

(2)第二阶段:升级改造公路后评价阶段。

4.3.2 运行速度测算方法

以2000年交通部标准规范研究课题“运行速度设计方法与标准”的研究成果为标准,提出了全面的运行速度测算模型和方法。

(1)车型选择

在运行速度测算时应分别对小客车、大货车两种车型进行计算,以期综合分析评价。

(2)测算模型

根据测算的运行速度分布和速度梯度变化数据,以运行速度 v_{85} 为纵坐标,路线长度为横坐标,绘制公路沿线运行速度变化曲线,即沿线的“运行速度分布图”、“运行速度梯度变化图”,并输出相应结点的运行速度测算分析数据表格。

运行速度分布图、运行速度梯度变化图、运行速度计算表示例见《公路工程基本建设项目设计文件编制办法》(交公路[2007]358号)附件。

4.3.3 路面及桥涵等构造物的检测与评价

对路面及桥涵等构造物的检测与评价应符合现行规范的要求。

4.4 评价标准

4.4.1 运行速度协调性评价

协调性评价采用满足速度梯度即100m内速度的变化值小于10km/h且运行速度差 Δv_{85} 小于20km/h作为评价指标。

4.4.2 运行速度 v_{85} 与设计速度协调性评价

当运行速度小于设计速度±20km/h范围内,则认为两速度协调性、一致性好,相关技术指标与实际运行速度的匹配性好,不需要相应检查和验算。

相反,当运行速度高于设计速度且超过20km/h的路段,则要对公路路线的相关技术指标进行安全性验算。通过对平纵曲线半径、超高、视距等技术指标进行安全性检验后,可采取多种手段、方法和措施对设计方案进行完善和调整。

4.4.3 对路面及桥涵等构造物应执行现行的评价标准和规范

5 交叉口升级改造方案

5.1 一般规定

5.1.1 应对区域路网功能进行深入地了解和分析,合理确定立体交叉设置的目的和位置。

5.1.2 路线交叉处的主线平纵面宜满足《公路路线设计规范》(JTG D20—2006)的一般值。

5.1.3 升级改造方案应特别重视安全性检验和评价,注重安全设施的设计。

5.1.4 充分利用既有桥梁、通道、天桥、分离式立交,合理合并和消除主线平面交叉口,提供安全的左转方式。

5.2 平面交叉

5.2.1 连接县城、重要乡镇或交通量较大、三级以上被交路的匝道与被交路的平面交叉应进行渠化设计。

5.2.2 人烟稀少地区的“一改高”项目，经充分论证后，对转向交通量非常少的交叉口，可酌情采用分期适时地交叉口改造方案。远期应改造为立体交叉；近期可在高速公路主线上设置以下两种平交口，并加强该段主线的警告、减速标志标线等安全设计，同时须对被交路设置强制减速、停车让行设施。

(1)仅在硬路肩处设置平交口。该平交口只能右转出入高速公路，不能横穿主路，车辆通过硬路肩前行至最近的通道或天桥穿越公路，须在平交口设置禁止横穿主线的标志和隔离设施。

(2)需设人行平交时，应采用人工控制红绿信号灯。

5.2.3 尽量减少主线上右进右出的平面交叉口，保证侧向安全，以不影响主线交通为原则。对于交通量小的次要道路与主线相连时，在主线应设置加减速车道与次要道路相连。

5.3 通道与天桥

5.3.1 应尽可能利用现有桥梁作为通道，或涵洞兼通道。新建通道可考虑下挖地面，但应做好排水设计。

5.3.2 天桥应与周边环境相协调，没有突兀感，宜设在挖方路段。具有地域特色的天桥景观对改善行驶的单调感有良好的作用。

5.3.3 为减少通道或天桥数量，宜将周边机耕道合并或移位。

5.3.4 宜设置动物通道。

5.4 分离式立交

5.4.1 分离式立交桥下道路应通视良好，必要时应设置通视孔。

5.4.2 分离式立交应结合路线、桥梁、排水等各个专业进行综合设计。

5.4.3 靠近城市的被交路纵坡应符合城市道路有关规定。

5.5 互通式立交

5.5.1 一般规定：

(1)互通式立交的设计应以“安全”为核心。

(2)互通式立交的形式宜全线单一、简单，便于驾驶人员辨认。

(3)注意汽车运行的一致性，尽量提供一个出口和一个入口。

(4)标志信息应简单明了。

(5)互通式立交方案基本确定后，应采用计算机技术模拟汽车在互通内的实际运行状况，仔细优化匝道线形。

5.5.2 互通式立交位置应与交通源连接最便捷，其连接线路网地位应比较重要，或者这个交叉点未来有远景规划，并且这个互通位置工程量较节省。

5.5.3 互通式立交匝道收费站应考虑收费安全以及水电接入方便，宜靠近城镇。

5.5.4 互通式立交的间距宜控制在 8 ~ 30km 之间，部分人烟稀少路段相邻互通式立交的间距可大于 30km，但应利用桥涵设置掉头车道。

5.5.5 互通式立交的形式应综合考虑收费方式、转向交通量、周边环境，优先选用单喇叭(双喇叭)、菱形、部分苜蓿叶形。

5.5.6 一般情况下，新建连接线宜与主线十字交叉，连接线尽可能与主线正交。互通式立交采用引入式，如引入式单喇叭。连接线的路网功能应是便捷、集散作用明显的干线、骨架公路。连接线不能因为互通式立交的接入而造成通行能力和服务水平的大幅下降。

6 封闭方案

6.1 一般规定

6.1.1 一般情况下,尽最大可能保持现有一级公路的主体工程不变,升级改造后的高速公路与周边环境应更和谐、更加浑然一体。

6.1.2 一般情况下,应取消平面交叉,利用现有桥孔或增设立体交叉。对于"人烟稀少路段",应尽量减少立体交叉的数量,应慎重确定右侧开口的位置及数量。

6.1.3 在"人烟稀少路段"可在较宽的硬路肩范围内设置摩托车、农用车和行人通道,但必须采取必要的安全保障措施。

6.2 隔离栅

6.2.1 隔离栅设置形式应多样化,可采用非混凝土、非钢材材料。

6.2.2 隔离栅可与牧民自设的草场隔离栅结合,可以将防沙工程、防雪设施与封闭工程结合起来。

6.2.3 在通过人烟稀少路段可采用宽度在2m以上生态隔离带将公路与外部隔离。

6.3 辅道设置

6.3.1 一般情况下,在村镇和人口稠密路段,应设置辅道。"人烟稀少路段"可不设置辅道。

6.3.2 辅道须与周边环境协调,可为简易沥青路面、砂石路面、过水路面、压实的土路基。在保证排水基本畅通的前提下,尽量减少桥涵、排水工程。填高不宜超过2m,挖深不宜超过4m。

7 交通工程及沿线设施

7.1 一般规定

7.1.1 尽可能采用具有草原特色的交通工程及沿线设施。

7.1.2 做好长远规划和分期实施计划。

7.2 安全设施

7.2.1 尽量采用与人有亲和力的设计和材料,其色彩应与构造物及周边环境相协调,采用高科技的、环保的、柔和的新型护栏,应尽量寻找可以替代护栏的措施。

7.2.2 尽可能采用缓于1:4的填方边坡,设置宽浅边沟和平台,保证较大的侧向余宽,降低车辆冲出路外的人员伤亡率,并有容错机会。

7.3 服务设施

7.3.1 为方便当地牧民上路出行,宜增设公共汽车停靠站和观景平台。

7.3.2 取消的主线收费站应逐步改建为服务区,增强旅游服务功能。

7.3.3 逐步建立交通事故伤病员的应急急救机制。

7.4 管理设施

7.4.1 逐步和分期取消主线收费站。

7.4.2 加强全线监控、动态信息发布等管理设施,长远与现实结合,分期实施。

7.4.3 宜设置全线统一的管理养护中心机构和分支机构。

8 升级改造的灵活设计

8.0.1 灵活设计要点

(1)重视升级改造工程各阶段的灵活性理念。

(2)深入理解标准、规范取值的合理性、灵活性。

(3)当受环境条件严格约束时,允许适当降低设计速度,重视不同设计速度段落的协调过渡。

(4)尽量维持现有公路的平、纵线形和横断面,仅重铺路面、重建结构和整理路容(又称"3R"原则)。

(5)对于草原地区景观要求高的公路应认真考虑可选择的各项灵活性指标。

(6)通过安全性评价检验所选设计参数和指标在实际运行中的效果。

8.0.2 灵活设计内容

(1)平面线形与纵面线形的组合设计可灵活掌握。

(2)停车区与观景台可灵活设置。

(3)对交叉设施可灵活设计。

(4)对中央分隔带护栏及路侧护栏在满足安全的前提下可灵活设计。

(5)对封闭与隔离设施应灵活设计。

(6)对路基边坡、排水设施应灵活设计。

8.0.3 灵活设计的影响因素

(1)应考虑灵活采用的指标对公路设施安全性及运营的影响,以及其与前后路段的兼容性。

(2)应考虑该公路的功能分类、交通量及交通特性、项目类型及该公路历史上的交通事故。

(3)应调查如果达到标准引起的工程增加,以及对景观、历史文化或其他环境要素的最终影响。

(4)应考虑设计指标被降低的合理程度以及降低某项指标后对其他指标的影响。同时应考虑降低指标后对应的弥补措施。

8.0.4 灵活设计的其他建议

(1)确定合理的技术指标。

(2)重新验算设计洪水频率。

(3)依据原有路面状况,综合考虑最小摊铺厚度、施工条件选择路基设计高程,尽量利用原公路较好的路面段。

(4)提出原有桥梁高程的调整施工方案。

(5)路基增高后的挡土墙处理,当加高值大于 80cm 时,宜采用在路基边缘(或挡土墙顶)增设"L"形扶壁式挡土墙来增高路基并满足路基宽度的要求,同时,可将"L"形挡土墙顶设为路缘石(拦水带)并直接在"L"形挡土墙的顶上设置护栏。

(6)当路基加宽后,排水系统应重新清理,必要时应进行专门设计。

(7)应尽量不扰动原边坡坡体防护工程或对原边坡进行必要的生物防护。

(8)通过原公路弃土场时应做必要的试验检测工作。

(10)加强路基纵横向的排水防止斜坡地带的路基失稳。

(11)注意填筑小区域压实问题。

(12)确保新老路排水顺畅。

(13)充分利用公路用地范围内的有限的土地。

(14)注意边沟、截水沟、挡土墙顺应地形的灵活设置。

(15)土建工程与交通工程应综合考虑,利用原路舍弃的路段,将其作为高速公路的疏导车道,或作为临时停车区、观景台或休息区等。

条 文 说 明

1 总则

1.1 基本原则

1.1.1 “三个服务”即服务国民经济和社会发展大局、服务社会主义新农村建设、服务人民群众安全便捷出行。

1.1.2 “六个坚持、六个树立”为：

(1)坚持以人为本，树立安全至上的理念。

(2)坚持人与自然相和谐，树立尊重自然、保护环境的理念。

(3)坚持可持续发展，树立节约资源的理念。

(4)坚持质量第一，树立让公众满意的理念。

(5)坚持合理选用标准，树立设计创作的理念。

(6)坚持系统论的思想，树立全寿命周期成本的理念。

2 名词术语

2.0.1 草原的含义有广义与狭义两种：

广义包括在较干旱环境下形成的以草本植物为主的植被类型，主要包括两大类型：热带草原(热带稀树草原)和温带草原。

狭义的草原则只包括温带草原。因为热带草原有相当多的树木。

本指南所指的草原为狭义的草原，即为温带半干旱至半湿润环境下，多年生草本植物组成的地带性植被类型。草原地区冬季寒冷，夏季温热，降水较少，蒸发强烈；土壤淋溶作用微弱，钙化过程发达，限制高大乔木的生长。草原植物的群落结构简单，季相显著，主要有旱生的窄叶丛生禾草，如隐子草、针茅、羽茅等属，以及菊科、豆科、莎草科和部分根茎禾草等。

在我国，草原广布于东北地区西部、内蒙古自治区、黄土高原北部、西北荒漠地区山地和青藏高原大部分地区。草原地区年降雨量较少，而且多集中于夏秋两季，冬季少雪严寒，具明显的大陆性气候。我国草原是欧亚草原的一部分，以东北经内蒙古自治区直达黄土高原，呈连续带状分布。此外，还见于青藏高原、新疆阿尔泰山前地区以及荒漠区的山地，大致从北纬51°起南达北纬35°。

《中华人民共和国草原法》第二条第二款规定：本法所称草原，是指天然草原和人工草地。天然草原是指一种土地类型，它是草本和木本饲用植物与其所着生的土地构成的具有多种功能的自然综合体。人工草地是指选择适宜的草种，通过人工措施而建植或改良的草地。

草原地区的特色：开阔平坦，视野宽广，适于奔驰；有明显的干湿季之分；雨量约在250~750mm。

内蒙古自治区草原鲜碧如画，一望无际，“蓝蓝的天下白云飘，白云下面马儿跑”的动人歌声即是其生动写照。尤其是以北部海拉尔为中心的大兴安岭西麓林缘草甸草场，更是目前我国最佳的天然牧场之一。这里的草场是广阔无垠的大草原。

内蒙古自治区草原是蒙古族世代居住的地方。内蒙古自治区人民正从过去的逐水草而居的游牧生活向现代化牧业生产发展。我国的内蒙古自治区也是我国重要的畜牧基地。

内蒙古自治区草原位于我国北部并与俄罗斯和蒙古相邻。其幅员辽阔，总面积约占全国国土的1/10。它由六大草原组成，自东向西顺次是：世界上著名的呼伦贝尔草原、科尔沁草原、植被保护最好的锡林郭勒草原、宽广的乌兰察布草原以及鄂尔多斯半荒漠草原和阿拉善的荒漠草原。

2.0.2 运行速度是实际行驶速度，它受人的驾驶行为、车辆的行驶特性和路线特征等因素的实时影响。不同的车辆在同一公路上行驶，其实际速度也是不相同，因此运行速度是通过在大量典型公路上实测速度，经统计、回归分析85%的驾驶员行车不会超过的速度，即特定路段上第85个百分点上的车速。《公路项目安全性评价指南》(JTG/T B05—2004)中明确给出了运行速度v_{85}的计算方法。

2.0.7 每一个公路建设项目都是独一无二的，其相应的地理位置、环境特征、社会重要程度、使用者需求、机遇与挑战都具有唯一性，这些都是设计必须考虑的因素。无论是对现有项目进行安全性改造，还是对较长里程的高等级公路升级、改造、扩建，都没有统一的解决模式。设计人员应在满足安全和需求的同时，合理选用标准与指标，精细化设计，使公路工程经济合理，与周围自然条件、人文环境和谐统一。为了达到此目标，设计人员应全面分析建设条件，灵活合理地确定公路工程各要素指标，由此把此设计的过程简称为灵活设计。

3 总体设计

3.1 一般规定

3.1.1 总体设计是公路工程的总图，要求协调专业间内外关系，确定标准、规模、方案，以形成完整的系统工程，实现安全、环保、可持续发展的总体目标。在设计工作中，必须将总体设计作为重中之重。

要做好总体设计，关键在于项目负责人必须通晓公路各专业及其他领域的相关知识。

3.3 总体设计要点

3.3.5 路侧净空区是指通过放缓边坡、设置可逾越的排水设施等手段，在路侧保留的无障碍和比较平坦的地带。宽容和人性化的路侧净空区可降低交通事故概率、减轻事故损失，因此是路基设计时需要考虑的因素之一。公路设施类型、车速、平面线形和路堤边坡都影响着路侧净空区的宽度。

我国尚无路侧净空区的研究成果。根据美国AASHTO《路侧设计指南》(2002版)，高速公路行车道边缘以外不少于9m的宽度可使80%的失控车辆得到恢复，大多数公路按照不少于9m的宽度来设置无障碍区。但是，对于交通量较大的高速公路，路堤边坡坡率较陡时，9m的路侧净空区是不够的；相反，对于交通量较小的低速公路，9m的路侧净空区宽度过大。因此，路侧净空区的选定，应综合考虑交通量、设计速度和路基边坡几何特征(坡率等)。《新理念公路设计指南》(2005版)给出了路侧净空区宽度的建议值。

对于草原地区的公路，特别是省际通道，其主要特征是低路堤，所以在升级过程中可以根据沿线路基边坡及取土情况，适当进行边坡培土，放缓边坡坡率，满足路侧净区的要求。

在设计中，应尽量考虑为失控车辆的救险提供适当的机会，对于低路堤、浅挖方路段，易结合地形和耕地情况尽量采用缓坡率，并满足路侧净区宽度的要求。当路侧净区宽度的要求得不到满足时，必须设置路侧护栏等安全设施，以提高安全性。

3.3.6 根据草原地区一级公路现状，平面交叉较多，绝大多数的交通事故都发生在平面交叉口。所以在升级改造时，应将保证安全行驶，减少事故作为首要目标，其中最主要的工作就是对交叉口进行升级改造。

4 安全性检验与评价

4.2 评价与检验的内容

4.2.1 平面设计

(5)曲线间最小直线长度

在实际运用中，反向曲线间的直线长度一般较易满足要求，难以满足要求时也较容易做成S形曲线。对于地形特殊路段，难以满足反向曲线间长度要求的，应做好超高过渡。同向曲线间的直线长度往往由于受各种条件的限制较难达到要求，特别对于一级公路升级改造工程更是如此。不顾现状情况，机械地为达到规范要求而增加大量的新建工程是不可取的。在不能满足要求时，同向曲线间的直线长度可突破一般规定值，可以采用$4v$甚至$3v$。同时应增加安全设施，确保行车安全。

4.2.2 纵断面设计

(3)对长大纵坡的路段应采用大货车的运行速度进行检验。

小客车因其动力性好、载重量轻的特点，行驶特性良好，对于长陡纵坡路段的影响较小。而对大货车、载重汽车的行驶很不利，上坡会使车速减慢，妨碍后续的车辆，使超车需求增多，"强超硬会"的可能性增大，安全性降低。

陡下坡会使载重车的制动器过热、制动效能降低、制动失效导致重大安全事故。因此对于此项检验采用大货车的运行速度进行分析，不满足以下条件的路段需进行必要的处理。建议处理方法如下：

①长上坡路段，货车动力性能损失严重，个别路段上运行速度低于最小容许车速的要求。通过进一步验算这些路段运行速度下的交通通行能力和服务水平，提出设置爬坡车道的可能位置和长度。

②长下坡路段运行速度一直到期望速度，并持续较长，给车辆制动带来行车安全危险。小客车因其动力性好、载重量轻的特点，行驶特性良好。其行使特性受长陡纵坡路段的影响较小；而对大货车、载重汽车的行驶很不利。一般路段连续3km平均纵坡均大于3%，且下坡段载重车辆制动时温控器温度经计算超过200℃，需通过设置紧急避险车道、强制休息区（包括服务区、停车区等）、明显的警示标志等多种综合设计来完善和补充。

4.2.4 视距检验

(3)空间视距

通过路线平、纵、横几何参数，以及数字地面模型，建立起准确的公路三维立体几何模型。然后利用仿真技术和空间两点通视原理，车辆分别在单向行驶的两个车道的中心点位置，测算出驾驶员视点位置所能看到前方路面上物体的最远距离，即为空间视距。

小客车对应规定为：视点高1.2m，物高0.1m。

大货车对应规定为：视点高2.0m，物高0.1m。

将设计视距、运行视距和空间视距沿同一路线桩号绘成曲线图并叠加起来，通过对运行视距和空间视距、设计视距的分布关系的分析，就可以对线形的视距进行全面检验。

设计路段上的设计速度为恒定值，其设计视距也为定值。

需安全检验路段，因运行速度基本高于设计速度值，一般运行视距均高于设计视距，路线设计提供的空间视距也高于设计视距，同时在运行速度视距上下浮动。

对于空间视距高于实际运行速度下要求的视距要求的路段即为合理设计路段；对于空间视距低于运行速度要求视距的路段，即为视距不足路段，在设计时应谨慎处理。

对于大货车的设计视距也是依据设计速度而定的，与小客车不同的是因制动器制动性较小客车差，同样速度的大货车需要的停车视距比小客车要长的多。但因在运行速度测算时大货车的运行速度较低，对应要求的视距当然也就不高。一般情况下在下坡较大的路段上大货车的视距要求提高较大，这与大货车的制动特性相吻合。对大客货车比例较高的路段也要对全线大货车的运行视距进行检验。

4.3 评价与检验的方法

4.3.1 阶段划分

针对升级改造公路现状和升级改造（高速）后项目路线安全性的具体要求，尽可能在设计阶段就消除行车时的安全隐患。对于一级公路改造项目的安全性评价分为两个阶段，评价流程见图4.3.1。

(1)第一阶段：既有公路初始安全性评价阶段。

①根据交通现状调查及交警部门历年统计的重大交通事故数据,找出交通事故多发路段及事故多发原因,进行综合处理方案的汇总和审定。

②通过收集该项目的原有道路的竣工设计资料、改建时现场实测数据、沿线路况调查资料、升级改造(高速)前期工可报告及有关改造公路的检测,试验成果资料等信息,以便完全熟悉和掌握本项目的具体情况和主要问题、难点问题。

③在实测数据基础上,拟合出旧路的设计几何线形,对照现行标准和规范,对技术指标进行设计符合性检查,找出不符合标准和规范规定的路段。

④对既有旧路全线进行运行速度测算,通过车辆的行驶安全性数据评价既有旧路的行驶现状,找出改造后原有公路技术指标存在的安全隐患,提出需调整平纵面设计参数、横断面组成、视距、路桥隧构造物等公路工程设计方案。

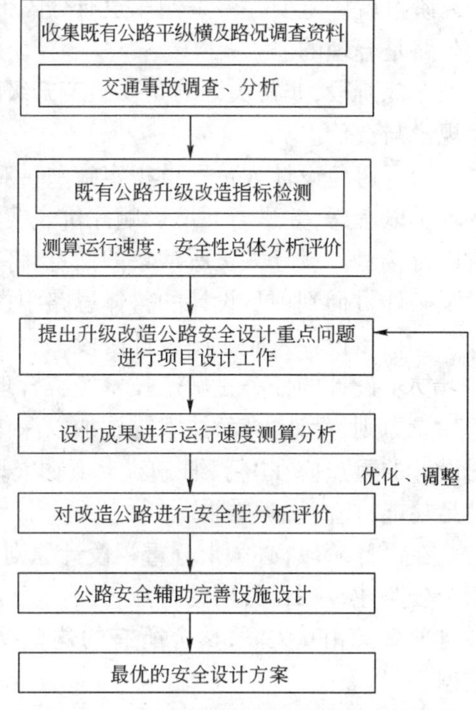

图 4.3.1 升级改造公路设计安全性评价流程

(2)第二阶段:升级改造公路后评价阶段。

根据升级改造公路设计方案的设计数据、资料,测算出全线的运行速度。对项目平面、纵面、横断面的技术指标采用,视距、爬坡车道、紧急避险车道的设置,路侧安全净空区、重大工点(桥梁、隧道、立交)、交通工程及沿线设施的设计进行安全性评价,并提出建设性的完善措施和补充手段。

①利用运行速度分析系统对项目全线进行运行速度测算并绘制成分析图表。

②根据《公路项目安全性评价指南》(JTG/T B05—2004)提出的评价方法和指导要求,结合本项目工程实际,通过分析相邻点运行速度差评价相邻路段设计标准的适应性;通过运行速度与设计速度的协调一致性对设计路段的行驶安全性进行总体评价。

③找出运行速度发生突变的安全性不良路段和运行速度与设计速度差异较大的待安全检验路段。

④对安全性不良路段即相邻路段运行速度发生突变的路段,有针对性地提出项目平、纵、横技术指标调整和优化的具体意见。

⑤对运行速度与设计速度差异较大路段(即运行速度与设计指标不匹配路段),通过详细的安全性检查和验算,考虑线形调整方案及相应设计工程量、建设实施可能性等方面综合因素,以尽量使两者速度接近一致为宜,并提出技术指标、线形组合调整的方法和手段。

⑥对视距、爬坡车道、紧急避险车道的设置,路侧安全净空区、重大工点(桥梁、隧道、立交)、交通工程及沿线设施的设计进行安全性评价并提出必要的意见。

⑦对下一阶段(施工图)将需优化和完善的一些专业问题(例如超高设计、立交细部设计)提出建议。

8 升级改造的灵活设计

8.0.1 灵活设计要点

(1)重视升级改造工程各阶段的灵活性理念。

在我国,公路建设可大体分为4个阶段:规划、可行性研究、设计、施工,国外有的国家在设计和施工之间增加征地的环节。对升级改造工程而言,重要的是后3个阶段。

①升级改造的可行性研究

一般来说,可行性研究阶段所作出的决策基本定义了该项目的主要特征。举例来说,如果在可行性研究阶段就确定要建一条四车道有分隔带的高速公路，那么，很难证明在设计阶段仅仅只建一条两车道的公路是合理的。

在此阶段，非常关键的是要确定升级改造项目的基本原则及升级改造的主要内容，进而初步确定工程规模与造价。

为了避免设计人员不重视实施项目对周边环境影响程度，应在此阶段对项目周边环境及物理特征认真予以考虑，并进行环境影响评价。搜集环境数据时，应进行现场调查，并与当地居民和相关利益团体进行接触。设计人员所搜集的信息，将有助于他们对项目形成具体形象，并在公路建设早期将各种因素及条件贯彻到项目设计的整体思路中去。

②初步设计及施工图设计阶段

初步设计的任务是确定技术经济合理的设计方案，施工图设计是根据初步设计批复意见，对所确定的建设原则、设计方案、技术措施加以深化，通过工程师的语言即设计图表表述出来，以指导施工。施工图设计的重点应在“精、细、美”上下功夫，高度重视线形、结构及每个局部、细节的技术处理，精雕细琢，满足功能，提高视觉效果。

在设计阶段，必须十分重视设计原则与主题的确定。设计原则与主题的确定是一个项目的核心，其赋予公路建设项目鲜明的特点，并有助于项目按既定方针进行。公路设计中存在诸多因素，每一种要素各自独立又相互关联，整合所有的这些要素能帮助设计人员在做出设计决策时达成某一共同目的或共识。

在设计阶段，设计原则与主体确定后，设计的想像力、创造力和灵活性在规划和可行性研究阶段所确定的参数范围之内发挥作用。设计人员应充分了解规划和可行性研究阶段所作出的与设计相关的结论及建议，同时也应认识到设计人员可以对可行性研究阶段所制订的原则与方案进行小范围的更改，以使最终设计更加完善与合理。

在进行道路改造时，设计的统一连贯性十分重要，而一个由多学科人员组成的设计队伍能有助于保持这种设计的统一性和连贯性。公路设计过程是一个跨学科的精细的“艺术创作”过程，而不是从公路专业角度对以往设计的复制，这一创作过程应以对公路沿线自然和社会环境充分调查评价为基础，以创作人员对公路专业、美学、生态学、建筑学、园林学、社会学、人类文化学、历史学、心理学以及民间风俗等相关科学的综合能力为条件，对公路所处的自然和社会环境所进行的一个再造或融合的过程。

设计主题的形成有助于达到项目的整体设计效果。通过了解项目周边情况以及多部门的参与来指导设计理念的形成和发展，确保该项目与周围环境之间的协调以及项目各设计要素之间的协调。

如果只对局部路段进行改扩建，就没有必要再为全线开辟一条全新的设计思路。事实上，如果这样做反而会使其中一小段道路的设计风格与其余路段截然不同。此时，保持与现有道路全线的设计风格一致就很重要。首先通过搜集来的信息对该地区的特点进行评价，然后按照这一思路对这一局部路段进行升级改造设计。

到了最终设计阶段，项目细节部分就显得尤为重要。而一支多学科设计队伍能保证所有重要的设计细节都会考虑到并与社会价值相融合。对一般的道路使用者和旁观者说，通常是项目的细节部分才是最可识别的。由于设计细节的可视性，使得设计中对细节的处理非常关键。

各种特征要素，如护栏（或未设交通护栏）、桥梁护栏、上跨桥或通道、中央分隔带、景观开发等，都应成为设计的一个完整部分，而不是将其列在最后进行考虑的因素或干脆完全将其省略掉。特别对环境景观部分，国内普遍存在着投入不够，能省则省的情况，很多项目在初步设计阶段都计入了足够的相关费用，但在施工阶段则大量减少投入挪作他用。

8.0.2 灵活设计内容

（1）平面线形与纵面线形的组合设计可灵活掌握。

协调平、纵线形之间的关系的最好阶段就是在定线阶段和项目的初步设计阶段。这时，要在设计车速、道路交通量特征、地形和沿线设施等要素中进行权衡。经验不足的人员常犯一个错误就是：他们往往先设计平面、再设法叠加纵断面。由于平面线形和纵断面线形是相互补充的,因此应同时进行设计。平纵线形设计配合得不好,不但有碍于优点的发挥,而且会加剧两方面的缺点。优秀的平纵组合通常无需增加造价即能提高效率、增进安全,有助于保持匀速行驶并改善路容。

对这些基本设计要素的合理运用,将有助于保证新建和改建公路能和谐地融入到周围的环境之中。

①平纵组合设计的一般原则有以下几点:

A. 平纵指标均衡连续,有利于行车安全,不应不考虑前后路段的顺畅连接而追求单个曲线或独立路段的高指标。

B. 线形设计首先必须满足汽车行驶动力学要求,设计师在了解了具体的极限至博奥值的基础上,还需要了解设计路段的车辆实际运行速度以及对不同车型的适用性,并同时考虑驾驶人员的视觉、心理和生理感觉,因为这也决定运行安全与质量。

C. 线形指标的运用除考虑公路几何设计外,还需考虑与沿线地形、地势和自然人文环境相协调。

D. 设计速度较低的公路更应选用均衡连续的技术指标,不应轻易采用极限指标。应避免极限平纵指标的组合,避免平面指标最大值同纵面指标最小值的组合,反之亦然。

E. 要强调线形设计应在视觉上能够自然地诱导驾驶人的视线。

F. 平纵组合设计要有利于路基、路面排水。

G. 坡度与坡长组合与地形地势相适应,使工程量最小。

②平纵组合的具体要点如下:

平竖曲线应一一对应,平曲线比竖曲线稍长,也即"平包竖",这是多年来公路平纵组合设计的基本要点,但也不是刚性要求。《新理念公路设计指南》结合我国高等级公路建设的实际,对"平包竖"的具体应用提出了新的参考要点,即:

A. 平竖曲线一一对应,平包竖是比较理想的组合状态,如果其他条件允许或者稍作调整可以达到时,应尽量灵活处治。

B. 设计速度越高,对平纵组合的要求越低。但这并不是说可以不考虑平纵组合设计,不应从过分强调平纵组合走向不考虑平纵组合的另一极端。

C. 当平、纵指标较低,坡度反向且坡差较大时,应强调平纵组合设计;当平面半径大于4 000m、坡差小于1.5%、条件限制严格时,平纵组合可以从宽掌握;当平曲线半径大于6 000m、纵面坡差小于1%、受其他条件限制时,可不考虑平纵组合要求。

③平纵组合设计应避免出现以下几方面的问题:

A. 较小凸形竖曲线(小于2倍最小值)顶部或凹形竖曲线底部,出现平曲线的拐点。

B. 直线上的纵面线形出现驼峰、暗凹、跳跃等使驾驶人视觉中断的线形。

C. 直线段内设短的竖曲线。

D. 平纵组合不理想的状态下出现较小竖曲线半径(竖曲线半径小于2倍最小值)。

E. 在长直线上设置陡坡及曲线长度短、半径小的凹形竖曲线。

④改善平纵组合不良的方法如下:

在定线和初步设计阶段,对细节的关注以及各部门相互协调达到一致目标,可以将公路队周围环境的影响降至最低。例如,在某个项目中,仅对原始的平纵组合进行了较小的调整(配合使用短的、分段挡土墙)就避免了对临近房屋和商业用地的征用。同样,在另外一个项目的建设前期,对道路的平面线形做出小小改变就很好地避免了对一些历史古迹的影响。

挖方路段采用"半填半挖"的设计方法,即在某些路段两侧修建公园、建筑物或其他公用设施遮挡,可以消除公路修建对其周围环境造成的负面影响。

在公路设计中,如果将平面线形和纵面线形分开单独设计,就可能出现不必要的大挖大填现象,给自然景观带来巨大的、通常视觉效果不佳的变化。

为了确保平、纵面线形的最佳组合,其中一个方法就是在项目的规划、设计阶段组成一支多学科协助的设计团队。多学科团队包括地质工程师、公路设计师、景观建筑师、城市设计师、结构工程师、社会学家、文物历史学者等，综合各方意见对公路项目进行优化设计。

（2）停车区与观景台可灵活设置。

草原地区地形相对平坦，沿线城市间隔较远，多数情况下车辆长时间运行，驾驶员疲劳驾驶情况较多。为了缓解疲劳，在一级公路升级改造工程中，应因地制宜设置停车区。

就现有省际通道的情况来看，较为合理的方案是将现有收费站管理所进行灵活改造为停车区，提高场地利用率。

同样，草原地区风景优美，也有许多历史名胜，迷人的自然与人文景观对旅游者或驾乘人员都是挡不住的诱惑，令他们驻足一观而后快。所以，在草原地区不管是新建工程还是升级改造，都必须特别注意原有或潜在的景观资源。因此，观景览胜眺望台通常是随机选址、分散建造的设施。由于有人一般只在那儿停留较短的时间，眺望台与服务区相比，其规模要小很多，所需的停车泊位也少一些。

观景台的设计应本着灵活的原则，不追求全线一致，其位置选择应结合地形、地物及道路的平纵情况灵活掌握，但应避免在道路前后视距不良段设置观景台。在条件受限或观景需要时，可将观景台设置在道路外较远的地方，通过合适的连接道路连接。

在灵活设计观景台的同时，注意不要将观景台与休息区结合在一起，但设计应考虑他们各自的用途与目的，使观景台与休息区的整个系统相辅相成。

（3）对交叉设施可灵活设计。

一级公路升级改造的一个主要内容就是有效减少或消除平面交叉。根据现行公路标准和规范，高速公路的一个主要特征就是全封闭、立体交叉。分析内蒙古自治区草原地区一级公路的特点，升级改造为高速公路的过程中一次将平面交叉全部改为立体交叉不现实，也不经济，未必符合草原区的具体特点。因此，在升级改造工程中对交叉工程同样要进行灵活设计。设计过程中应遵循以下几项原则。

①分期实施的原则。在升级改造时，可以确定被交叉路等级为二级以上时，将原有平面交叉一次彻底改造为立体交叉。结合收费系统的布设情况，灵活采用菱型、单喇叭型等互通型式。与二级以下的道路交叉时，根据被交路交通量情况可继续平面交叉，但应对平面交叉进行改造。

②消除左转的原则。在升级改造中，若继续维持平面交叉的运行方式，则需要对原有交叉方式进行灵活改造，其中最主要的方法就是贯彻消除左转的原则，将冲突点减少到最低限度。消除左转的具体做法有以下四点：

A. 主路需要左转的车辆禁止左转，先从右侧分离，在右侧设置等待车道或直接分流至被交路上等待。

B. 被交路上需要左转进入主路的车辆先穿越主路后从主路右侧进入车道进入。

C. 其他右转和直行车辆维持原来的交通方式。

D. 在交叉口设置信号灯、禁止左转标志，只保留直行方式。信号灯红绿相位的控制以主路优先为原则。

通过消除左转的设计后，可大大减少交叉口的延误时间。由于只存在直行的交叉，安全性得到了有效的提高，且交通组织方式明确，便于管理，总体上符合右进右出直行交叉的原则。

③合理归并的原则。一级公路具有两侧不封闭的特点，路侧干扰非常大，对安全影响非常大，在升级改造工程一次不能完全消除平交的情况下，应对干扰主线交通严重的段落的交叉口进行合理归并，集中交叉通过。其交叉口的设计同样灵活采用消除左转的原则。

④与村落建设相结合的原则。草原地区地广人稀，以牧业为主要产业。从远期规划来看，我国正在建设社会主义新农村，村落的集中建设与搬迁将成为影响草原地区公路交叉设置的重要因素。所以，一级公路的平面交叉升级改造必须考虑远期村落建设的因素，在方便使用的同时尽量消除平面交叉，而改为立体交叉。

（4）对中央分隔带护栏及路侧护栏在满足安全的前提下可灵活设计。

①中央分隔带护栏是用来防止失控车辆横越分离式公路的对向车道的防护设施。当平均日交通量不大时，车辆横越中央分隔带并且与对向车道的车辆相撞的可能性较小。内蒙古草原地区现有一级公路大多没有设置中央分隔带护栏，在升级改造时考虑近期交通量不大，对于中央分隔带护栏的设置可以灵活考虑，具体的方案如下：

A. 在平纵指标较高且平纵配合良好、运行视线良好的路段可以不设置中央分隔带护栏。为防止夜间对向眩光的影响，可以采用栽种防眩植物的措施。

B. 在平面或纵面指标较低的路段，或那些有车辆穿越至对向车道事故较高的路段，可以考虑连续设置中央分隔带护栏，以提高车辆行驶安全性。

C. 特别强调桥梁构造物护栏设置的过渡处理，必须在路桥衔接部设置一定长度的过渡段，且重视护栏端头的接地处理方案，确保端头处理不对车辆构成危险。

总之，中央分隔带护栏的设置应结合运行环境灵活设置，不追求连续设置，避免由于护栏的设置而造成运行景观的破坏和影响。

②草原地区现有一级公路路基平均高度较低，在路基填土较高的路段已经设置了路侧护栏，在升级改造工程中，应结合实际运行情况，重点落实不安全段，灵活掌握以下原则和方法：

A. 摈弃不分情况将路侧护栏全线贯通设置的传统做法，而应根据沿线路基、路侧的具体情况确定设置段落。

B. 对于填土高度较低的段落，根据道路两侧用地及取土情况，可以在两侧路基坡脚培土，将路基边坡坡率由1:1.5放缓至1:4，车辆冲出路外后基本可以确保安全。对于采用边坡较缓的段落可以不设置路侧护栏。

设置路侧护栏的目的是为了减少交通危险，而不是保护公路的某一部分。要避免使用短距离的路侧护栏，如果有间隔很近的两处或多处需要设置护栏，则应当连续设置，因为小段护栏间断设置会引起事故增加，不能保证安全。

③草原地区公路的最大亮点就是景观优美，兼具旅游公路和景观公路的特征，所以路侧护栏的选择应特别慎重和重视，建议按以下原则考虑。

A. 设置护栏除去安全的作用外，对提升公路的景观没有任何作用，应尽量寻找可以替代护栏的措施。

B. 对护栏的外观选择应力求简洁、减少装饰。

C. 充分考虑护栏的通透性，降低刚性护栏的存在感。

D. 尽量采用与人有亲和力的设计和材料，其色彩应与构造物及周边环境相协调。

(5)对封闭与隔离设施应灵活设计。

内蒙古草原地区一级公路有其特有的地理环境特征，在升级改造过程中要结合实际情况灵活设置封闭和隔离设施。具体的灵活性可以体现在以下几方面。

①在封闭的实施工程中，不要求全线规整划一地用隔离栅进行封闭隔离。在通过人烟稀少、沙漠路段，可以将防沙工程与封闭工程结合起来。或采用宽度在2m以上的绿篱带将公路与外部隔离，灵活地将绿化工程与封闭工程结合起来。

②在实施封闭时，对草原地区的大多数路段，可将公路隔离栅与沿线牧民的草场隔离栅相结合，在起到对公路进行封闭作用的同时，降低了相应的工程造价。

③隔离设施可以灵活地与防雪设施结合起来。在保障内蒙古草原地区公路畅通的工程中，冬季的道路防雪是一个重要的工作内容，使用最多的防雪设施有防雪墙、防雪栅等。由于草原地区公路的用地相对宽松，所以在对一级公路的升级改造中，其封闭工程完全可以结合防雪工程统一考虑。

(6)对路基边坡、排水设施应灵活设计。

①路基边坡。在升级改造工程中，应全面检查和评价原有道路的边坡情况，在保证路基稳定的同时能否为失控车辆安全返回提供适当的机会，并且检阅其景观效果是否良好，进而采取灵活的措施。

路堤边坡的形式可灵活的采用流线型，取消路堤路肩、坡角的折角，即从土路肩到路堤边坡坡角的边坡表面线形组成为：弧曲线—直线—抛物线。

挖方路段的边坡形式尽量不用单坡，放缓挖方边坡高度较小的路段边坡，然后逐渐过渡到该路段最大挖方边坡高度的边坡坡率，把过渡区的转折点做成宽展的弧形，形成纵向的连续弧形坡面，使挖方边坡形状与周围山坡相协调，减少人工痕迹。

②排水设施。排水设施断面类型的选择应根据沿线地形地貌、路基填挖高度及汇水面积、各种排水设施的泄流能力，以及对行车安全与环境景观的影响程度等方面综合考虑，浅挖方路段，宜采用浅碟形边沟；深挖方路段，宜选用矩形加盖板边沟；环境景观较好的路段，宜选用暗埋式边沟。

对于草原区的公路而言，区分不同区段灵活采用适宜的排水形式对景观与安全非常重要。浅碟形排水沟或边沟或放缓边坡漫流排水形式对于地形平坦、纵坡平缓、浅挖路段适应性较好。排水沟或边沟可与原地面舒缓自然衔接，应克服沿路基边缘设置规则深排水沟所带来的行车不安全隐患，同时应形成流畅优美的视觉效果。

对于草原区公路而言，排水工程防护类型应主要选用植被防护或直接采用土质结构。土质边沟主要与宽敞的填挖方边坡相协调，适用于无较大汇水面积且水流速度较小的挖方路基两侧及挖方边坡连接的填方路基外侧。植被防护兼具防水流冲刷及生物过滤作用，改善敏感水域水质，绿化美化公路环境，减缓车辆冲击，降低工程造价等多种有优点，在草原区应大力推广使用。

高寒干旱地区桥涵混凝土结构裂缝病害诊治技术指南

主编单位：内蒙古自治区省际通道建设管理办公室

华南理工大学

参编单位：中国科学院广州化学研究所

主要编制人员：

张　广　王蓉辉　贾廷跃　仲玉善　马骏原

刘金利　李桂英　张志耕　韩八晓　邝健政

许忠勇　薛　炜　张亚峰　万　山　邝显光

高振燕　赵满喜　刘世清　季秋成

编 制 说 明

《高寒干旱地区桥涵混凝土结构裂缝病害诊治技术指南》(以下简称《裂缝诊治指南》)是根据内蒙古自治区交通厅科技项目“高寒干旱地区桥涵混凝土结构裂缝病害诊治技术研究”(合同号 NJ-2005-24)的要求,在系统分析高寒干旱地区钢筋混凝土轻型桥台台身、圆管涵、桥墩、简支箱梁湿接缝、箱梁翼板结构以及 13m 预制空心板梁结构物裂缝病害成因机理及防治对策的研究成果基础上,参考有关技术规范,由项目承担单位内蒙古自治区省际通道建设管理办公室、华南理工大学、中国科学院广州化学研究所共同编制。

内蒙古自治区高寒干旱的自然环境对该区域内大规模的桥涵混凝土建设提出了严峻挑战,在编制《裂缝诊治指南》的过程中,充分考虑了内蒙古自治区高寒干旱地区的自然环境特点。在对高寒干旱环境下桥涵混凝土结构物裂缝病害成因机理分析基础上,本指南制定了在工程中合理防治病害的相应对策,并引入了丙烯酸糠醇酯树脂改性环氧灌浆材料、聚氨酯改性环氧丙烯酸酯灌浆材料和改性聚丙烯酰胺灌浆材料三种新型灌浆材料,这几种材料各有特色,可根据病害的具体情况,在实际应用中进行选择。此外,本指南还建立了一整套在适应环境条件下对各类型裂缝进行处理的技术和工艺,可直接服务于实际工程中。

通过《裂缝诊治指南》的编制及推广应用,旨在为内蒙古自治区桥涵混凝土结构物裂缝病害诊治提供科学依据,并对高寒干旱气候条件下出现的桥涵混凝土结构物非结构性裂缝病害能得到有效控制。

本《裂缝诊治指南》共分 13 部分和 3 个附录。主要内容包括:裂缝现场调查及检测、裂缝诊治技术及预防措施、裂缝修补材料、裂缝修补后处理、裂缝处理效果检查与验收、施工安全与劳动保护、环境保护等。

为了进一步提高《裂缝诊治指南》质量和实施效果,请有关单位在执行过程中,注意积累资料,总结经验,将建议和有关信息反馈到科研课题组,以便再次修订时参考。

目　录

1 总则

1.0.1 为了高寒干旱地区桥涵混凝土结构裂缝病害诊治做到技术先进、经济合理、确保质量和指导施工,在内蒙古自治区交通厅科研项目"高寒干旱地区桥涵混凝土结构裂缝病害诊治"的科研成果基础上,特编制《高寒干旱地区桥涵混凝土结构裂缝病害诊治技术指南》(以下简称《裂缝诊治指南》)。

1.0.2 桥涵病害机理分析是进行桥涵病害诊断和防治的前提。本技术指南以内蒙古自治区省际通道和老集高速公路建设过程中部分桥涵混凝土结构出现裂缝为背景,介绍了钢筋混凝土轻型桥台、圆管涵、桥墩、简支箱梁湿接缝、箱梁翼板结构以及13m普通钢筋混凝土预制板梁构件的裂缝病害产生机理及分析方法,并对其裂缝病害的表现特征及危害进行了阐述,期望能对基层工作人员提高桥涵病害诊断与分析能力有所帮助。

1.0.3 《裂缝诊治指南》适用于内蒙古自治区高寒干旱地区桥涵混凝土结构裂缝的诊断与治理。对混凝土裂缝诊治技术,尚应符合我国有关混凝土结构的设计、施工及有关结构加固的技术标准和规范要求。

1.0.4 《裂缝诊治指南》的修补技术及施工工艺适用于桥涵混凝土结构物非结构性裂缝的治理修复,对因承载力不足而引起的裂缝,除应进行裂缝修补外,尚应根据承载力验算结果,采用相应的方法进行补强加固,确保结构物安全可靠。补强加固的方法主要有:加大截面加固法、外粘贴钢板加固法、预应力加固法、喷射混凝土加固法、粘贴新型复合材料(玻璃钢、碳纤维材料等)加固法、增设支点加固法、置换法等。

1.0.5 高寒干旱地区桥涵混凝土结构裂缝的诊治,提倡"控制预防为主,治理保护为辅"的原则,把裂缝病害消除在设计施工的源头,同时一旦裂缝发生,应采取积极有效的措施去治理,避免裂缝病害造成进一步的危害。

1.0.6 高寒干旱地区桥涵混凝土结构裂缝诊治的工作应遵循如下程序:裂缝调查→裂缝检测→裂缝病害分析→治理方案设计→治理材料选择→施工组织→施工→效果检查与验收。

2 名词术语

2.0.1 静止裂缝:形态、尺寸和数量均已稳定不再发展的裂缝。

2.0.2 活动裂缝:在现有环境和工作条件下始终不能保持稳定的裂缝。

2.0.3 灌浆:灌浆就是把一定的材料配制成的浆液,用压送设备将其灌入地层或缝隙内,使其扩散、胶凝或固化,以达到加固或防渗堵漏,保证工程的顺利进行或提高工程质量的目的。

2.0.4 灌浆压力:灌浆中由灌浆发生装置产生的作用于被灌浆液的作用力。

2.0.5 灌浆嘴(盒):贴于被灌部位表面,与输浆管相连,铝或铁制的管状装置。

2.0.6 化学灌浆材料:指与类似颗粒性的水泥灌浆相区别的其他(无机或有机)真溶液灌浆材料的统称。

2.0.7 化学灌浆:化学灌浆是将一定的化学材料(无机或有机)配制成真溶液,用化学灌浆泵等压送设备将其灌入地层或缝隙内,使其渗透、扩散、胶凝或固化,即化学灌浆是化学与工程相结合,应用化学方法、化学浆材和工程技术进行基础和混凝土缺陷处理(加固补强、防渗止水),保证工程的顺利进行或借以提高工程质量的技术。

2.0.8 聚合物水泥防水砂浆:即以水泥、细集料为主要原材料,以聚合物和添加剂等为改性材料,并以适当配比混合而成的防水材料。

2.0.9 水泥基渗透结晶型防水涂料:水泥基渗透结晶型防水涂料是一种粉状材料,经与水拌和可调配成刷涂或喷涂在水泥混凝土表面的浆料;亦可将其以干粉撒覆并压入未完全凝固的水泥混凝土表面。

2.0.10 第二次抗渗压力:系指第一次抗渗试验透水后的试件置于水中继续养护28d,再进行第二次抗渗试验所测得的抗渗压力。

2.0.11 环氧类灌浆材料:指以环氧树脂为主剂,加入固化剂、稀释剂、增韧剂等组分所形成的A、B双组分灌浆材料。A组分是以环氧树脂为主的体系,B组分为固化体系。

2.0.12 可操作时间:从环氧类灌浆材料浆液两组分混合起,用旋转黏度计测定其黏度并开始记时,当黏度达到200mPa·s时,从混合至此时所经历的时间间隔为可操作时间。

2.0.13 浆液性能:指灌浆材料浆液的黏度、密度和可操作时间。

2.0.14 固化物力学性能:指灌浆材料浆液固化物的力学性能。

2.0.15 乙烯基酯树脂灌浆材料:指以乙烯基酯(或环氧丙烯酸酯)树脂为主剂,加入稀释单体、催化剂和引发剂等组成的灌浆材料。

3 裂缝分类及控制等级划分

3.1 裂缝分类

3.1.1 按裂缝产生的原因分类:

(1)荷载裂缝:混凝土桥涵在常规静、动荷载及次应力下产生的裂缝。

(2)温度裂缝:混凝土在外部环境或结构内部温度发生变化时产生的裂缝。

(3)碱—骨料化学反应引起的裂缝。

(4)水泥水化热反应不均匀引起的裂缝。

(5)收缩裂缝:混凝土因收缩而产生的裂缝。

(6)基础变形裂缝:因桥涵基础不均匀沉降或水平方向位移而产生的裂缝。

(7)钢筋锈蚀裂缝:因混凝土质量较差或保护层厚度不够而引起钢筋锈蚀后沿钢筋纵向而产生的裂缝。

3.1.2 按裂缝的力学特性分类:

(1)弯曲裂缝:混凝土构件受弯矩作用产生的裂缝,一般是垂直裂缝。

(2)剪切裂缝:混凝土构件在剪切力作用下产生的裂缝,一般发生在支点附近。

(3)扭曲裂缝:混凝土构件受扭转与弯曲共同作用而产生的裂缝。

(4)断开裂缝:混凝土构件受拉时截面上产生的裂缝。

(5)局部应力裂缝:局部应力裂缝一般出现在局部应力较大的部位。

3.1.3 按发生的裂缝的常见部位分类:

(1)箱梁、T形梁、工字梁腹板裂缝。

(2)箱梁、工字梁顶底板裂缝,T形梁顶板裂缝,空心板底板裂缝。

(3)箱梁、T形梁、工字梁沿主筋方向产生的纵向裂缝。

(4)箱梁、T形梁、工字梁、空心板支座处裂缝。

(5)箱梁横隔板上裂缝。

(6)拱式结构跨中拱顶径向裂缝。

(7)拱式结构拱脚附近径向裂缝。

(8)墩台台身(侧墙、前墙、翼墙)上产生的裂缝。

(9)墩台台帽上产生的裂缝。

(10)墩台盖梁上产生的裂缝。

(11)圆管涵顶、底部产生的纵向裂缝。

(12)圆管涵管壁上产生的裂缝。

(13)涵洞顶部盖板、侧墙上裂缝。

3.1.4 高寒干旱地区桥涵混凝土结构,除常见的裂缝产生原因及部位外,因其高寒干旱的环境特点,更易发生温度裂缝、收缩裂缝及水泥水化热反应不均匀引起的裂缝。

3.1.5 常见的桥涵混凝土裂缝示意图如图3.1.5-1~图3.1.5-3所示。

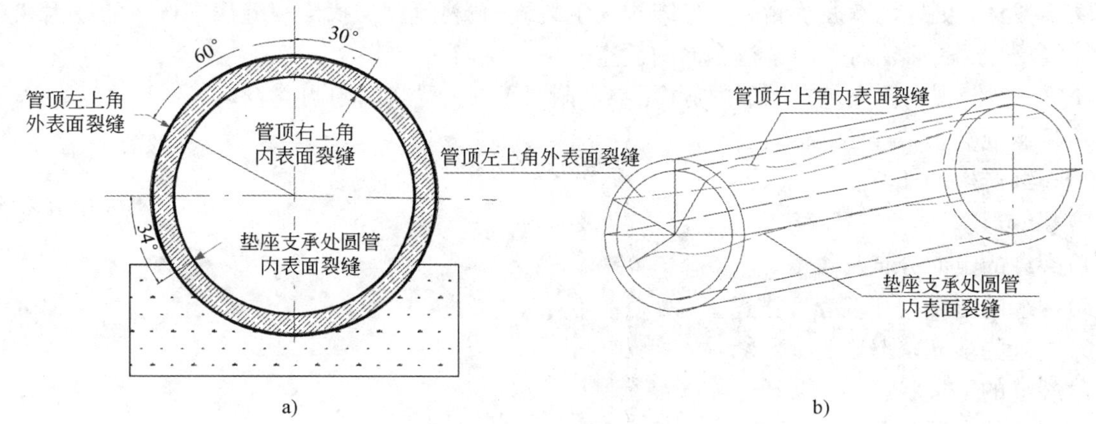

图3.1.5-1 圆管涵裂缝示意图

a)裂缝立面图示意图;b)裂缝三维展开示意图

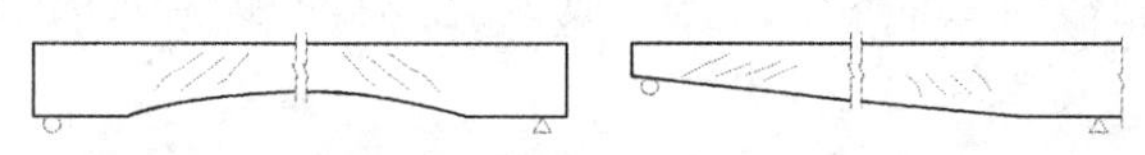

图3.1.5-2 腹板常见裂缝示意图

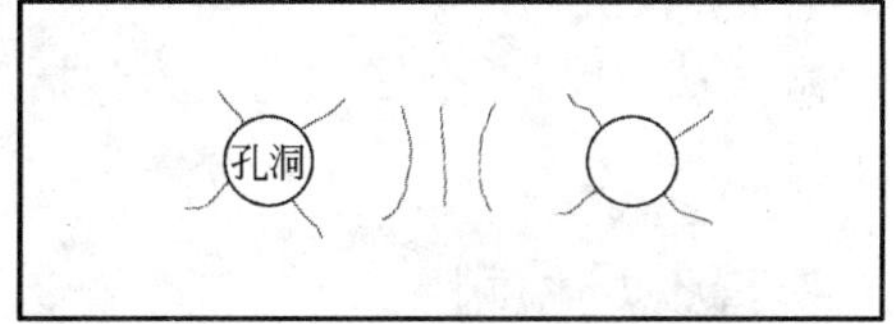

图3.1.5-3 箱梁横隔板裂缝示意图

3.2 裂缝控制等级划分

3.2.1 根据产生缝裂的桥涵所处的环境状况、桥涵的重要性、裂缝所处部位的危害程度、裂缝本身的性状,并结合进一步调查分析的结果,对裂缝进行控制等级划分。

3.2.2 裂缝控制等级划分见表3.2.2。

裂缝控制等级划分表　　表3.2.2

分级	环境类别	桥涵重要程度	裂缝部位及危害程度	裂缝性状		
				裂开程度	是否贯穿	是否受力
一级	温度适中、温差小、湿度低(≤50%)、无侵蚀性物质的影响	一般性小桥涵	裂缝不在重要部位,危害程度小	微细,缝宽小于规范要求	表层裂缝,没有贯穿	非受力
二级	气候变化大,温差较大,湿度中等(50%~90%)、侵蚀性物质影响不明显	大、中型桥涵	裂缝处于重要部位,危害较大	超过规范要求	深层,部分贯穿	受力
三级	气候恶劣、温差大(≥90%)、有侵蚀性物质影响	大型、特大型桥涵	裂缝处于特别重要部位,危害最大	超过规范要求	贯穿	受力

注:表中规范系指交通部行业标准《公路桥涵养护规范》(JTG H11—2004)、国家标准《混凝土结构加固设计规范》(GB 50367—2006)以及国家标准《混凝土结构设计规范》(GB 50010—2002)。

4 裂缝现场调查及检测

4.1 裂缝现场调查

4.1.1 为了更好地掌握桥涵混凝土结构发生裂缝的实际情况，找出裂缝病害产生的原因和有针对性地制订合理方案，必须对裂缝进行全面的调查。

4.1.2 裂缝现场调查包括以下内容（可参考附录1——裂缝现场调查表）。

（1）桥涵混凝土结构形式。

（2）裂缝产生的部位。

（3）裂缝形态。

（4）裂缝的走向分布及长度。

（5）裂缝的宽度与开裂程度描述。

（6）裂缝的填充状态。

（7）裂缝的干湿状态。

（8）裂缝的发展状况。

（9）裂缝产生原因的现场初步调查及裂缝类型的初步分类。

（10）环境情况调查。

4.1.3 裂缝现场调查使用的工具包括现场调查表、数字式裂缝测宽仪、放大镜、罗盘、钢卷尺及其他必需工具。

4.2 裂缝现场检测

4.2.1 对桥涵混凝土结构裂缝的现场检测，应以非破损检测方法为主，辅以小直径钻孔取芯法等检测方法。

4.2.2 混凝土裂缝的非破损检测常用方法有超声波法、红外线法、雷达法、AE法等。

4.2.3 除非破损检测外，对混凝土较严重的裂缝常辅以小直径钻孔取芯法对裂缝做进一步的检测。

4.2.4 非破损检测方法对混凝土裂缝的检测，应在裂缝发生区域进行，同时还应对发生裂缝的构件进行强度等性能的检测。

4.2.5 测点数量的合理确定，应根据被测构件的大小、精确度的要求等因素而定，同时每组检测数量不应小于3个。

4.2.6 非破损检测数据波动较大，检测结果应进行校正，条件许可的情况下，可采用不同的检测方法互相验证。

5 裂缝诊治技术及预防措施

5.1 一般规定

5.1.1 本《裂缝诊治指南》的诊治技术及施工工艺适用于桥涵混凝土结构非结构性裂缝的诊治修补。对因承载力不足而引起的裂缝，除应进行裂缝修补外，尚应根据承载力验算结果，采用相应的方法进行补强加固，确保结构物安全可靠。补强加固的方法主要有：加大截面加固法、外粘贴钢板加固法、预应力加固法、喷射混凝土加固法、粘贴新型复合材料（玻璃钢、碳纤维材料等）加固法、增设支点加固法、置换等。

5.1.2 经鉴定确认为必需修补的二、三级裂缝，应根据裂缝的种类进行修补设计，确定其修补材料、技术方法和时间。对一级裂缝可根据实际情况，确定是否需进行表面处理或采用其他方法进行处理。

5.1.3 裂缝诊治技术方法应符合下列规定：

(1)表面封闭修补法：利用混凝土表层微细独立裂缝或网状龟裂裂纹的毛细作用吸收低黏度且具有良好渗透性的修补浆液材料，封闭裂缝通道。

(2)填充密封法：在混凝土桥涵构件表面沿裂缝走向骑缝凿出V形或U形或梯形沟槽，V形用于一般裂缝处理，U形或梯形用于渗水裂缝处理，如图5.1.3所示，槽顶宽30~50mm，槽底宽20~40mm，槽深15~30mm；然后用水泥或环氧砂浆、改性环氧树脂、沥青油膏等刚性或柔性材料填充沟槽，此法适用于缝宽$d>1.5$mm的裂缝。裂缝填充封闭后，其表面应做砂浆保护层。

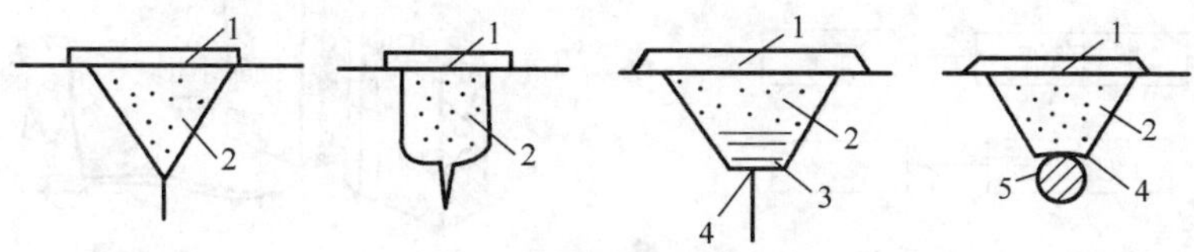

图5.1.3 凿槽填充密封法修补裂缝

1-环氧涂料；2-环氧砂浆（或聚合物砂浆等）；3-防水油膏；4-水泥浆；5-防锈涂料

注：当为活动裂缝时，槽宽应按不小于20mm+5d确定（d为裂缝最大宽度）。

(3)灌浆法：适用于0.2mm≤d≤1.5mm静止的独立裂缝、贯穿性裂缝以及混凝土构件蜂窝状局部缺陷的补强。此方法适用于处理大多类型的裂缝、大型结构贯穿性裂缝、大体积混凝土的蜂窝状严重缺陷以及曲折蜿蜒的深裂缝。

5.2 裂缝诊治设计原则

5.2.1 混凝土桥涵裂缝的诊治设计应以不损坏原有混凝土桥涵结构，恢复结构使用功能、整体性和耐久性为原则。当结构承载力不足时，辅以适当的结构加固方法进行补强加固。

5.2.2 对混凝土桥涵裂缝的诊治是一项多学科的综合技术，需要设计、施工、材料、机具等方面科学的设计。在实施具体诊治修补工作之前，先需要对裂缝进行调查、原因分析、危害性评定，论证裂缝治理的必要性和可行性，再选择合适的诊治技术方法进行裂缝修补。

5.2.3 裂缝诊治范围及规模的确定，裂缝诊治技术方法及材料的选择，主要根据使用功能要求、开裂原因、裂缝性状（如裂缝宽度、裂缝深度、裂缝是否稳定，钢筋是否锈蚀）、结构类型、构件工作环境条件及修补目的等确定。

5.2.4 混凝土桥涵不同构件的裂缝诊治技术方法选用原则如下：

(1)桥涵台身裂缝一般为非结构性裂缝，$d≥0.2$mm时，宜用环氧类或乙烯基酯树脂灌浆材料进行灌浆修补；$d<0.2$mm时，宜用改性环氧树脂浆液进行表面封闭修补。

(2)圆管涵大多为季节性过水涵洞。圆管涵上半部分（顶部）裂缝，$d≥0.3$mm时，宜用环氧类或乙烯基酯树脂灌浆材料等进行灌浆修补；$d<0.3$mm时，宜采用低黏度环氧树脂类和水泥基渗透结晶型材料进行表面封闭修补。圆管涵下半部分（底部）处于过水工作状态，裂缝可能导致渗漏，$d≥0.2$mm时，宜用环氧类或乙烯基酯树脂灌浆材料进行灌浆修补；$d<0.2$mm时，宜采用低黏度环氧树脂类和水泥基渗透结晶型材料进行表面封闭修补。

(3)湿接缝龟裂裂缝对结构承载力影响不大，属非结构性裂缝，一般呈网状分布，宜采用低黏度环氧树脂类和水泥基渗透结晶型材料进行表面封闭修补。箱梁翼板裂缝一般在翼板底部混凝土表层，多呈龟裂状，宜用低黏度环氧树脂类灌浆材料或水泥基渗透结晶型材料进行表面封闭修补。但当裂缝宽度$d≥0.3$mm或贯穿翼板时，应用环氧树脂类或乙烯基酯树脂灌浆材料进行灌浆修补。

(4)混凝土桥涵桥墩表面裂缝为非结构性裂缝，宜采用低黏度环氧树脂类灌浆材料或水泥基渗透结晶型材料进行表面封闭修补。当裂缝宽度 $d \geqslant 0.3$mm 且较深时，宜用环氧类或乙烯基酯树脂灌浆材料进行灌浆修补。

(5)钢筋混凝土预制空心板一般在板中和板边出现横向裂缝，$d \geqslant 0.2$mm 时，宜用环氧类或乙烯基酯树脂灌浆材料进行灌浆修补；裂缝宽度 $d < 0.2$mm 时，宜采用低黏度环氧树脂类灌浆材料或水泥基渗透结晶型材料进行表面封闭修补。

5.2.5 压力灌浆是将裂缝构成一个密闭性空腔，有控制的预留出口，借助专用压力灌浆泵将浆液压入缝隙并使之填满。压力灌浆施工工艺一般流程如图 5.2.5-1 所示。灌浆系统如图 5.2.5-2 所示。

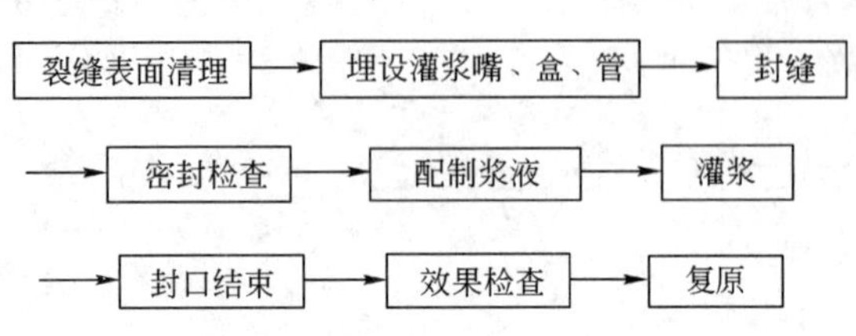

图 5.2.5-1　压力灌浆施工工艺流程示意图

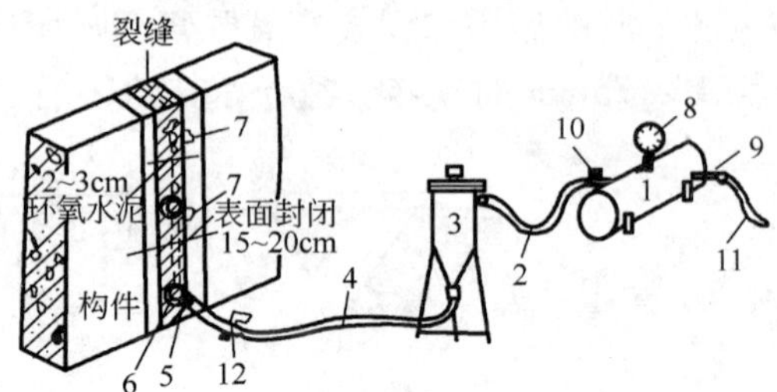

图 5.2.5-2　灌浆系统示意图

1-储气罐；2-送气管；3-灌浆罐；4-输浆管；5-输浆管连接件；6-灌浆嘴子；7-出气嘴子；8-压力表；9-进气阀门；10-送气阀门；11-接空压机气管；12-轴流阀门

5.2.6 压力灌浆技术方法修补裂缝灌浆嘴(盒)埋设方法主要有开槽埋嘴(盒)法、打孔深埋法(骑缝钻孔法和钻斜孔法)和无损贴嘴法，如图 5.2.6-1 ~ 图 5.2.6-4 所示。

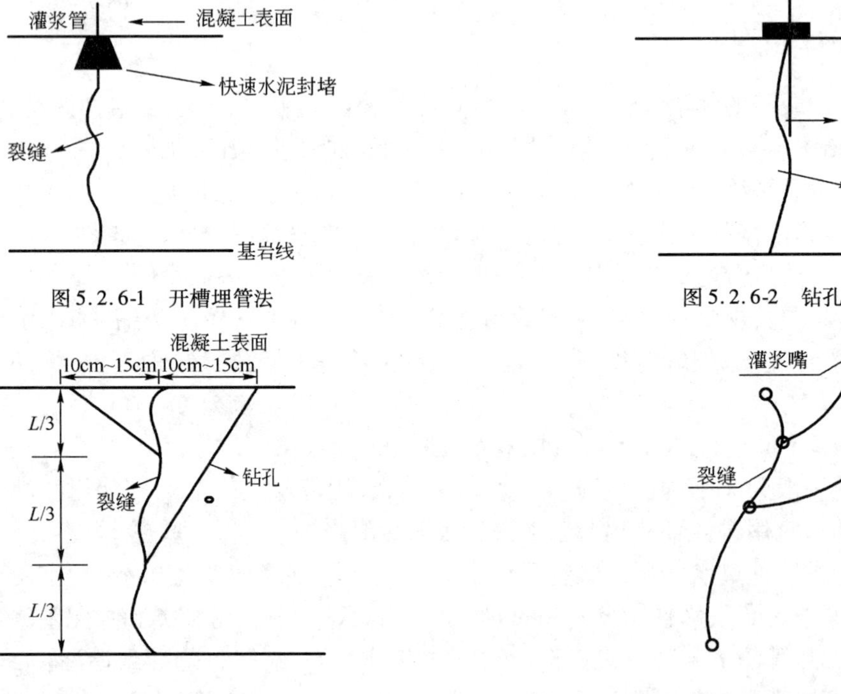

图 5.2.6-1　开槽埋管法

图 5.2.6-2　钻孔埋管法

图 5.2.6-3　斜孔埋管法

图 5.2.6-4　骑缝无损粘贴灌浆嘴

5.3　桥涵混凝土裂缝表面处理技术方法

5.3.1 桥涵混凝土裂缝表面封闭处理方法技术要求如下：

(1)对修补部位进行全面的凿毛处理，用风或水多次清洗，必要时用丙酮清洗，以去除表面附着杂质。

(2)严格按配比进行封闭材料配制。

(3)裂缝表面封闭处理时,应控制好前后两道封闭液的时间间隔。

(4)做好高寒干旱环境下裂缝进行表面封闭处理施工后的养护工作。

5.3.2 桥涵混凝土裂缝表面封闭处理施工工艺如下:

(1)将需修补的裂缝及其附近混凝土表面的灰尘、浮浆用钢丝刷刷毛,清理干净表面附着污物,用丙酮等溶液清洗裂缝周围污渍。

(2)用清水将桥涵混凝土裂缝及其附近基面冲洗干净,并充分浸润混凝土基面,浸透后擦干混凝土表面的明水;干燥后先用环氧胶泥、乳胶水泥等嵌补混凝土表面缺损。

(3)用毛刷沿裂缝同一方向涂刷第一道封闭材料;待第一道涂刷的浆液材料初凝后,再沿与第一道封闭浆液材料涂抹方向相垂直的方向涂刷第二道封闭浆液材料;涂刷应均匀,不得有气泡。

(4)裂缝表面封闭处理的范围需超过裂缝范围宽10mm,长度沿裂缝走向需超过裂缝长度100mm。

(5)涂刷封闭浆液材料施工后,要避免暴晒,防止涂层过快干燥。

(6)应定期用雾状水对其表面进行喷洒养护。

5.4 桥台台身裂缝灌浆处理技术方法

5.4.1 混凝土桥台台身裂缝一般出现在台身中下部,裂缝形式包括横向裂缝、竖向裂缝和横竖交叉裂缝,一般需用压力灌浆进行修补。

5.4.2 由于桥涵桥台一般较高,当裂缝位于台身较高处时,施工前应搭设脚手架等施工平台,做好裂缝修补施工的前期准备工作。

5.4.3 桥台台身裂缝灌浆处理施工工艺如下:

(1)台身裂缝表面清理。清理干净台身裂缝表面两侧各30~40mm范围内灰尘、浮浆、松散层及油污等,整平表面,用丙酮、甲苯等有机溶液擦洗裂缝表面,不要堵塞裂缝通道。

(2)埋设灌浆嘴(盒)。根据桥台台身裂缝宽度、大小、长度布置灌浆嘴或管,间距一般为20~50cm,宽缝疏布置,微细缝密布置。裂缝交叉处、较宽处、端部及裂缝贯穿处,用1~2mm厚胶黏剂刮于灌浆嘴底座,静置15~20min后,把灌浆嘴粘贴在标记的位置,采用骑缝无损贴嘴法。同一条裂缝上须设有进浆嘴和排气嘴。

(3)封缝。封缝目的在于使裂缝形成一个密闭性空腔,保证灌浆压力和防止浆液外泄。先沿台身缝两侧用水清洗,用环氧基液等沿缝走向骑缝均匀涂刷;然后用高分子材料等黏结剂封闭裂缝表面,其封闭带宽度为40~50mm,厚1~2mm。

(4)封缝检查。为保证密闭空腔的密闭性及承受灌浆压力作用,应对封缝密封效果进行检查。待封缝胶泥或水泥砂浆固化且有一定强度后,沿裂缝涂一层肥皂水,从灌浆嘴向裂缝中通入压缩空气,检查密封效果。若无冒泡现象,表示密封效果良好,否则应予修补。

(5)配制浆液。浆液配制时应根据不同修补目的和施工条件,选用性能及可灌性均能满足要求的材料。浆液的配制应根据选用的具体材料按其产品说明书要求配制,一次配制数量,应视施工环境特点、浆液凝固时间及灌浆速度确定。高寒干旱环境下浆液配制后应尽快用完,否则黏度增大难以施灌。

(6)灌浆。灌浆是压力灌浆修补裂缝施工的灌浆工序之一,必须确保灌浆质量。

①灌浆机具、器具及管道等全部设备在灌浆前必须进行检查,运行正常时方可使用。接通管路,打开所有灌浆嘴上的阀门,用压缩空气将孔道及裂缝内粉尘吹干净。

②根据裂缝区域大小,可采用单孔灌浆或分区群孔灌浆。在一条裂缝上灌浆,横向裂缝可由一端向另一端,竖向裂缝由下向上灌,横竖交叉裂缝可先灌宽度较大的主裂缝。

③灌浆时应沿裂缝走向布置的灌浆嘴逐个施灌,直至邻近贴嘴冒出浆液时立即关闭转芯阀,立即用木塞塞紧;如此顺序压灌,直至最后一个贴嘴冒浆,并用木塞塞紧,保持恒压继续压灌约30~60s。

④化学浆液的灌浆压力控制在0.05~0.2MPa;灌浆压力初始采用低压,然后由小至大逐渐升高,防止骤然加压使裂缝扩大。

⑤灌浆时遵循少量多次原则,达到规定压力后,应保持压力稳定,以使浆液充分渗透裂缝满足灌浆要求。

⑥灌浆结束后,必须立即拆除管道,清洗管道及设备。

(7)封口结束。灌浆结束后,待缝内浆液达到初凝而不外流时,可拆下灌浆嘴(盒),再用环氧胶泥或渗入水泥的灌浆液,对灌浆孔进行封口抹平。

(8)灌浆质量检查。灌浆结束后,应检查灌浆补强效果和质量,发现缺陷及时补救,确保工程质量。

5.5 圆管涵裂缝灌浆处理技术方法

5.5.1 圆管涵裂缝,一般沿圆管涵轴向产生,在圆管涵的顶、底部一定范围内较为集中;裂缝形式为沿轴向的直线型、环绕管壁的环向型。

5.5.2 圆管涵裂缝可能导致管涵出现渗漏现象,对圆管涵裂缝诊治的材料和工艺,要同时具有补强和防渗堵漏的作用。

5.5.3 圆管涵内一般有水存在,高寒干旱交替变化的环境条件使圆管涵出现冻融循环,可能进步破坏管涵的混凝土壁,要求圆管涵的诊治材料具有较强的黏结力和冻融收缩的弹性变形。

5.5.4 圆管涵为过水通道,施工时必须保持圆管涵内为无水环境。

5.5.5 圆管涵裂缝灌浆处理施工工艺如下:

(1)圆管涵内壁裂缝表面清理。清理干净圆管涵内壁裂缝表面两侧各30~40mm范围内灰尘、浮浆、松散层及油污等,整平表面,用丙酮、甲苯等有机溶液擦洗裂缝表面,不要堵塞裂缝通道。地下圆管涵壁贯穿性裂缝可能有水渗入,可采用烘灯烘烤,或采用热风吹干。

(2)埋设灌浆嘴(盒)。根据圆管涵裂缝宽度、大小、长度布置灌浆嘴或管;圆管涵壁裂缝仅可在内壁观察,无法查明其贯穿情况,且贯穿裂缝无法采用双面粘贴灌浆嘴或管时,灌浆嘴间距宜小,一般为20~35cm,宽缝疏布置,微细缝密布置;裂缝交叉处、较宽处、端部及裂缝贯穿处,用1~2mm厚胶黏剂刮于灌浆嘴底座,静置15~20min后,把灌浆嘴粘贴在标记的位置,采用骑缝无损贴嘴法。同一条裂缝上须设有进浆嘴和排气嘴。

(3)封缝。封缝目的在于使裂缝形成一个密闭性空腔,保证灌浆压力和防止浆液外泄。先沿缝两侧用水清洗,用环氧基液等沿缝走向骑缝均匀涂刷,然后用高分子材料等黏结剂封闭裂缝表面,其封闭带宽度为40~50mm,厚1~2mm。

(4)封缝检查。为保证密闭空腔的密闭性及承受灌浆压力作用,应对封缝密封效果进行检查。待封缝胶泥或水泥砂浆固化且有一定强度后(与封缝材料及环境温度有关,常温环境约24h),沿裂缝涂一层肥皂水,从灌浆嘴向裂缝中通入压缩空气,检查密封效果。若无冒泡现象,表示密封效果良好,否则应予修补。

(5)配制浆液。浆液配制时应根据不同修补目的和施工条件,选用性能及可灌性均能满足要求的材料。浆液的配制应根据选用的具体材料按其产品说明书要求配制,一次配制数量,应视施工环境特点、浆液凝固时间及灌浆速度确定。高寒干旱环境下浆液配制后应尽快用完,否则黏度增大难以施灌。

(6)灌浆。灌浆是压力灌浆修补裂缝施工的灌浆工序之一,应确保灌浆质量。

①灌浆机具、器具及管道等全部设备在灌浆前必须进行检查,运行正常时方可使用。接通管路,打开所有灌浆嘴上的阀门,用压缩空气将孔道及裂缝内粉尘吹干净。

②根据裂缝区域大小,可采用单孔灌浆或分区群孔灌浆。在一条裂缝上灌浆,横向裂缝可由一端向另一端,竖向裂缝由下向上灌,横竖交叉裂缝可先灌宽度较大的主裂缝。

③灌浆时应沿裂缝走向布置的灌浆嘴逐个施灌,直至邻近贴嘴冒出浆液时立即关闭转芯阀,立即用木塞塞紧;如此顺序压灌,直至最后一个贴嘴冒浆,并用木塞塞紧,保持恒压继续压灌约30~60s。

④化学浆液的灌浆压力控制在0.05~0.3MPa;灌浆压力初始采用低压,然后由小至大逐渐升高,防止骤然加压使裂缝扩大。

⑤灌浆时遵循少量多次原则，达到规定压力后，应保持压力稳定，以使浆液充分渗透裂缝满足灌浆要求。

⑥灌浆结束后，应立即拆除管道，清洗管道及设备。

(7)封口结束。灌浆结束后，待缝内浆液达到初凝而不外流时，可拆下灌浆嘴(管)，再用环氧胶泥或掺入水泥的浆液，对灌浆孔进行封口抹平。

(8)灌浆质量检查。灌浆结束后，应检查灌浆补强效果和质量，发现缺陷及时补救，确保工程质量。

5.5.6 管涵裂缝修补时浆液配制及施工现场，必须采取措施保持通风良好。

5.6 桥墩、箱梁湿接缝和翼板裂缝处理技术方法

5.6.1 混凝土桥墩裂缝一般仅在桥墩混凝土表面较浅范围内出现，不会影响桥涵结构的承载力，属非结构性裂缝，可用表面封闭的方法对桥墩裂缝进行处理。

5.6.2 箱梁湿接缝裂缝一般为分布密而细的网状龟裂裂缝，湿接缝裂缝对桥梁结构承载力影响不大，对湿接缝处龟裂裂缝宜采用表面封闭法进行修补处理。

5.6.3 箱梁翼板裂缝均出现在翼板底面，对结构受力影响不大。

5.6.4 桥墩裂缝、箱梁湿接缝和翼板的龟裂裂缝的修补需高空作业，应搭设好脚手架等施工作业平台。

5.6.5 进行表面封闭处理的桥墩裂缝、箱梁湿接缝和翼板的龟裂裂缝，其裂缝修补施工工艺如下：

(1)将需修补的裂缝及其附近混凝土表面的灰尘、浮浆用钢丝刷刷毛，清理干净表面附着污物，用丙酮等溶液清洗裂缝周围污渍。

(2)用清水混凝土将桥墩、箱梁湿接缝和翼板裂缝及其附近基面冲洗干净，并充分浸润混凝土基面，浸透后擦干混凝土表面的明水；干燥后先用环氧胶泥、乳胶水泥等嵌补混凝土表面缺损。

(3)用毛刷沿裂缝同一方向涂刷第一道封闭材料；待第一道涂刷的浆液材料初凝后，再沿与第一道封闭浆液材料涂抹方向相垂直的方向涂刷第二道封闭浆液材料；涂刷应均匀，不得有气泡。

(4)裂缝表面封闭处理的范围需超过裂缝范围宽10mm，长度沿裂缝走向需超过裂缝长度100mm。

(5)涂刷封闭浆液材料施工后，要避免暴晒，防止涂层过快干燥。

(6)应定期用雾状水对其表面进行喷洒养护。

5.6.6 桥墩裂缝一般分布稀而疏；箱梁湿接缝和翼板需进行灌浆处理的裂缝为部分宽度和深度较大的裂缝，而与其相连的还有细小的网状裂缝。桥墩裂缝、箱梁湿接缝和翼板裂缝灌浆处理施工工艺如下：

(1)裂缝表面清理。清理干净裂缝表面两侧各30~40mm范围内灰尘、浮浆、松散层及油污等，整平表面，用丙酮、甲苯等有机溶液擦洗裂缝表面，不要堵塞裂缝通道。湿接缝和翼板裂缝处理应与其周边网状裂缝的封闭处理同时进行。

(2)埋设灌浆嘴(盒)。根据裂缝宽度、大小、长度布置灌浆嘴，间距一般为20~40cm，宽缝疏布置，微细缝密布置；裂缝交叉处、较宽处、端部及裂缝贯穿处应布置；箱梁湿接缝和翼板需灌浆的裂缝与网状裂缝的交叉处适当布置灌浆嘴，用1~2mm厚胶黏剂刮于灌浆嘴底座，静置15~20min后，把灌浆嘴粘贴在标记的位置，采用骑缝无损贴嘴法。同一条裂缝上须设有进浆嘴和排气嘴。

(3)封缝。封缝目的在于使裂缝形成一个密闭性空腔，保证灌浆压力和防止浆液外泄。先沿缝两侧用水清洗，用环氧基液等沿缝走向骑缝均匀涂刷，然后用高分子材料等黏结剂封闭裂缝表面，其封闭带宽度为40~50mm，厚1~2mm；对与网状龟裂裂缝相连的裂缝封缝带宜适当加宽至80mm，以免浆液从周边连通的网状裂缝泄出。

(4)封缝检查。为保证密闭空腔的密闭性及承受灌浆压力作用，应对封缝密封效果进行检查。待封缝胶泥或水泥砂浆固化且有一定强度后(与封缝材料及环境温度有关，常温环境约24h)，沿裂缝涂一层肥皂水，从灌浆嘴向裂缝中通入压缩空气，检查密封效果。若无冒泡现象，表示密封效果良好，否则应予修补。箱梁龟裂裂缝封缝检查时应观察周边微细网状裂缝是否冒泡，若出现冒泡则需加宽封缝带宽度。

(5)配制浆液。浆液配制时应根据不同修补目的和施工条件,选用性能及可灌性均能满足要求的材料。浆液的配制应根据选用的具体材料按其产品说明书要求配制,一次配制数量,应视施工环境特点、浆液凝固时间及灌浆速度确定。高寒干旱环境下浆液配制后应尽快用完,否则黏度增大难以施灌。

(6)灌浆。灌浆是压力灌浆修补裂缝施工的灌浆工序之一,应确保灌浆质量。其操作方法同"5.5圆管涵裂缝灌浆处理技术方法"中相关内容。

(7)封口结束。灌浆结束后,待缝内浆液达到初凝而不外流时,可拆下灌浆嘴(管),再用环氧胶泥或掺入水泥的浆液,对灌浆孔进行封口抹平。

(8)灌浆质量检查。灌浆结束后,应检查灌浆补强效果和质量,发现缺陷及时补救,确保工程质量。

5.7 钢筋混凝土预制空心板裂缝灌浆及其处理技术方法

5.7.1 为保证钢筋混凝土预制空心板的使用功能、整体性和耐久性,防止混凝土内钢筋锈蚀,对预制空心板出现的裂缝必须予以处理。

5.7.2 钢筋混凝土预制空心板裂缝压力灌浆施工工艺如下:

(1)预制空心板裂缝表面清理。清理干净空心板表面裂缝两侧各30~40mm范围内灰尘、浮浆、松散层及油污等,整平表面,用丙酮、甲苯等有机溶液擦洗裂缝表面,不要堵塞裂缝通道。预制空心板的空顶厚度较薄,易出现贯穿性裂缝。

(2)埋设灌浆嘴(管)。根据预制空心板裂缝宽度、大小、长度布置灌浆嘴或管,间距一般为20~50cm,宽缝疏布置,微细缝密布置;裂缝交叉处、较宽处、端部及裂缝贯穿处,用1~2mm厚胶黏剂刮于灌浆嘴底座,静置15~20min后,把灌浆嘴粘贴在标记的位置,采用骑缝无损贴嘴法。同一条裂缝上须设有进浆嘴和排气嘴。

(3)封缝。封缝目的在于使裂缝形成一个密闭性空腔,保证灌浆压力和防止浆液外泄。先沿缝两侧用水清洗,用环氧基液等沿缝走向骑缝均匀涂刷,然后用高分子材料等黏结剂封闭裂缝表面,其封闭带宽度为40~50mm,厚1~2mm。

(4)封缝检查。为保证密闭空腔的密闭性及承受灌浆压力作用,应对封缝密封效果进行检查。待封缝胶泥或水泥砂浆固化且有一定强度后(与封缝材料及环境温度有关,常温环境约24h),沿裂缝涂一层肥皂水,从灌浆嘴向裂缝中通入压缩空气,检查密封效果。若无冒泡现象,表示密封效果良好,否则应予修补。

(5)配制浆液。浆液配制时应根据不同修补目的和施工条件,选用性能及可灌性均能满足要求的材料。浆液的配制应根据选用的具体材料按其产品说明书要求配制,一次配制数量,应视施工环境特点、浆液凝固时间及灌浆速度确定。高寒干旱环境下浆液配制后应尽快用完,否则黏度增大难以施灌。

(6)灌浆。灌浆是压力灌浆修补裂缝施工的灌浆工序之一,须确保灌浆质量。其操作方法同"5.5圆管涵裂缝灌浆处理技术方法"中相关内容。

(7)封口结束。灌浆结束后,待缝内浆液达到初凝而不外流时,可拆下灌浆嘴(管),再用环氧胶泥或掺入水泥的浆液,对灌浆孔进行封口抹平。

(8)灌浆质量检查。灌浆结束后,应检查灌浆补强效果和质量,发现缺陷及时补救,确保工程质量。

5.8 裂缝灌浆的关键技术

5.8.1 裂缝灌浆每道工序都应严格进行,关键是把握表面封闭、试气和恒压三个环节;高寒干旱环境下,混凝土桥涵结构裂缝灌浆施工还应结合其环境特点。

5.8.2 高寒干旱环境下混凝土桥涵裂缝修补灌浆的关键技术如下:

(1)施工环境温度。灌浆施工的环境温度宜在10℃以上。如对灌浆材料进行改性,则浆液在0℃以下也可固化反应,但混凝土本身温度较低,对材料固化客观上也非常不利。因此,高寒干旱地区冬季高寒条件下不宜施灌;而夏季温热干旱,应尽量在早晨至上午时段或傍晚至夜间时段进行施灌,否则浆液硬化反应过快,黏度急剧增大,会造成灌浆困难,若采取降温措施也可施灌。

(2)灌浆嘴的布设和粘贴。灌浆嘴布设妥否将影响整条裂缝的灌浆质量,布设不当可能造成局部漏灌的情况。灌浆嘴间距应视裂缝宽度、深度和混凝土构建厚度而定,裂缝细、厚度大则间距要小。

(3)裂缝封闭。裂缝表面封闭是灌浆成败的关键工序之一。裂缝封闭胶泥应具有热胀冷缩的性质,施工应在环境温度高时进行,环境温度下降后胶泥收缩,有利于裂缝封闭效果,保证施灌质量。

(4)试气检查封缝效果。试气压力应由小到大,一般可控制在0.2~0.4MPa。试气时吹净缝隙内的尘土后,堵塞除进气嘴以外的其余灌浆嘴,用肥皂水或洗涤剂水满刷封闭层表面,如有漏气会出现冒泡现象。为检查裂缝畅通与否,在试完是否漏气后,把封堵住的灌浆嘴逐个打开,观察通气程度,如果裂缝较长,灌浆嘴较多,可分段检查通气情况。试气这道工序非常重要,必须重视。

(5)灌浆时间选择。灌浆的最佳时间,应当选择在裂缝开度最大的时候为宜,此时浆液易渗入裂缝,可灌性好。一般情况下,裂缝的开度与气温有直接关系,气温低,裂缝宽。

(6)灌浆压力的确定。为确保裂缝处理质量,适宜的灌浆压力应通过试验确定。

(7)浆液配比。配制浆液时各组分的配比必须准确控制,以确保获得最佳的固结物性能。

(8)灌浆速度。在灌浆压力下,进浆宜缓慢,不应急促进浆,防止进浆太快造成缝隙中浆料短路而影响灌浆质量。

5.9 裂缝的预防措施

5.9.1 在工程中宜采取以下措施来预防桥台台身裂缝的发生:

(1)选用良好的集料、合理的级配和配合比。

(2)采用桩基础以及重力式基础时,应注意基础的不均匀沉降。

(3)台后施工填土高度不够时,严禁大吨位的压路机直接碾压;架设空心板时,应保证正确的安装位置,严禁强制安装和错位。

(4)高寒地区混凝土施工时,应注意天气温度的变化,并加强养生管理工作。

(5)设计时应考虑大面积混凝土的收缩徐变作用,宜适当增加较粗的钢筋,缩小竖直筋间距,中下部水平筋加粗加密;在施工时应注意混凝土外加剂及混凝土配合比对混凝土收缩徐变产生的影响。

(6)对宽度较大的台身,设计时宜在台身宽度间设置后浇块。横向钢筋在后浇块处先断开,待后浇块两侧台身混凝土收缩基本结束后,再连接钢筋和浇筑后浇块。

(7)合理掺用粉煤灰等掺和料,保证混凝土施工质量,防止蜂窝麻面、裂缝等病害,防止外界水分侵入混凝土。

(8)受坚硬基岩及已浇筑基层混凝土约束作用是大体积混凝土产生通裂缝的主要原因。在浇筑桥台时,应密切注意基础温度和浇筑混凝土之间的温度以及浇筑时间,防止新老混凝土之间的收缩及徐变不一致而致使新浇筑的桥台产生裂缝。

5.9.2 在工程中宜采取以下措施预防圆管涵裂缝的发生:

(1)设计时不应直接套用标准图,应根据不同填土情况,偏安全地考虑土压力集中系数。应试验测得填土密实的重力密度,不同地区土质应区别对待。

(2)在圆管涵预制过程中,应注意其内外表面的养护,使表面温差不至于过大。

(3)填土高度 h_s <0.5m 时,应控制施工荷载,不得使用大型振动压路机。

(4)在 h_s =0.5~1.0m 范围内,只允许20t以下静力压路机或相应施工机械通行;h_s =1.0~1.5m 范围内,只允许25t以下振动压路机或相应施工机械通行;h_s >1.5m 时,才允许30t以上振动压路机或相应施工机械通行。

(5)当集料含水率等于或略大于最佳含水率时,应及时碾压。雨后或土基过分潮湿时,不得用12t以上重型压路机碾压,防止造成碾压翻浆。

(6)圆管涵在吊装运输过程中应在吊装受力点处设置垫片,以免受力点受力集中造成涵管破裂。

(7)应遵循“先轻后重、由低向高、由边向中、先慢后快、适当重叠”的碾压原则。

5.9.3 在工程中宜采取以下措施预防桥墩裂缝的发生：

(1)施工时混凝土宜采用分层散热浇筑,并要注意控制各分层间的浇筑间歇在4~6d左右(各层间按水平施工裂缝处理),可有效减小温度自约束应力。

(2)确定合理的拆模时间和拆模后混凝土的保温。混凝土浇筑或拆除模板后,表面应及时用草帘、草袋、泡沫海面等轻型保温材料覆盖。

(3)控制混凝土浇筑温度。避开炎热天气浇筑混凝土,必须在热天气浇筑时,应对集料进行喷水预冷却,拌制混凝土采用深井凉水或适量的冰屑代替一部分拌和水,并设置简易遮阳装置,防止结构侧面暴晒,减少蒸发。

(4)加强水平构造钢筋,选用良好的集料,合理级配和配合比,并掺入合适的外加剂、减水剂。

5.9.4 在工程中宜采取以下措施预防箱梁湿接缝和箱梁翼板裂缝的发生：

(1)提高湿接缝处混凝土的保水性及黏聚性,防止出现过多的泌水。

(2)缩短箱梁与湿接缝混凝土浇筑的时间间隔,应控制在5d以内。

(3)精心养护并延长养护时间。

(4)保证新浇筑湿接缝的混凝土有适宜的硬化条件。

①湿接缝混凝土浇筑完毕后,应及时覆盖塑料薄膜或湿草袋,进行保湿养护。

②对湿接缝混凝土初凝前进行二次振动和搓压抹面。

(5)合理支模。当模板跨度较大时,应在模板中间适当起拱。

(6)普通钢筋混凝土结构不宜采用C40以上的高强度等级混凝土。

(7)适当增加翼缘板下缘纵向构造钢筋,增强翼缘板的抗裂能力。

(8)混凝土配合比时应尽量减少水泥和水的用量,可采用混凝土双掺技术(掺入粉煤灰和减水剂)。

(9)选择集料时应采用硬度较高的碎石,如花岗岩等。

(10)缩短箱梁顶板和底腹板混凝土浇筑的时间间隔,最好能控制在5d以内。

(11)确定合理的拆模时间和拆模后混凝土的保温。

5.9.5 在工程中宜采取以下措施预防空心预制板裂缝的发生：

(1)设计时应对钢筋混凝土空心板在自重作用下进行裂缝控制验算。

(2)在不加大截面尺寸的情况下,宜将混凝土强度等级提高到C40。

(3)条件许可的情况下宜加大空心板的截面尺寸。

(4)钢筋混凝土空心板移梁时混凝土强度宜达到设计强度的100%。

(5)现行公路桥梁超载现象严重,设计时宜优先考虑采用预应力空心板。

6 裂缝修补材料

用做混凝土裂缝材料修补材料,应具有一定的力学特性;用作裂缝补强材料,还要求其自身的力学性能高于被加固混凝土基材,而且修补材料要和混凝土有足够高的黏结强度,并能够满足高寒干旱地区环境下施工和使用要求。修补材料本身不能粉化,破碎直至断裂,也不能从混凝土裂缝的界面脱开,即不能在裂缝修补部位再次破坏。常用的裂缝修补材料主要有表面封闭材料和灌浆材料。

6.1 裂缝表面封闭材料

6.1.1 适用范围

适用于构件表面及浅层裂缝,如混凝土表面的龟裂及收缩裂缝。

6.1.2 常用的表面封闭材料的种类

(1)水泥砂浆、聚合物防水砂浆或环氧砂浆等水泥砂浆的性能测试可以参考《建筑砂浆基本性能测试方法》(JGJ 70—90),水泥砂浆选用强度等级不应低于32.5级硅酸盐水泥或普通硅酸盐水泥。为保证新旧混凝土表面的良好黏结,一般采用比要修复的混凝土结构中的水泥的强度等级相同或高一级。砂浆的强度等级应至少在M10以上。但在实践中,水泥砂浆逐渐被性能更好的聚合物防水砂浆代替。在水泥砂浆中添加聚合物干粉状或聚合物乳液改性后的聚合物防水砂浆,材料的收缩率下降,抗折强度、黏结强度和抗冻融性大为提高。因此,有条件的地方应采用尽可能聚合物防水砂浆代替普通的水泥砂浆。《聚合物水泥防水砂浆》(JC/T 984—2005)中关于聚合物防水砂浆的性能要求如表6.1.2-1所示。

聚合物防水砂浆的物理力学性能 表6.1.2-1

序　号	项　目		干粉类(Ⅰ类)	乳液类(Ⅱ类)
1	凝结时间[①]	初凝(min)	≥45	≥45
		终凝(h)	≤12	≤24
2	抗渗压力(MPa)	7d	≥1.0	
		28d	≥1.5	
3	抗压强度(MPa)	28d	≥24.0	
4	抗折强度(MPa)	28d	≥8.0	
5	压折比		≤3.0	
6	黏结强度(MPa)	7d	≥1.0	
		28d	≥1.2	
7	耐碱性:饱和 $Ca(OH)_2$ 溶液,168h		无开裂、剥落	
8	耐热性:100℃水,5h		无开裂、剥落	
9	抗冻性—冻融循环(-15~0℃),25次		无开裂、剥落	
10	收缩率(%)	28d	≤0.15	

注:①凝结时间项目可根据用户需要及季节变化进行调整。

环氧砂浆的自身力学性能一般都高于混凝土的强度,其性能检测方法和施工可以参考《环氧树脂砂浆技术规程》(DL/T 5193—2004)进行。

(2)高渗透性环氧树脂浆液

高渗透性环氧树脂浆液的力学性能可以参考《混凝土裂缝用环氧树脂灌浆材料》(JC/T 1041—2007),这种浆材起始黏度低,渗透力特强,力学性能高,可用于不合格的混凝土的固结补强,也可用于混凝土微细裂缝的防渗补强处理。

(3)水泥基渗透结晶型防水涂料

水泥基渗透结晶型防水涂料可以刷在混凝土的表面,依靠活性物质渗入混凝土内部,形成不溶于水的结晶体,堵塞毛细孔道使混凝土致密,同时,涂层与基层混凝土形成一个整体,达到抗渗、防水的目的。这种活性物质可以"渗透结晶",使混凝土的裂纹和裂缝自动愈合,因此有着优异的二次抗渗性能。除此之外,这类材料不仅可以做外防水,还可以用于背水面的防水抗渗。这两点是普通防水材料所不具备的。《水泥基渗透结晶型防水材料》(GB 18445—2001)中有关这类防水涂料的性能指标如表6.1.2-2所示。

渗透结晶型防水涂料的物理力学性能 表6.1.2-2

序　号	试验项目		性能指标	
			Ⅰ	Ⅱ
1	安定性		合格	
2	凝结时间	初凝时间(min)	20	
		终凝时间(h)	≤24	
3	抗折强度(MPa)	7d	≥2.80	
		28d	≥3.50	

续上表

序号	试验项目		性能指标	
			I	II
4	抗压强度(MPa)	7d	≥12.0	
		28d	≥18.0	
5	湿界面黏结强度(MPa)		≥1.0	
6	抗渗压力[28d](MPa)		≥0.8	≥1.2
7	第二次抗渗压力[56d](MPa)		≥0.6	≥0.8
8	渗透压力比[28d](%)		≥200	≥300

(4)聚氨酯防水涂料

聚氨酯防水涂料是一柔性防水材料,有着优异的耐低温性。《聚氨酯防水涂料》(GB/T 19250—2003)中有关聚氨酯防水涂料物理力学性能要求如表6.1.2-3所示。

聚氨酯防水涂料物理力学性能 表6.1.2-3

序号	项目		单组分		多组分	
			I	II	I	II
1	拉伸强度(MPa)		≥1.9	≥2.45	≥1.9	≥2.45
2	断裂伸长率(%)		≥550	≥450	≥450	≥450
3	撕裂强度(N/mm)		≥12	≥14	≥12	≥14
4	低温弯折性(℃)		≤-40		≤-35	
5	不透水性[0.3MPa,30min]		不透水		不透水	
6	固体含量(%)		≥80		≥92	
7	表干时间(h)		≤12		≤8	
8	实干时间(h)		≤24		≤24	
9	加热伸缩率(%)		≥1.0		≥1.0	
			≤-4.0		≤-4.0	
10	潮湿基面黏结强度①(MPa)		≥0.50		≥0.50	
11	定伸时老化	加热老化	无裂纹及变形		无裂纹及变形	
		人工气候老化②	无裂纹及变形		无裂纹及变形	
12	热处理	拉伸强度保持率(%)	80~150		80~150	
		断裂伸长率(%)	≥500	≥500	≥400	
		低温弯折性(℃)	≤-35		≤-30	
13	碱处理	拉伸强度保持率(%)	60~150		60~150	
		断裂伸长率(%)	≥500	≥500	≥400	
		低温弯折性(℃)	≤-35		≤-30	
14	酸处理	拉伸强度保持率(%)	80~150		80~150	
		断裂伸长率(%)	≥500	≥500	≥400	
		低温弯折性(℃)	≤-35		≤-30	
15	人工气候老化	拉伸强度保持率(%)	80~150		80~150	
		断裂伸长率(%)	≥500	≥500	≥400	
		低温弯折性(℃)	≤-35		≤-30	

注:①仅用于地下工程潮湿基面时要求。

②仅用于外露使用的产品。

6.1.3 表面封闭材料的选用原则

(1)高渗透性环氧不仅能封闭混凝土表面裂缝,而且可以大大提高混凝土的强度,因此这个方法是修复混凝土表面裂缝最简单有效的方法,尤其当混凝土的强度不足时,这个方法是首选方法。

(2)水泥基渗透结晶材料的主体为水泥和石英砂,材料的成本较低,施工工艺简单,能够用于混凝土的背水面防水,并且有二次抗渗作用。在有水的情况下,材料能不断向混凝土内部"渗透结晶",愈合裂缝,提高抗渗性能。因此这个方法在对有水的裂缝(如过水的圆管涵裂缝)尤为有效。

(3)砂浆封闭材料成本低,但是强度不高,只能用于裂缝表面的简单封闭。

(4)聚氨酯防水涂料是一种柔性材料,有较大的延长率,对于正在发育中裂缝的非常有效。另外这类材料是一种耐低温的高分子材料,可以刷在混凝土裂缝的表面,阻止高寒干旱地区冰冻风蚀等恶劣气候对的混凝土的进一步侵害。

(5)水泥砂浆和聚合物砂浆以及水泥基渗透结晶型防水涂料本身含水,在使用时应尽量避开冬季以及冰冻、干燥风蚀和风沙等恶劣天气。如必须在这些环境下施工,可在这几类材料中抗冻剂或改用其他修补材料。

6.2 裂缝灌浆材料

6.2.1 灌浆材料

工程中常用的灌浆材料主要有水泥灌浆材料和化学灌浆材料两大类。水泥灌浆材料价格便宜,耐久性和耐老化性能好,但水泥灌浆材料本身为悬浊液,颗粒较大,可灌性差,对混凝土的黏结力较低,固化后密度和强度也较低,可用于填充灌注混凝土结构的较宽裂缝,但在混凝土裂缝补强加固中实际应用很少。化学灌浆材料种类较多,但常用于裂缝灌浆的材料主要有以下几种类型(化学灌浆材料性能测试可参阅本指南附录2)。

(1)环氧树脂类灌浆材料

《混凝土裂缝用环氧树脂灌浆材料》(JC/T 1041—2007)行业标准中有关环氧树脂浆材物理力学性能指标如表6.2.1-1和表6.2.1-2所示。

环氧树脂灌浆材料浆液性能 表6.2.1-1

序号	项目	浆液性能指标	
		L	N
1	浆液密度(g/cm^3)	>1	>1
2	初始黏度(mPa·s)	<30	<200
3	可操作时间(min)	>30	>30

环氧树脂灌浆材料固化物性能 表6.2.1-2

序号	项目		固化物性能	
			I	II
1	抗压强度(MPa)		≥40	≥70
2	拉伸抗剪强度(MPa)		≥5.0	≥8.0
3	抗拉强度(MPa)		≥10	≥15
4	黏结强度	干黏结(MPa)	≥3.0	≥4.0
		湿黏结(MPa)	≥2.0	≥2.5
5	抗渗压力(MPa)		≥1.0	≥1.2
6	渗透压力比(%)		≥300	≥400

注:①湿黏结强度:潮湿条件下必须进行测定。

②固化物性能的测试龄期为28d。

环氧浆材在高寒干旱地区使用过程中，还要考虑材料的耐冻融性能。可参考《混凝土结构加固设计规范》（GB 50367—2006）中4.5.10的规定：寒冷地区加固混凝土结构使用的胶黏剂，应具有耐冻融性能试验合格的证书。冻融环境温度应为 -25 ~ 35℃（允许偏差 -0℃；±2℃）；循化次数不应少于50次；每一次循环时间应为8h；试验结束后，试件在常温条件下测得的强度降低百分率不应大于5%。

在高寒干旱地区环境下，环氧浆材应优先选用固化快、弹性好的浆材，如丙烯酸糠醇酯、改性环氧树脂等。

行业标准中对环氧灌浆材料的固化温度没作要求，在冬季或低温下施工时，应改进施工工艺（如浆液预热，注浆后做好保温措施或加热固化等），并优选能在低温下固化的灌浆材料。

（2）乙烯基酯树脂灌浆材料

乙烯基酯树脂灌浆材料又称为环氧丙烯酸酯灌浆材料，它兼具不饱和聚酯的优良工艺性能和固化性能，以及固化后环氧树脂的优良机械性能和黏结力。这类灌浆材料固化很快，可以在低温下固化，因此施工温度较低情况下，可选用乙烯基酯树脂灌浆材料。其力学性能要求可参考表6.2.1-1和表6.2.1-2。经聚氨酯改性后环氧丙烯酸酯灌浆材料固化收缩减少，材料韧性和弹性提高，断裂伸长率增加，并且能在 -20℃下低温下固化。在高寒干旱地区环境下，这种改性浆材应该优先选用。

（3）改性聚丙烯酰胺灌浆材料

对于一些渗水裂缝或变形较大的伸缩变形缝，可用改性聚丙烯酰胺灌浆材料修补。这种浆材可以采用水溶性氧化还原体系固化，性能同传统的丙凝灌浆材料类似，这种材料基本性能如表6.2.1-3所示。

改性聚丙烯酰胺灌浆材料的性能 表6.2.1-3

序号	项目	性质	序号	项目	性质
1	外观	无色透明溶液	3	主剂浓度（%）	8 ~ 16
2	pH值	5.0 ~ 8.5	4	黏度（mPa·s）	5 ~ 75

6.2.2 灌浆材料的选用原则

（1）灌浆材料主要根据裂缝的实际情况进行选择，一般情况下应该采用强度高、收缩小和耐久性好的弹性环氧灌浆材料。

（2）在高寒干旱地区施工，含水的灌浆材料（如水性改性聚丙烯酰胺灌浆材料等）在使用时应避开冬季以及冰冻、干燥风蚀和风沙等恶劣天气。

（3）环氧灌浆材料一般只能在10℃以上固化，少数能在 -5℃以上固化。虽然有在 -10℃左右固化的环氧结构胶，但其材料价格太高，无法在灌浆领域中获得应用，因此在高寒干旱地区冬季施工时，可选用价格便宜的改性乙烯基酯树脂灌浆材料代替。这种材料能通过配方调整在 -20℃下固化，但在使用过程前须做试验验证。

（4）在某些对力学性能要求不高只作为填充用或裂缝变形较大的场合，可以用改性聚丙烯酰胺灌浆材料或改性聚丙烯酰胺添加适量（超细）水泥的复合灌浆材料来代替环氧灌浆材料，以降低成本。

（5）在有水的条件下，材料的黏结性能下降，因此有水的裂缝，应该先止水，然后选用能在水下或潮湿面固化的环氧灌浆材料。

7 裂缝修补工具及设备

7.0.1 裂缝修补的工具及设备应体积小、质量轻、便于移动、操作简便、易于控制、耐化学品的腐蚀。

7.0.2 裂缝表面处理法的主要工具包括：钢丝刷、毛刷、计量器、吹风机、手铲等。

7.0.3 裂缝灌浆处理法的主要工具及设备包括：

（1）钢丝刷、毛刷、吹风机。

（2）手铲、手锤、钢钎。

(3)冲击钻(锤)。

(4)灌浆嘴、灌浆管、止浆塞(卡)。

(5)计量秤、计量器皿、储浆桶、压浆桶、混合器皿。

(6)灌浆泵:手掀气动式、调速齿轮泵、隔膜计量泵、液压泵。

(7)小型空压机。

(8)其他施工需要的工具。

7.0.4 上述工具及设备视需处理裂缝的具体情况而选用。

8 裂缝修补后处理

8.0.1 裂缝修补完成后,根据要求,需对修补部位进行后处理。

8.0.2 裂缝采用表面封闭法进行处理的,若封闭材料的颜色反差较大,则后处理需调制与混凝土本色尽量一致的水泥浆液或水泥砂浆对处理部位涂刷或罩面。

8.0.3 裂缝采用灌浆法进行处理的,后处理工作按以下步骤进行。

(1)用手持式切割机割除灌浆嘴。

(2)用砂纸或手磨机将封缝时凸出的固结体打磨至平整。

(3)将水泥浆液按水灰比为0.5:1或环氧水泥胶泥按水泥:环氧树脂:细砂=0.5:1:0.5~2比例配制好,要求配制的材料与处理部位混凝土本色尽可能一致。

(4)将配制好的材料涂抹在处理部位,使处理部位颜色尽可能与周围混凝土本色接近或一致。

(5)清理施工现场其他需清理的残留物品,恢复作业原状。

9 裂缝处理效果检查与验收

9.0.1 裂缝处理完后,应检查处理效果和质量,发现缺陷应及时采取补救措施,以确保质量(裂缝修补效果检查与验收表参见本指南附录3)。

9.0.2 裂缝处理效果检查方法较多,常用的方法有:试水试验、声波检测、取样检查。

9.0.3 试水试验。分无压试水试验和压力试水试验,一般检验裂缝部位在试水试验条件下是否有渗漏水现象。

9.0.4 声波检测。与裂缝检测相同,利用声波在介质中的传播速度原理,检验裂缝经补强后的处理效果。

9.0.5 取样检查。对补强处理过的裂缝,骑缝钻孔取混凝土芯样,检查裂缝的处理效果,必要时可将取出的芯样做物理力学检验。

9.0.6 裂缝补强处理效果检查完后,对不满足处理要求的部位应采取补救措施尽快予以处理。对效果检查达到质量要求的,应检查其施工资料的完整性并及时进行验收。

10 施工安全与劳动保护

10.0.1 进行裂缝修补施工作业,必须对施工人员加强施工安全和劳动保护教育。

10.0.2 高空作业须搭制稳固的施工平台或采取稳固的吊装设施,作业人员在高空作业必须佩戴安全带。

10.0.3 对于挥发性的化学材料应密封储存,防止有害气体逸出。灌浆材料中或清洗过程中使用的一些易燃、易爆物质,如丙酮、甲苯等,保管和使用过程中都要注意防火。存放化学材料的地点应设有明显的警示标志,且存放地点应阴凉通风,远离火源。

10.0.4 施工现场必须保持通风，严禁烟火。

10.0.5 施工人员应穿工作服，戴工作帽、橡胶或乳胶手套、防毒眼罩和防护口罩。不允许用手下直接接触灌浆材料。操作前，操作人员的皮肤外露部分如手和脸，最好搽一层含维生素的油脂；有皮肤过敏的人不宜参加灌浆工作。

10.0.6 若施工人员不小心皮肤或眼部接触到化学品，应立即用清水或生理盐水冲洗，若严重受伤应立即送医院检查治疗。

10.0.7 如施工现场发生安全事故，必须采取有效的应急措施。

10.0.8 注意个人卫生，不能在场地吸烟、进食。

11 环境保护

11.0.1 对易挥发的材料，应注意密封储存，减少气体外逸对环境造成污染。

11.0.2 健全岗位责任制，避免配浆误差，出现浆液固化不完全而污染环境。

11.0.3 废浆及清洗工具和设备管路的废液应集中，并妥善处理，严禁任意抛洒或丢弃不管，污染环境。

11.0.4 做好前期准备工作，在灌浆过程中，减少浆液的跑冒滴漏，降低浆液浪费和对环境的污染。

12 施工期间交通组织

12.0.1 对已投入运营的桥涵混凝土裂缝的诊治，在施工期间，为保证施工安全及施工的质量，应采取必要的交通疏导措施对施工路段进行临时性交通管制。

12.0.2 临时性交通管制措施包括车辆分流、限制重载或大型车辆通行、半封或全封闭交通等，具体措施视实际情况定。

12.0.3 一般交通管制结束时间为施工完成后 24h。

13 用词说明

13.0.1 为了便于在执行本技术指南条文时区别对待，对要求严格程度不同的用词说明如下：

(1)表示很严格，非这样做不可的用词：

正面词采用“必须”；反面词采用“严禁”。

(2)表示严格，在正常情况下均应这样做的用词：

正面词采用“应”；反面词采用“不应”或“不得”。

(3)表示允许稍有选择，在条件允许时首先应这样做的用词：

正面词采用“宜”或“可”；反面词用“不宜”。

13.0.2 本技术指南中指定应按其他有关标准、规范执行时，写法为“应按……执行”或“应符合……要求或规定”。非必须按指定的标准、规范的规定执行时，写法为“可参照……”。

附录 1　裂缝现场调查表

项目名称：　　　　　　　　　　日期：　　　　　　　　　　单位名称：

项目 序号	构件类型 （梁、板、柱、支座）	部　　位	走　　向	干、湿程度	填充状况	宽度 （mm）	贯穿情况	错位情况	裂缝产生原因
1									
2									
3									
4									
5									
6									
7									
8									
⋮									

项目负责人：　　　　　　　　　　　　　　　　　　记录员：

附录2　化学灌浆材料性能测试

化学灌浆材料性能测试的内容包括：

（1）浆液密度：按《液态胶黏剂密度的测定方法　重量杯法》（GB/T 13354—1992）测定浆液A、B组分混合后的密度。

（2）浆液黏度：按《胶黏剂黏度的测定》（GB/T 2794—1995）测定浆液A、B组分混合后的初始黏度。

（3）浆液pH值；直接pH用试纸或按照《胶黏剂的pH值测定》（GB/T 14518—1993），测定浆液A、B组分混合后的pH值。

（4）浆液可操作时间：从浆液A、B组分混合起，按《胶黏剂黏度的测定》（GB/T 2794—1995）测定其可操作时间。

（5）抗压强度：按《树脂浇注体压缩性能试验方法》（GB/T 2569—1995）测定其抗压强度，尺寸采用2cm×2cm×2cm立方体。

（6）抗伸剪切强度：按《胶黏剂拉伸剪切强度测定方法》（GB 7124—1986）测定抗剪强度。

（7）抗拉强度：按《树脂浇注体拉伸性能试验方法》（GB/T 2568—1995）测定拉伸强度。

（8）黏结强度：参考《建筑防水涂料试验方法》（GB/T 16777—1997），将“8”字模砂浆块拉断后再用灌浆材料黏结好，测定黏结面断裂时的抗拉强度，即为黏结强度。

（9）抗渗性能：按《水泥基渗透结晶型防水材料》（GB 18445—2001）中6.2.8的规定测定抗渗性能。

附录 3　裂缝修补效果检查与验收表

工程名称		构件类型		检验批数	
施工单位		项目经理		项目技术负责人	
序号	检验批部位	自检评定结果		检查验收结果	
1					
2					
3					
4					
5					
6					
⋮					
施工负责人日期		监理工程师日期		建设单位日期	

高寒地区桥面沥青混凝土铺装层施工技术指南

主编单位：内蒙古自治区省际通道建设管理办公室

武汉理工大学

参编单位：长安大学

主要编制人员：

张　广　吴少鹏　贾廷跃　刘洪海　万　山

张登峰　李俊梅　磨练同　赵满喜　王　虹

徐洪国　刘聪慧　刘金利　李　宁　马骏原

李　波　刘彦山　陈太泉　王国军

前　言

《高寒地区桥面沥青混凝土铺装层施工技术指南》(以下简称指南)是根据内蒙古自治区交通厅科技项目“高寒地区桥面铺装新材料及其应用研究”的研究成果,在系统分析北方高寒地区水泥混凝土桥面铺装结构早期病害形成机理分析与预防对策研究的基础上,参考相关规范,由内蒙古自治区省际通道建设管理办公室、武汉理工大学、长安大学共同编制。

本指南共6部分:1.总则,主要对桥面铺装项目的总体要求进行概括和说明;2.名词术语、符号,对本指南涉及到的名词和符号进行解释说明;3.桥面防水结构层,对桥面防水层的选材要求和结构设计以及施工工艺进行详细说明;4.桥面沥青混凝土铺装层,分别从结构层组合优化、原材料优选等方面对采用不同防水黏结材料的铺装结构进行分析说明,桥面铺装材料的选材要求增加了材料生产过程筛网布置与分档原则,铺装层结构优化设计中注意了抗水损害性能和低温性能的要求;5.桥面铺装层施工技术,从设备的配置、施工参数的设置以及混合料的生产、运输、摊铺、压实等六个方面进行详细说明;6.结合我国公路工程施工技术规范对热拌沥青混合料路面的检测与评定要求,提出了桥面铺装项目的质量检测与评定的指标,使本指南能满足北方广大地区的实际情况。

下列规范和标准所包括的条文,通过在本指南中引用而构成为本指南的条文,当以最新颁布的规范和标准为准。

1 《公路工程名词术语》(JTJ 002—87)

2 《公路自然区划标准》(JTJ 003—86)

3 《公路工程技术标准》(JTG B01—2003)

4 《公路沥青路面设计规范》(JTG D50—2006)

5 《公路工程沥青及沥青混合料试验规程》(JTJ 052—2000)

6 《公路工程集料试验规程》(JTG E42—2005)

7 《公路沥青路面施工技术规范》(JTG F40—2004)

8 《公路改性沥青路面施工技术规范》(JTJ 036—98)

9 《公路工程质量检验评定标准》(JTG F80—2004)

10 《公路工程施工监理规范》(JTG G10—2006)

本指南由武汉理工大学负责解释。由于目前桥面铺装的科研、设计与施工技术正处于不断完善和提升阶段,现提出的征求意见稿虽几经修改,但由于北方地区地域广阔,各地条件差异很大,本指南仍然有许多有待完善和改进的地方,请各位专家和设计、施工、科技人员讨论,并提出宝贵意见和建议,我们将认真研究您的意见并进行修改。

目　　录

1 总则

1.0.1 为贯彻“精心施工,质量第一”的方针,确保内蒙古自治区桥面沥青混凝土铺装工程施工质量,使桥面铺装具有防水、坚实、平整、耐久、抗滑等良好性能,特制定《高寒地区桥面沥青混凝土铺装层施工技术指南》。

1.0.2 本指南是依据有关现行的国家标准和交通部行业标准,结合北方地区气候、地质条件、施工技术等具体情况,在借鉴国内外公路桥面铺装的成功经验的基础上,结合内蒙古自治区省际通道建设经验和科研新成果制定的,适用于内蒙古自治区广大地区的水泥混凝土桥面铺装工程。

1.0.3 本指南规定了高寒地区公路桥面防水黏结层、沥青混凝土铺装层等项目的施工要求。同时提倡科技创新,开展科学试验,大力发展、提高桥面铺装层设计理论和修筑技术,借以补充、完善本指南;但在采用本指南规定以外的新技术、新材料、新工艺之前,应有充分的实验论证,并应报监理工程师和有关部门批准。

1.0.4 桥面沥青混合料用集料的粒径选择、加工、试验以及文字表述均以方孔筛为准。试验、施工与质量检测数据的单位和精度,以及本指南涉及的各项试验方法,均应符合交通部现行有关标准、规范和规程的规定。

1.0.5 大、中型桥面铺装工程应作为一项独立的分项工程进行施工,必须有详细的施工组织设计。其主要内容包括:施工组织管理体系(含主要管理人员构成),现场指挥系统与通信联络设施,施工场地布置总平面图(绘注临时道路、供电、供水、仓储、试验、生产、生活等设施的位置和面积),施工程序,人员、机械设备、车辆等资源配置计划,材料采购、加工、储运计划,施工质量保证体系与控制措施,安全生产、文明施工与劳动保护措施,以及生态环境保护措施等。

1.0.6 桥面铺装层施工首先要做好下列准备工作。

(1)根据承建项目的规模、合同要求与相应的资源配置计划,组织工作专班,做好施工场地和职工生活住地建设,同时加强同沿线地方政府及有关部门的联系与协调工作,争取他们给予大力支持、援助。

(2)应组织施工技术质量管理人员熟悉合同文件(含设计文件),学习有关标准、规范和规程,明确设计意图与要求,掌握工程要点与施工要领,讨论、制定相关技术措施和质量、安全保证措施,并应视工程进展情况,适时开办短期专业技术培训班,组织相关专业技术人员、技术工人学习有关技术规范、操作规程、安全须知和技术质量管理文件,以增强全员质量意识和职业道德观念,掌握“应知”、“应会”,通过考核合格方可配证上岗。

(3)进场后应对机械设备和试验仪器进行认真检修、调试与标定,并要建立使用中的定期保养、维修、调整与检验制度,使机械、仪器设备始终保持完好、精密状态。

(4)进场后还应抓紧备料工作,组织集料加工生产,确保路面材料的质量与按期供应量。要认真按照各类集料的总用量和相应的工期要求,计算所需加工设备的生产能力,并必须有充分的富余,配足设备,抓紧加工,防止停工待料。

1.0.7 桥面铺装施工的总体程序如下:

桥面基面处理→基面处理验收→防水黏结层施工→防水层养生、质量检测→铺装前基准放线、室内试验(包括原材料试验和混合料配合比设计与验证)→铺筑试验段(在大型桥面铺装前,先在1~2座小型桥面上进行试铺工作,根据试验段情况再调整摊铺工艺,并总结上报批复,严禁未经试验便直接在大桥上摊铺)→正式铺筑施工→质量检评。

应自始至终抓好试验、检测工作,用科学数据指导施工,用检测数据评价质量。每批原材料未经检验合格者不得使用,不合格材料应及时清除现场。上一道工序完成后未经自检合格并经监理签认时,不得进行下道工序施工;下一层的质量未经自检合格并经监理工程师签认不得进行上一结构层施工。

1.0.8 各项试验、每一工序施工和每点测试数据，均应按规定表格用碳素墨水笔填写相应报表（含原始记录），并分类登记归档。任一试验、施工、检测活动完成后，不允许只有分析资料、成果报告或成品展示而无活动过程的原始记录。

1.0.9 高级驻地监理工程师办公室（以下简称高驻办）应按规定频率对原材料及混合料进行独立的平行试验以及现场质量抽检，用以评价施工单位的试验成果及施工质量。驻地监理工程师办公室（以下简称驻地办）应按要求认真做好跟踪监理，及时做好监理日志。

1.0.10 科学管理，文明施工。拌和场内要保持干燥、干净、整齐，各类原材料堆放、仓储以及机械设备安放等均应井然有序；存放在拌和场内的所有集料均应有棚盖；各类材料存放场所应有品名、规格、来源和用途等标示牌。施工现场应以摊铺机为中心，按其前后各道工序流程（包括最前面的处理、清扫下承层、放样等工作和最后面的铺筑层质量检测），组织成有条不紊、均衡推进的施工群体；应设置用以指导施工作业（包括车辆行驶）和警示人们注意的相关活动标志；在施工面层时，还应设立平、竖曲线控制点与超高横坡度变换点等标志，用以指导摊铺作业。

1.0.11 在路面工程施工过程中，除混合料运输车辆、施工管理车辆以外，其他车辆（包括地材运输）均不得进入施工作业面行驶。

条文说明

1.0.1 本章规定了制定本指南的目的、使用范围、主要内容。桥面铺装工程的施工除遵守本指南规定外，本指南未做明确规定的，应参考国家颁布的现行有关标准、规范执行。

2 名词术语、符号

2.1 名词术语

2.1.1 桥面铺装

根据铺装层的功能要求，桥面铺装结构主要由防水层（黏结层）、下面层和表面层等组合而成。

2.1.2 防水层

保护桥面不受路表水的侵害，并与桥面以及相邻铺装层形成抗剪连接功能的各层组合体，一般具有防水、黏结性能的层次组成。

2.1.3 底涂层

直接涂于桥面面板上以增强桥面面板与防水层之间黏结效果的涂层。

2.1.4 透层

为使沥青面层与非沥青材料基层结合良好，在基层上喷洒液体石油沥青、乳化沥青而形成的投入基层表面一定深度的薄层。

2.1.5 黏结层

在相邻层间起黏结作用的层次，需具有良好的黏结性能，由沥青基高分子聚合物材料组成。

2.1.6 改性沥青

掺加橡胶、树脂、高分子聚合物、天然沥青、磨细的橡胶粉，或者其他材料等外掺剂（改性剂）制成的沥青结合料，从而使得沥青或沥青混合料的性能得以改善。

2.1.7 改性乳化沥青

在制作乳化沥青的过程中同时加入聚合物胶乳，或者将聚合物胶乳与乳化沥青成品混合，或对聚合物改性沥青进行乳化加工得到的乳化沥青产品。

2.1.8 沥青黏度

沥青试样在规定条件下流动时形成的抵抗力或内部阻力的度量，也称黏滞度。

2.1.9 防水体系

由相互协调一致、相互匹配的防水层(底涂层、黏结层)和铺装下层组成,起到防水隔离的作用。

2.1.10 下层

起到承载作用,并与防水层一起组成防水体系,具有保护防水层的作用。

2.1.11 表面层

桥面铺装表面的沥青混凝土,是直接与汽车轮胎以及大气接触的层次,应具有平整、抗滑和耐久等功能。

2.2 符号

PC——喷洒形阳离子乳化沥青;

PCR——喷洒型改性乳化沥青;

AC——密级配沥青混凝土混合料,分为粗粒式、中粒式和细粒式三类;

SMA——沥青玛蹄脂碎石混合料,Stone Matrix Asphalt 的缩写;

GA——浇筑式沥青混凝土;

EA——环氧沥青混合料,Epoxy Asphalt 的缩写;

VV——沥青混合料试件的空隙率;

VA——沥青混合料试件的沥青体积百分率;

VFA——沥青混合料试件的沥青饱和度;

VMA——沥青混合料试件的矿料间隙率;

VCA_{DRC}——粗集料松装间隙率;

VCA_{mix}——沥青混合料试件的粗集料间隙率;

条文说明

2.1 术语

关于桥面铺装个层的术语和功能,各个地区不完全相同,也并不是所有体系的桥面铺装结构都必须具备所有的层次。考虑各个层次定义以及功能区分的统一,在某些特殊情况下,各种结构方案也可以对一些层次进行取舍。

3 桥面防水结构层

3.1 一般规定

3.1.1 施工防水黏结层之前,必须按相关验收要求,全面检查确认桥面基面处理质量,同时应将基面表面的松散颗粒、泥土、杂物等清扫干净(用钢丝刷与高压鼓风或射水配合作业)。

3.1.2 对横向构造缝、施工缝和经检查验收认可的裂缝,并经监理工程师签认后方可施工黏结层。

3.1.3 用作黏层的基质沥青应与下面层用沥青的品种和标号相同;施工黏层的环境温度不应低于10℃。大风、有雾或即将降雨时应停止施工。

3.1.4 施工防水黏结层前,应用塑料薄膜将纵向排水沟及防撞护栏的外露部分严密覆盖,防止被沥青污染。

3.1.5 正式施工防水黏结层之前,应在小桥或者基层上通过不少于100m 长的试验路。

3.1.6 应做好沥青洒布设备的日常保养检修工作,保证机械仪表正常稳定工作,喷嘴畅通。

3.1.7 做好安全生产与环境保护。

条文说明

3.1.1 铺装层桥面的处理工艺是桥面铺装项目质量控制第一环节,不同的桥面防水黏结材料对于桥面的处理工艺要求是不同的。

3.1.2 桥面与路基搭界的横向缝、构造缝、施工缝的处理工艺如下:

(1)上基层与桥头搭板的接缝,先将表面清扫干净,在基层一侧洒透层沥青,干燥后再洒黏层沥青;在搭板一侧洒黏层沥青(SBR 改性),再铺 1.5m 宽的玻纤网,玻纤网的技术要求如表 3.1.2 所示;基层上按要求固定基层一侧,搭板一侧绷紧压实后用射钉(压垫板)固定。

玻纤格栅技术要求　　表 3.1.2

项　目	要求指标	测试温度(℃)
抗拉强度(kN/m)	≥80	20+2
最大负荷延伸率(%)	≥3	20+2
网孔尺寸(mm×mm)	200×200	20+2
网孔形状	矩形	20+2

(2)不设伸缩缝的小桥、明涵的构造缝(如桥面板与台背的接缝、相邻桥面板的接缝),应先将缝内的泥土、杂物清刷干净,再用不小于 1.5 倍缝宽的沥青麻絮凿进缝内,嵌填紧密,嵌填厚度应不小于 5cm(不包含缝的上部空间 1cm)。做好桥面防水黏层后,沿缝铺玻格栅(两侧各 75cm),绷紧压实后用射钉固定。同时在缝的中轴线两端做好标记,以便在铺筑上面层后,再沿该轴线切 2cm 深、0.4~0.6cm 宽的应变缝,并灌填橡塑沥青。

(3)对简支梁的桥面连续水泥混凝土铺装层锯缝,做好防水黏层后亦应按上述要求铺设玻纤格栅。

(4)对预留的桥梁伸缩缝,在做桥面黏层沥青之前应用木板覆盖全部预留范围,防止沥青污染伸缩缝两侧的桥面混凝土和预埋钢筋。

3.1.5 桥面防水黏结试验段注意事项如下:

(1)检验、确定黏结层用防水黏结材料的洒布量和黏结效果。

(2)透层及下封层用乳化沥青的沥青含量、稠度及洒布量,石屑用量与洒布工艺。

(3)施工工艺与机械、小型机具及人员配置,掌握洒布机的工作状态及洒布量的调控要领。

(4)质量控制与安全生产(含防离析、沉淀)等的措施。

(5)确定各个工序衔接时间以及合理的作业段长度。

3.1.7 安全生产与环境保护注意事项如下:

(1)乳化沥青的运输、储存应符合施工安全规范的相关要求。

(2)废液、弃渣以及因事故而废弃的混合料,应运到规定的地点处置,不得沿路边抛洒。

3.2 桥面防水黏层

3.2.1 在桥梁、明涵、明通道及桥头搭板等水泥混凝土基面上铺筑沥青混合料面层之前,均应按规范要求做好防水黏结层,以增强沥青混凝土与水泥混凝土的黏结,防止被推移、脱落,同时应具有桥梁防水功能。防水黏层厚度为 0.5~0.6mm。

3.2.2 防水黏层材料应选用具有高黏结力(抗剪切力)、温度适应性好且耐老化的高分子聚合物专用防水黏结材料,如丁苯橡胶、氯丁胶乳等单体改性的防水黏结剂,或橡塑共混类的复合改性防水黏结剂。涂膜类防水黏结材料的基本性能要求如表 3.2.2 所示。

涂膜类桥面防水黏层材料技术要求 表3.2.2

试验项目		指标	试验方法	检验频度
离析试验		—	搅动、观察必要时过筛	每天使用前检一次
恩格拉黏度[25℃](Pa·s)		3~60	T0622—1993	每批检验一次
1.18mm筛上剩余量(%)		≤0.3	T0652—1993	每批检验一次
沥青微粒离子电荷		阳(+)	T0653—1993	选用前检一次
蒸发残留量(%)		≥50	T0651—1993	每批检验一次
层间抗剪强度(MPa)	20℃	≥1.4	委托专业试验室模拟同类结构层进行剪切试验	选用前检验一次
	60℃	≥0.8		以后视情况检验
与基面黏结强度[20℃](MPa)		≥0.5	同上	同上
破乳速率		慢	T0658—1993	同上

3.2.3 根据桥面铺装层的工作环境和交通量关系,也可以采用高分子热塑性防水卷材来作为桥面防水黏层材料。卷材类桥面防水材料的性能指标如表3.2.3所示。

热塑性卷材类桥面防水材料技术要求(APP类) 表3.2.3

序号	胎号		PY		G	
	型号		I	II	I	II
1	可溶物含量(g/m^2)	2mm	—		1 300	
		3mm	2 100			
		4mm	2 900			
2	不透水性	压力(MPa),≥	0.3		0.2	0.3
		保持时间(min),≥	30			
3	耐热度(℃)		110	130	110	130
			无滑动、流淌、滴落			
4	拉力(N/50mm),≥	纵向	450	800	350	500
		横向			250	300
5	最大拉力时延伸率(%)	纵向	25	40	—	
		横向				
6	低温柔度(℃)		-5	-15	-5	-15
			无裂纹			

3.3 防水黏层材料的施工

3.3.1 黏层施工设备配置

施工桥面防水黏层的主要机械设备功能应符合下列要求,设备台(只)数依工程量大小和工期要求而定。

(1)沥青洒布车(机)应具备能独立操作、能调控洒布量的油泵、速率计、压力表、计量器、温度计、气泡水平仪和软管。

(2)滚筒式或盘式电动钢丝刷或打磨机。

(3)电动或燃油动力鼓风设备(含风枪若干只)。

(4)斧式、凿式小钢锤和手持式钢丝刷等小型工具若干件。

(5)平板汽车,具有高压射水装置的水车。

3.3.2 黏结层施工工艺

(1)涂膜类桥面防水黏层施工

首要工序是处理水泥混凝土表面，即必须将原桥面（含搭板）上和缝隙处的泥土、水泥浮浆、油污等清除干净并凿除尖锐突出物，磨掉钢筋头、凿平明显凹凸不平的和强度不高的混凝土，以及监理工程师认为需要处理的其他的缺陷。然后用高压风枪或射水将桥面上的灰尘清除干净，达到手摸无灰尘污染为度。必要时，用环氧砂浆填补坑洼、凹隙。基面处理完毕、自检合格并经监理检验签认后，应立即开展喷涂施工，防止二次被污染。

（2）卷材类防水结构层的施工

①基面处理：基面须牢固、无松动、表面应抹压平整，含水率小于9%。

②热溶施工：基面处理→涂刷改性沥青冷底子油→按设计方案弹（画）线→试铺防水卷材并剪裁下料→热铺已剪裁的防水卷材，且滚压封边→涂刷SBS胶黏剂→均匀撒一薄层中粗砂作为防热保护层。

③卷材搭接要求为：单层长边≥100mm、短边≥150mm。

冷黏施工：基层处理→涂刷SBS胶黏剂→冷黏防水卷材，且滚压封边→做保护层。

④在基面上涂满改性沥青冷底油（0.4～0.6kg/m^2），待溶剂挥发基本干燥后，按已确定的防水卷材的基准线，划定防水卷材的铺贴线。

⑤将防水卷材沿铺贴线摊铺在基层上，按尺寸剪裁，然后沿展开反方向卷起待铺（自然卷起）。

⑥铺贴顺序为同一平面，由低处到高处施工，不同一平面同高处到低处施工，先远后近。坡度小于3%时，按平行于屋脊方向铺贴；坡度为3%～15%之间时，垂直或平行于屋脊方向都可采用；坡度大于15%时，应垂直于屋脊铺贴。

⑦热熔施工时，将调试好温度的火焰喷枪（喷灯或电加热机）以约150mm距离对准防水卷材与基层交界面，同时迅速烘烤卷材与基层，待卷材表面溶胶发黑并有汹涌时，立即进行滚贴，并用橡胶辊子随机压实，排除空气。

⑧冷贴施工时，用橡皮刮板按一半要铺贴卷材宽度涂满APP胶黏剂，然后平行滚贴已裁定的防水卷材，且边铺边用橡皮辊子推展卷材，排除空气压实。如果环境温度低于15℃，应改为热溶法施工。

（3）大面积开展桥面黏层施工之前，必须先选100m长以内的桥梁进行试摊铺，作为工程开工前的“试验段”，以检验材料性能，确定施工工艺、参数。按表3.3.2-1的要求对试验桥的防水黏层检验合格后，提交试验总结报告，经过高驻办审批，方可正式施工。

桥面防水黏层质量检查项目与标准 表3.3.2-1

检查项目	要求指标	备注
基面处理	应符合本节3.3.2-(1)、(2)的要求	观察结合戴白手套摸
涂层外观	颜色一致，平滑光洁	观察触摸
涂层厚度	0.5～0.6mm范围内	刺穿，用卡尺量
0.7MPa轮压搓磨	不脱皮，无露白	用重载车快速紧急制动

（4）涂膜类防水黏层施工应遵守下列规定：

①每座桥梁（含明涵等）开工前应提交《桥面防水黏层开工申请批复单》，施工完毕后经自检合格、监理工程师验收签认，提交各项施工文件资料。

②将水泥混凝土表面彻底处理干净，达到基面坚固、无浮浆、无砂皮、无尖锐突物；表面清洁无油污、无灰尘，手摸无污染。

③基面应干燥，用高压射水冲洗，应待其表面（包含缝槽中水）干燥（含水率不得超过15%）后，方可喷洒防水黏层沥青。

④防水黏层材料应符合第3.2.2条的要求，且每天开工及每桶开封时应检验其是否有离析沉淀。

⑤应严格按试验桥梁总结的、并经高驻办批准的工艺进行施工。应边喷洒边用竹扫帚（滚筒刷）扫，使桥面及其所有缝隙都能均匀附着防水黏层沥青。

⑥若采用单一品种的材料，也宜分两遍喷涂。第一遍的稠度稍小一点，使其具有一定渗透性；第二遍则稠些，应在底层干燥后喷洒。应严格控制喷涂层的总厚度（0.5～0.6mm）和均匀度，不得有流淌、油埂；颜色也不得有深有浅。

⑦沥青混凝土与桥梁混凝土护栏或缘石的接触面，采用人工均匀涂刷防水黏层。该涂刷带要高出水泥混凝土桥面以上一般为9cm；不涂刷的部位（包含预留伸缩缝）应预先妥善覆盖，防止被污染。

⑧桥面处理清洁、经检查合格以后的每道工序作业中，施工人员必须穿工作鞋（严格与场外用鞋分开）进场作业。同时，应在相邻通车的桥面上及其两头一定长度内的路面上洒水保湿，避免灰尘污染未干的涂抹层。

⑨防水黏层施工完毕并实干（一般24h）后，应在现场监理指导下，用载重（5t以上）汽车在涂抹层上往返行驶，并紧急制动搓磨，凡黏轮、脱皮、磨光者，都应将其打磨掉，重新喷涂。这项检验过程必须有详细记录。

⑩验收合格的防水黏层若不能及时施工下面层时，应派专人保护，一般禁止载重车辆通行和装卸材料物品；如果需要通行运料车辆，则应随时将桥面清扫干净，防止散落的石子或坚硬物在轮胎碾压下破坏黏层。

（5）防水黏层的质量检查项目及标准如表3.3.2-1、表3.3.2-2所示。

桥面防水黏层施工报表目录 表3.3.2-2

表　　名	表　　号	填表说明
桥面防水黏层开工申请批复单		逐座桥填，高驻办批后开工
桥面处理检验申请批复单		每座桥处理自检合格后填报，不批不能喷洒
喷洒施工记录		每天一页，表格自拟
防水黏层质量自检报告		每桥一表，项目如表3.3.2或表3.2.3所示
防水黏层交验报表		每桥一表
防水黏层交工证书		高驻办验收合格后签发
防水黏层材料检验报告		使用前每批检一次，检验结果报高驻办

条文说明

3.3.2　防水黏结层位于水泥混凝土面板与沥青铺装层之间，是桥面铺装的重要组成部分。防水黏结层是桥面铺装的应力、应变过渡层，不仅降低了沥青混凝土面层的内部应力，也降低了桥面板内部各节点的应力。此外，防水黏结层体系还承担着保护混凝土桥面板内的钢筋免受锈蚀的作用。因此，防水黏结层对整个桥面铺装受力体系及桥梁结构的安全性起着举足轻重的作用。

目前，我国还没有混凝土桥面铺装黏结层结构的试验评价方法的规范，各科研机构也往往采用不同的试验方法，其试验结果也较难进行比较参考。本指南结合课题组研究成果，分别设计了以下试验方法，以检验防水材料性能以及防水材料施工质量。

1　层间直剪试验

（1）目的与依据

检验防水黏结层材料在车辆起动、紧急制动时的水平力作用下，桥面铺装层间结构体系的抵抗能力，亦即防止层间滑移的剪应力。该性能主要通过剪切试验来评价。通过室内直剪试验建立与工程项目相适应的剪切指标，以供不同界面形式桥面铺装结构正确选用防水层材料及用量，并达到指导设计与施工的目的。

（2）试件的制备

①研究采用沥青混凝土车辙成型试模为水泥混凝土成型模具，使试件规格标准、统一。成型水泥混凝土的试模尺寸为300mm×300mm×50mm的薄面板体，成型前应在试模内壁四周涂抹机油以便于脱模。

②将成型好的水泥混凝土试件在养生室至少养生7d,之后在水泥试件上套上尺寸为300mm×300mm×50mm的沥青混凝土试模(组合车辙试模),按照试验方案,预先对养生完成的水泥混凝土试件表面进行人工处理,基面清理完成后根据防水材料设计用量,采用人工涂刷方式将防水材料均匀涂刷于构件表面,静置12h以上,待完全破乳为止。

③按照沥青混合料车辙成型试验规程,在涂刷防水黏结层的水泥混凝土上成型沥青混凝土试件。

④将成型完毕的组合试件静置12h,充分冷却完毕,用ϕ100mm规格的沥青混凝土取芯机将每块试件按照图3.3.2-1所示位置取芯,每块试件取芯样品成为一组,作为试验基本数量样本。

(3)层间直剪试验步骤

①预先把直剪仪的参数设置在试验条件下,将砝码放置在加力杠杆的一端,并用杠杆水平调平器将杠杆调平固定,试验模型如图3.3.2-2所示。

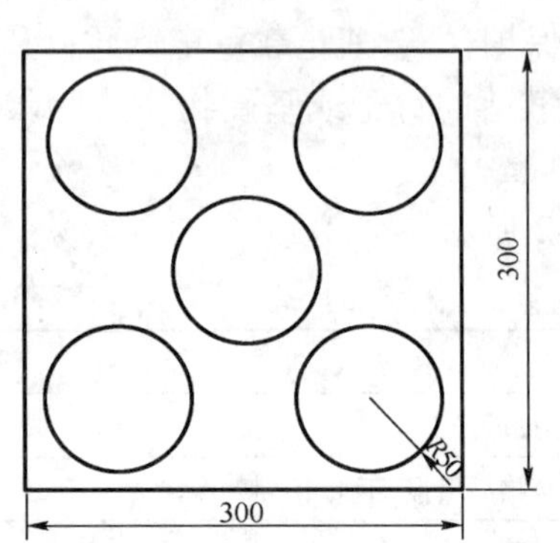

图3.3.2-1　直剪试验样品取芯位置(尺寸单位:mm)

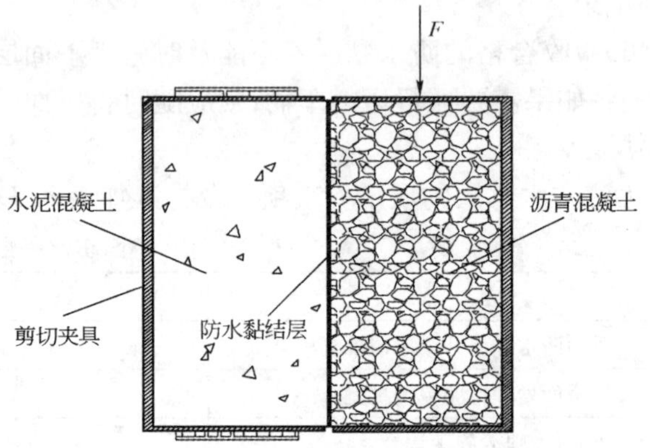

F
水泥混凝土
沥青混凝土
剪切夹具
防水黏结层

图3.3.2-2　直剪试验模型

②将成型好的标准试件从控温箱中取出,并将试件用剪力夹环固定。然后在试件的上端放置压头,将压力杆调到预压状态,旋开杠杆水平调平器对试件施加竖向荷载。

③关闭试验仪的环境箱,防止试验环境温度发生变化。

④开启剪切试验仪,观察试件破坏和控制箱上力和位移显示值的变化情况,剪切试验结束时记录最大值和相应的位移值。

⑤将仪器复位,并取出试件。

⑥将控制箱用数据线与计算机相连,通过专用软件对数据进行提取并分析。

⑦对试验结果进行处理。通过下式计算层间剪应力:

$$\tau = \frac{F}{S} \tag{3.3.2-1}$$

式中:τ——层间剪应力(MPa);

F——直剪仪测定的拉力值(kN);

S——层间剪切面积(m^2)。

2　层间拉拔试验

(1)目的与依据

测试层间防水黏结层自身及与混凝土桥面板和沥青混合料之间的黏结强度,研究不同因素对层间黏结力的影响规律。拉拔试验可以根据试验曲线峰值明确判断黏结层结构的黏结强度;同剪切试验相比,拉拔试验还可以根据破坏界面清楚地判定黏结层结构体系的薄弱环节。

(2)试验步骤

①按照标准的车辙试件尺寸(300mm×300mm×50mm)成型水泥混凝土试件,养生7d后脱模并同时对混凝土表面进行人工处理。

②将成型好的水泥混凝土试件在养生室至少养生7d,之后在水泥试件上套上尺寸为300mm×

300mm×50mm的沥青混凝土试模(组合车辙试模),按照试验方案,预先对养生完成的水泥混凝土试件表面进行人工处理,基面清理完成后根据防水材料设计用量,采用人工涂刷方式将防水材料均匀涂刷于构件表面,静置12h以上,待完全破乳为止。

③待沥青混凝土冷却后,用ϕ100mm取芯机将水泥混凝土和沥青混凝土一起取芯,并用吹风机(或者风扇)将芯样连续吹干。取芯位置同图3.3.2-1一致。用环氧树脂将其无防水层的一端黏在拉伸圆板上,并施加一定的压力使试件黏结牢固,另一端则黏结可与拉拔仪相连的拉拔盘,用于拉拔试验的试件。

④24~48h,待环氧树脂固结后,将试件放到拉拔试验仪上,并调节仪器试验参数开始进行拉拔试验。试验时注意不能使试件偏心受拉。试验模型如图3.3.2-3所示。

⑤拉拔试验结束后,将拉拔仪控制箱用数据线与计算机相连,通过专门的软件对数据进行提取并分析。

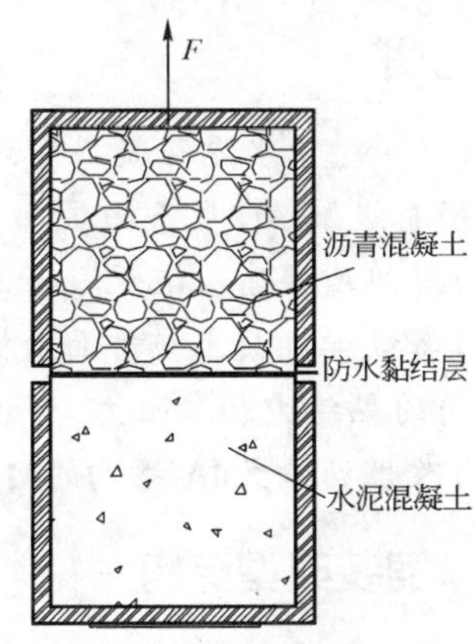

图3.3.2-3　拉拔试验模型

⑥对试验结果进行处理。通过下式计算层间黏结力:

$$C = \frac{F}{S} \tag{3.3.2-2}$$

式中:C——层间黏结力(MPa);

F——拉拔仪测定的拉力值(kN);

S——层间剪切面积(m^2)。

3　防水材料施工后的现场渗透试验及制动剪切试验

防水黏结层性能现场检验主要是渗透试验及制动剪切试验。其中渗透试验通过在防水黏结层表面固定密封水管加静水压进行观察(图3.3.2-4),用路用渗水仪测量透水性。测试要求为在60cm水柱的压力下,30min不透水。

为了检验黏结层的抗剪性能,在铺装层沿桥横向切割出200 mm宽的铺装带,见图3.3.2-5,由后轴重为130kN的载重汽车以50km/h速度行驶,待后轮将到切割铺装带时制动,以检验黏结层结构的抗剪性能。当切割铺装带黏结层没有发生错动或脱离现象,而且桥面铺装实际受力处于有侧限的更安全状态,则说明该黏结层满足桥面铺装的剪切性能要求。

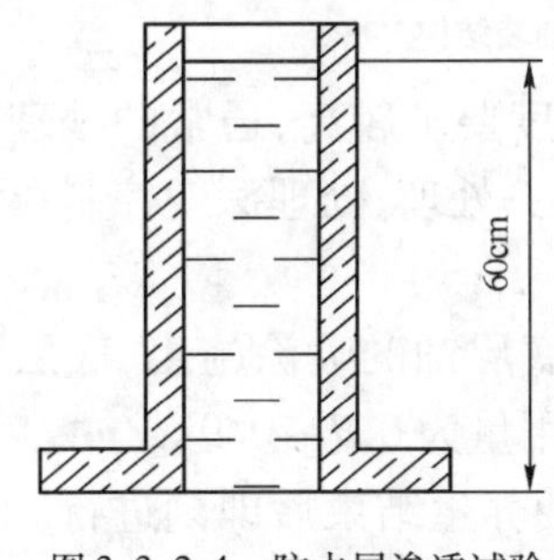

图3.3.2-4　防水层渗透试验

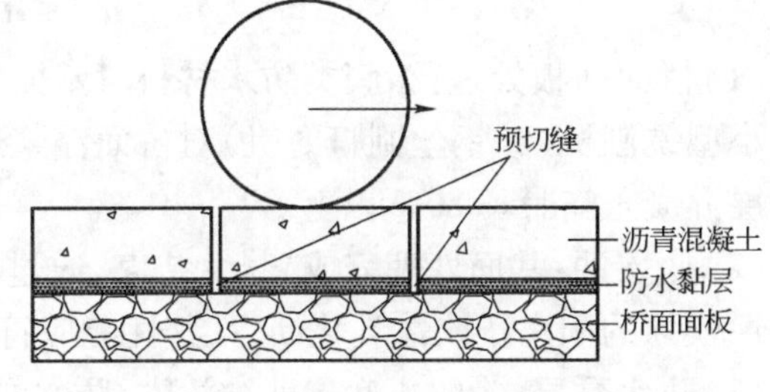

图3.3.2-5　黏结层制动剪切试验

4　桥面沥青混凝土铺装层

4.1　一般规定

4.1.1　桥面铺装层用沥青混合料可以采用密级配AC-C型混合料、聚合物改性沥青SMA、浇筑式沥青混合料以及环氧沥青混合料四种类型,分别适用于不同铺装体系的不同层位。

4.1.2 工程实施前应完成桥面铺装使用条件调查以及铺装层受力分析，并通过防水材料以及防水体系性能检验、铺装材料及其混合料性能验证、铺装结构各层材料的匹配性能检验（主要是层间结合、弯曲疲劳试验等），确定所用材料和铺装层结构对桥梁结构工程适用性后，方能进入工程应用阶段。

条文说明

4.1.1 对于水泥混凝土桥面铺装层的结构组合，从实用性、耐久性、施工难度和造价方面考虑，以纤维增强密级配 AC 型下面层 + 聚合物改性沥青 SMA 上面层的组合比较适用与北方寒冷地区。

（1）纤维增强密级配混凝土的低温抗裂和弯曲疲劳性能均优于普通沥青混凝土结构。

（2）密级配混凝土与桥面面板之间的接触属于面—面接触。足够的接触面积增大了铺装层与桥面面板之间的黏结力和摩阻力，有效地防止了铺装层与桥面板之间的剪切破坏。

（3）改性沥青 SMA 结构的耐久性和抗滑性能良好，对于保障北方漫长冬季的行车安全非常必要。

4.2 铺装典型结构

4.2.1 涂膜类防水层的铺装结构包括底涂层、防水黏结层、细级配沥青混合料调平层（根据桥面平整度状况确定是否设置）和桥面铺装层，如图 4.2.1 所示。

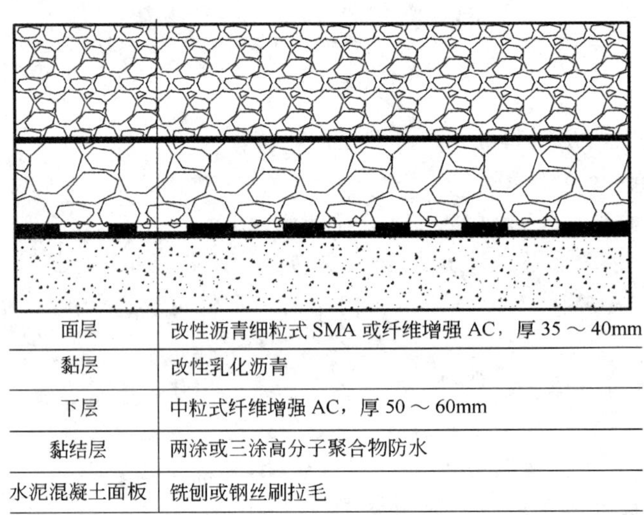

面层	改性沥青细粒式 SMA 或纤维增强 AC，厚 35 ～ 40mm
黏层	改性乳化沥青
下层	中粒式纤维增强 AC，厚 50 ～ 60mm
黏结层	两涂或三涂高分子聚合物防水
水泥混凝土面板	铣刨或钢丝刷拉毛

图 4.2.1 高分子聚合物改性涂膜类防水层的铺装结构

（1）桥面面板处理：涂膜类防水材料对基面的粗糙度和洁净程度要求较高，通常的处理方式是首先采用小型铣刨机（或钢丝刷打磨机）对桥面浮浆进行全幅铣刨（拉毛）处理，处理深度控制在 3 ~ 5mm，保证表层混凝土露骨率 80% 以上。

（2）底层油：基面处理完成，养生结束，通过检查认定后，进行底层油的喷涂施工，底层油一般采用渗透性较强的阳离子改性乳化沥青，其性能应符合设计文件要求，用量为 0.7 ~ 0.9kg/m^2。

（3）防水黏层：为防止底层油被污染，防水黏层的施工在底层油养生结束后即刻进行。为保证防水黏层与沥青铺装层间的有效黏结，在防水层施工完成后，在防水层上撒布粒径在 2.36 ~ 4.75mm 之间的沥青预拌碎石。预拌碎石沥青用量为 1% ~ 2%，预拌碎石撒布量为 1.5 ~ 2kg/m^2。

（4）视桥面平整度状况：根据需要可设置 2 ~ 3cm 的密级配 AC-10 或 AC-13 的桥面调平层，桥面状况良好的可不设。

（5）铺装下层：宜采用 5 ~ 6cm 中粒式密级配沥青混凝土，上面层根据抗滑性和耐久性需要可以采用细粒式改性沥青 SMA 或改性沥青纤维增强 AC-C 型密级配沥青混合料铺装结构。

4.2.2 卷材类防水层的铺装结构包括底层专用黏结剂、热塑性高分子聚合物防水卷材防水黏层和桥面铺装层，如图 4.2.2 所示。

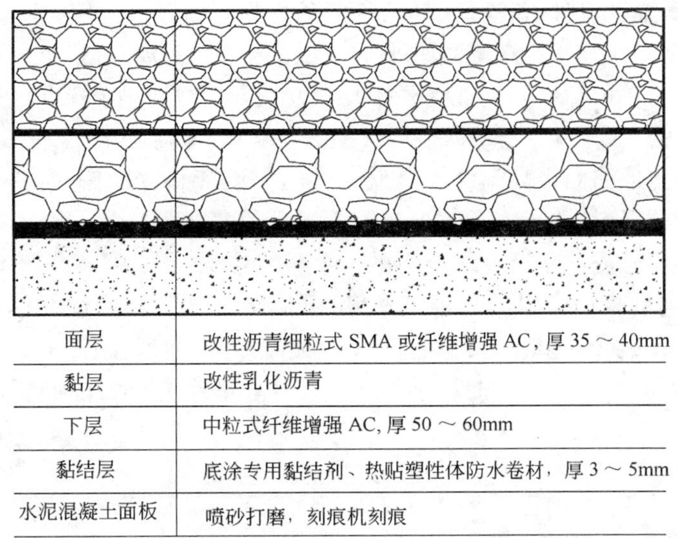

图 4.2.2　热塑性高分子聚合物防水卷材防水层的铺装结构

(1)卷材类防水对桥面平整度要求非常高，对于平整度相对较差的桥面不宜选择卷材类防水材料。

(2)桥面面板处理：卷材类防水材料对基面的平整度、整体性和洁净程度要求较高，通常的处理方式是首先采用喷砂打磨方式对桥面浮浆进行处理，然后采用刻痕机对桥面进行全幅刻痕处理。刻痕深度为 0.5 ~ 1mm，刻痕方向与行车方向垂直。

(3)卷材类专用黏结剂：保证防水卷材与桥面的完整结合，形成一个整体。基面处理完成、养生结束、通过检查认定后，进行黏结剂的喷涂施工，黏结剂用量为 0.4 ~ 0.6kg/m^2。

(4)防水卷材：热塑性防水卷材的抗拉、抗压、抗撕裂性、耐穿刺、耐腐蚀性能好。用于桥面防水层能有效保护桥面不受雨水侵蚀，同时能保证桥面与铺装层间的有效黏结。

(5)铺装下层宜采用 5 ~ 6cm 中粒式密级配沥青混凝土，上面层根据抗滑性和耐久性需要可以采用中粒式或细粒式改性沥青 SMA 或改性沥青纤维增强 AC-C 型密级配沥青混合料铺装结构。

4.3　铺装层材料选择

4.3.1　沥青材料

(1)沥青路面所用沥青标号应根据公路等级、气候条件、交通量及其组成，路线线形、面层结构类型、施工方法和施工季节等因素，并综合当地的使用经验选择适当的沥青标号。

高速公路、一级公路、二级公路应选用重交通道路石油沥青，重交通道路石油沥青技术指标应符合国家有关技术标准的要求。

(2)为了选择沥青标号和沥青技术指标，可根据工程所在地的年最低平均气温、最高平均气温，按表 4.3.1-1 确定沥青的气候区划。

沥青的气候区划　　表 4.3.1-1

沥青标号分区	年最低月平均气温	最高月平均气温	自 然 区 划
寒区	-10℃以下	<25℃	I,II
温区	0 ~ -10℃	>25℃ <30℃	II1,II2,II3,II4a,II4b,II5a,III1,III2,III3,IV6a,V2a,V3,V4,V5,VI1,VI2,VI3,VI4,VII1,VII3,VII4,VII5,VII6
热区	0℃以上	>30℃	II4,II5,III4,IV1,IV2,IV3,IV4,IV5,IV6,IV6,IV7,V1,V2,VI4b,VII2

①气候区分为寒区、温区、热区，各区区划的气温条件如下：

年最低月平均气温为 -10℃以下，最高月平均气温小于25℃，属寒区；

年最低月平均气温为 -10℃ ~0℃，最高月平均气温大于25℃，小于30℃，属温区；

年最低月平均气温为0℃以上，最高月平均气温大于30℃，属热区。

②工程所在地具有当地路面最高温度和最低温度的实测资料，或有七月份气温最高的七天平均值和一年中极端最低气温的资料，并考虑了气温与路面温度修正关系，预估路面最高温度和最低温度，可结合当地经验选择沥青标号或选用沥青结合料的一些技术参数。

(3)沥青性能指标与沥青混合料的高温抗车辙、低温抗开裂等路用性能密切相关。选择沥青标号应考虑当地的最高气温和最低气温，以及交通量状况、路面结构类型、施工方法等因素确定。当缺乏使用经验时，各类沥青路面可参考表4.3.1-2选用沥青标号。普通道路石油沥青(A级)的质量技术要求如表4.3.1-3所示。

各类沥青路面选用的基质沥青标号 表4.3.1-2

气候分区	沥青种类	沥青路面类型
		沥青混凝土
寒区	石油沥青	AH-90、AH-110
温区	石油沥青	AH-70、AH-90
热区	石油沥青	AH-50、AH-70

普通道路石油沥青(A级)的质量技术要求 表4.3.1-3

项目		90号	110号	试验方法
针入度[25℃,5s,100g](0.1mm)		80~100	90~120	T0604
延度[5cm/min,15℃](cm),不小于		100	100	T0605
软化点[环球法](℃),不小于		44	43	T0606
溶解度[三氯乙烯](%),不小于		99.5	99.5	T0607
旋转薄膜烘箱[163℃,85min]	质量变化(%),不大于	±0.8	±0.8	T0609
	针入度比(%),不小于	57	55	T0604
	残留延度[10℃](cm),不小于	8	10	T0605
闪点[COC](℃),不小于		245	230	T0611
含蜡量(蒸馏法)(%),不大于		2.2	2.2	T0615
密度[15℃](g/cm^3)		实测	实测	T0603
60℃动力黏度(Pa·s),不小于		140	120	T0620

①气候区划为热区，对夏季持续高温较长，或重载车较多的高速公路，可选用稠度高、60℃黏度大的沥青；对气候区划为寒区，宜选用稠度低、低温延度大的沥青；对日温差大或年温差大的地区，宜选用针入度指数大的沥青。

②当沥青层为二至三层或沥青层较厚时，表面层宜选用高温、低温性均较好，并耐老化的沥青；对中面层宜选用抗疲劳、热稳性好的沥青，或选用稠度较大一些的沥青；底面层或沥青基层宜选用抗疲劳、热稳性好的沥青，或可选用稠度高一级的沥青。当交通量为超重级、特重级时，沥青标号可提升一级。

③生产重交沥青的原油，宜是中东产的环烷基石油。沥青交货时应附有炼油厂的原油货源证明单和沥青质量检验单。施工单位应凭此“两单”收货，同时必须按规定进行抽样(每批不少于3个样品)试验，评定其合格后方可使用。

④SBS 改性沥青的基质沥青宜采用与铺装下层相同牌号的石油沥青，其技术要求如表 4.3.1-4 所示。

聚合物改性沥青技术要求 表 4.3.1-4

指　标	SBS(I 类)				试验方法
	I-A	I-B	I-C	I-D	
针入度[25℃,5s100g](0.1mm)	100	80	60	40	T0604
针入度指数 PI	-1.0	-0.6	-0.2	+0.2	T0604
延度[5℃,5cm/min](cm)	50	40	30	20	T0605
软化点 $T_{R\&B}$(℃)	45	50	55	60	T0606
运动黏度[135℃](Pa·s)	3				T0625、T0619
闪点(℃)	230				T0611
溶解度(%)	99				T0607
弹性恢复 25℃(%)	70	75	80	85	T0662
储存稳定性,离析,48h 软化点差(℃)	2.5				T0661
RTFOT 后残留物					T0610 或 T0609
质量变化(%)	1.0				T0610 或 T0609
针入度比[25℃](%)	50	55	60	65	T0604
延度[5℃](cm)	30	25	20	15	T0605

注:①试验方法按照现行《公路工程沥青及沥青混合料试验规程》(JTJ 052—2000)规定的方法执行。

②若在不改变性沥青物理力学性质并符合安全条件的温度下易于泵送和拌和,或经证明适当提高泵送和拌和温度时能保证改性沥青的质量,容易施工,不要求测定 135℃运动黏度。

③储存稳定性指标适用于工厂生产的改性沥青,现场制作的改性沥青对储存稳定性指标不可作要求,但必须在制作后,保持不间断的搅拌或泵送循环,保证使用前没有明显的离析。

④老化试验以旋转薄膜加热试验(RTFOT)为准,允许以薄膜加热试验(TFOT)代替,但必须在报告中注明。

⑤北方寒冷地区改性沥青根据气候条件可以采用 I-C 类技术标准。

4.3.2 集料

(1)粗集料应用优质石料轧制而成,无风化、不含土和杂质,石料表面粗糙、洁净,扁平、针片状的碎石较少。粗集料的质量应符合表 4.3.2-1 的要求。粗集料与沥青应具有良好的黏附性。若达不到规定要求时,应掺入抗剥落剂、或选用改性沥青,使之符合黏附性等级要求,同时可在沥青混合料中掺入消石灰或水泥替代部分矿粉,使沥青混合料的水稳性满足规范要求。

桥面沥青铺装层用粗集料的质量技术要求 表 4.3.2-1

指　标	单　位	高速公路及一级公路		试验方法
		表面层	其他层次	
石料压碎值,不大于	%	24	26	T0316
洛杉矶磨耗损失,不大于	%	26	28	T0317
视密度,不小于	t/m^3	2.60	2.60	T0304
吸水率,不大于	%	2.0	3.0	T0304
坚固性,不大于	%	12	12	T0314
颗粒的针片状含量,不大于	%	15	15	T0312
水洗法 <0.075mm 颗粒含量,不大于	%	1	1	T0310
软石含量,不大于	%	3	5	T0320
与沥青的黏附性,不低于	等级	5	4	T0616

注:①坚固性试验可根据需要进行。

②用于高速公路、一级公路的玄武岩,其视密度大于 3.0t/m^3 时,应慎用。

(2)细集料通常选用机制砂、石屑,同时应具有一定棱角性,洁净、干燥、无风化、无杂质,无塑性、不含土,其质量应符合表4.3.2-2的要求。

沥青面层用细集料质量要求 表4.3.2-2

指　　标	单　　位	高速公路、一级公路	其他等级公路	试验方法
视密度,不小于	t/m^3	2.60	2.60	T0328、T0329
坚固性(>0.3mm),不小于	%	12	—	T0304
砂当量,不小于	%	60	60	T0334

注:①坚固性试验可根据需要进行。
②砂当量是对粒径小于4.75mm集料的要求。

(3)石屑是加工石料场通过4.75mm或2.36mm筛孔部分的细集料,细集料中不能含土;机制砂是专用的制砂机加工而成。对高速公路、一级公路用的石屑或机制砂,应符合表4.3.2-3的要求。不得使用含土、扁平状过多的废石屑。

沥青面层用石屑规格 表4.3.2-3

公称粒径(mm)	通过各孔筛的质量百分率(%)				
	9.5	4.75	2.36	0.6	0.075
0~5	100	85~100	40~70	—	0~10
0~3	—	100	85~100	20~50	0~10

(4)细集料应与沥青具有良好的黏附性。当采用酸性石料、基性石料做表面层或磨耗层时,细集料应用石灰岩的石屑,以改善其水稳性;若采用酸性石料、基性石料破碎的机制砂、石屑,应采用抗剥离措施,并在混合为中掺入为总质量的1%~2%的消石灰粉或水泥、生石灰粉以代替矿粉,以保证沥青混合料的水稳性符合要求。

(5)粗集料的粒径规格应根据各结构层的设计类型,按照表4.3.2-4的范围选用。

沥青面层用粗集料规格 表4.3.2-4

规　格	公称粒径(mm)	通过下列筛孔(方孔筛,mm)的质量百分率(%)						
		26.5	19.0	13.2	9.5	4.75	2.36	0.6
S9	10~20	100	90~100	—	0~15	0~5	—	—
S10	10~15	—	100	90~100	0~15	0~5	—	—
S11	5~15	—	100	90~100	40~70	0~15	0~5	—
S12	5~10	—	—	100	90~100	0~15	0~5	—
S13	3~10	—	—	100	90~100	40~70	0~20	0~5
S14	3~5	—	—	—	100	90~100	0~15	0~3

①粗集料应接近正方体,洁净、无风化软石、无杂质、相对干燥,具有足够的强度和耐磨耗性。其质量应符合表4.3.2-1的规定;凡有一项指标不符合者不得使用。

②不同来源、不同规格的粗集料均应隔开堆放,不得混杂。集料应分层平堆,每层设10°~15°斜坡,汽车紧靠斜坡卸料,然后用装载机往上推成斜坡。用传送带输送碎石,每堆高2m左右即应将其转开或推成平台,不得无限制地从圆锥体顶端往下溜堆。

③粗集料加工时,必须用人工精选块片石,认真剔除风化软石及石英、长石、方解石等侵入杂石,并用手推车或团结车喂料,禁止用装载机或反铲喂料。

④为方便施工配料,在进行集料加工时,应将其筛分成4个粒级档次,严格分开储运和授料。推荐

粒组分档如表 4.3.2-5 所示。各档筛孔尺寸应根据级配要求，结合石料性质与破碎机性能，通过试轧确定，并且在生产过程中还应经常检查筛网变形等情况，偏差大时应及时调整、更换。

面层集料加工粒组分档建议范围 表 4.3.2-5

用途 \ 分档		档号或料号			
		1 号	2 号	3 号	4 号
AC-20C（中粒式）	试验室标准筛（mm）	26.5 ~ 13.2	13.2 ~ 4.75	4.75 ~ 2.36	<2.36
	碎石场加工筛网（mm × mm）	23 × 23	15 × 15	6 × 6	3 × 3
	拌和楼筛网（mm × mm）	25 × 25	15 × 15	6 × 6	3 × 3
AC-13、SMA-13（细粒式）	试验室标准筛（mm）	16 ~ 9.5	9.5 ~ 4.75	4.75 ~ 2.36	<2.36
	碎石场加工筛网（mm × mm）	16 × 16	11 × 11	6 × 6	3 × 3
	拌和楼筛网（mm × mm）	17 × 17	11 × 11	6 × 6	3 × 3
AC-16 SMA-16（中粒式）	试验室标准筛（mm）	19 ~ 9.5	9.5 ~ 4.75	4.75 ~ 2.36	<2.36
	碎石场加工筛网（mm × mm）	19 × 19	11 × 11	6 × 6	3 × 3
	拌和楼筛网（mm × mm）	20 × 20	11 × 11	6 × 6	3 × 3

4.3.3 填料

（1）生产矿粉用石灰岩块片石中的泥土杂质（包括石英、长石、方解石等侵入体）应清除干净。

（2）应控制引风机的阀门，使拌和机排除的粉尘全部废弃，不得回收利用。

（3）矿粉必须采用石灰石等碱性石料磨细的石粉，不得使用酸性岩石、基性岩石等其他矿物的矿粉，矿粉应干燥、洁净、不成闭块、其质量应符合表 4.3.3 的要求。

沥青面层用矿粉质量要求 表 4.3.3

指　标		单　位	高速公路、一级公路	其他等级公路	试 验 方 法
视密度，不小于		t/m^3	2.60	2.60	T0352
含水率，不大于		%	1	1	烘干法
粒度范围	<0.6mm	%	100	100	T0351
	<0.15mm	%	90 ~ 100	90 ~ 100	
	<0.075mm	%	75 ~ 100	70 ~ 100	
外观		—	无团料结块		
亲水系数		—	<1		T0353
塑性指数		—	<4		T0354

注：拌和楼回收粉在桥面铺装项目中不宜使用。

4.3.4 纤维材料

采用纤维增强结构或者 SMA 沥青混合料的聚酯纤维、木质素纤维做稳定剂时，其质量标准详见表 4.3.4-1 和表 4.3.4-2。应通过对纤维质量的检验和掺入沥青混合料的相关性能试验后，报高驻办审批。

聚酯纤维质量标准 表 4.3.4-1

项　目	单　位	技 术 指 标	试 验 方 法
直径	mm	0.010 ~ 0.025	GB/T 10685
长度	mm	6 ± 1.5	GB/T 14336
抗拉强度	MPa	≥500	GB/T 3916
断裂伸长率	%	≥15	GB/T 3916
耐热性［210℃，2h］	—	体积无变化	

木质素纤维质量标准　　表4.3.4-2

项　目	单　位	指　标	试验方法
纤维长度,不大于	mm	6.0	水溶液用显微镜观测
灰分含量	%	18±5	高温590~600℃燃烧后测定残留物
pH值	—	7.5±1.0	水溶液用pH试纸或pH计测定
吸油率,不小于	—	纤维质量的5倍	用煤油浸泡后放在筛上经振敲后称重
含水率(以质量计),不大于	%	5	105℃烘箱2h后冷却称重

4.3.5 沥青抗剥离剂

沥青抗剥离剂实质上是一种“界面剂”,与集料表面形成物理吸附或依靠其特殊的化学结构与集料进行化合反应形成强而有力的化学纽带,从而提高了沥青与集料的黏附性。目前市场上销售的抗剥离剂品种较多,按照成分主要可分为:

(1)有机高分子抗剥落剂——胺类抗剥落剂:早期市场中的液态抗剥落剂产品多属于此类。该类产品存在三大缺陷:一是热稳定性差;二是形成物理吸附,对酸性石料的吸附能力非常有限;三是部分抗剥落剂本身不抗水。

(2)含磷羟基类抗剥落剂(非胺类抗剥落剂):高温稳定性好,具有环保安全(无毒、无刺激性气味)、性能优良、长期有效、使用方便等特点。建议桥面沥青混合料用抗剥离剂首选非胺类抗剥落剂。

条文说明

4.3.1 改性沥青

改性沥青是在基质沥青中掺入一定数量的高分子聚合物、天然沥青或其他的改性剂,经加工制作使其某些性能有所改善或提高的结合料。选择改性剂应考虑以下因素,并结合当地的实践经验和投资条件综合确定。

(1)为提高高温抗车辙能力,宜使用热塑性橡胶类、热塑性树脂类或其他化学、物理改性剂及天然湖沥青等。

热塑性橡胶类改性剂——最广泛运用的苯乙烯-丁二烯-苯乙烯嵌段共聚物(简称SBS)改性剂。

天然湖沥青——有特里尼达等出产的天然湖沥青,适宜于钢桥面铺装用以及水泥混凝土上加铺薄沥青层用的改性添加料。

(2)为提高低温抗裂能力,宜使用热塑性橡胶或橡胶类及其他化学改性剂。

(3)为提高温抗疲劳能力,宜使用热塑性橡胶类改性剂。

(4)根据各地区气候特点或交通特点可采用两种改性剂进行综合改善路用性能。

4.3.2 沥青面层集料

面层集料加工站应配置下列主要设备:

(1)产量不低于100t/h颚式破碎机和产量不低于100t/h的反击式(或锤击式)破碎机各一台。反击破机应有吸尘设备。

(2)配置与破碎机产量相匹配、能调控振幅与频率、能将集料筛分为4个粒级的筛分设备一套;振动筛亦应有除尘装置。振动筛宜采用1824型,筛长1 854mm。

(3)两级破碎及筛分设备应配有统一的控制装置。

(4)动力设备按上述机械的总功率(考虑适当富裕量)配置。采用外供电时应考察确定电压稳定性与供电保证率。

(5)大型装载机2台,手推车或团结车视需要配置(要求用人工精选块片石,以免混进软杂石和泥土)。

(6)加工站场地应硬化,并具有适当的排水横坡。场地周围的排水设施应完善。

(7)面层集料加工站应与基层粒料加工站分开设置;可以靠近沥青混合料拌和站,但不得使其受到灰尘污染。

(8)集料加工站还应配置小时产量不低于30t的制砂设备一套(包括破碎、筛分、吸尘或洗砂等设备),以保障粗、细集料能均衡生产、供应。

4.3.5 沥青抗剥离剂

改善沥青与集料间的黏附措施除了采用沥青抗剥离剂以外,掺用其他外加剂也能起到相同的作用,如活性矿粉、消石灰粉、普通硅酸盐水泥等也能有效改善混合料的水稳定性和耐久性。

(1)活性矿粉:也称"非常规矿粉",在石灰岩石粉中掺如碱性外加剂、吸附剂、表面活性剂、稳定剂等,用以替代常规的石灰岩石粉,可有效吸附沥青,增加集料表面沥青膜厚,增强混合料的黏聚性,改善混合料高温稳定性和水稳定性。

(2)消石灰填料:用矿粉质量的30%以内的消石灰作为填料部分替代矿粉,减少(酸性)集料表面负电荷,减小集料亲水性。

(3)普通硅酸盐水泥:处理方法与消石灰的基本相同,是用水泥替代部分矿粉,增加填料的碱性。注意:掺量控制在石灰岩矿粉质量的25%以内。当掺量超过石灰岩矿粉质量的30%后,很大程度上改变了沥青混凝土的回弹模量和泊松比,路面的受力模式可能会变化。

5 桥面铺装层施工技术

5.1 一般规定

(1)桥面铺装层施工必须保证各个结构层施工的连续性,每半幅桥面作为一个连续作业面,中途不得无故暂停施工。

(2)桥面施工作业面从桥头两侧各向外延长100m作为桥面与路面的过渡段,并采用两端挂线的方式控制桥面与路面的高程,保证铺装层平整度。

5.2 设备配置

5.2.1 拌和设备配置

沥青混凝土施工设备除应符合施工合同要求外,还必须配套,以保证施工的连续性、工程质量和工期要求。承担沥青路面拌和施工所需主要施工机械的性能、数量要求如下。

拌和设备:自动控制的间歇式拌和机一台,其生产能力不应小于240t/h,并且具有下列配置:

①热料仓不少于4个,配有电子称量传感器和红外线温度传感器,能准确控制材料的数量和温度。

②配有二次除尘装置,能够收集全部粉尘,不让废气、粉尘外逸而污染环境。

③一个150t以上的混合料保温储料仓。

④具有能逐盘打印集料和沥青的加热温度、混合料的拌和温度、各种材料用量和每盘混合料重量的计算机控制系统。

⑤配备具有电子秤量装置的集料授料斗(不少于4个)、矿粉罐和纤维投放装置。

⑥配备能保证连续生产所需的、能控制温度的且计量精确的普通沥青和改性沥青储存设备各一套。改性沥青储存罐还应有泵送循环装置。

⑦配有能精确计量的矿粉输送设备和纤维投放设备。

⑧装载机2~3台。

5.2.2 摊铺设备配置

宽度不小于12m、没有摊铺过基层混合料的高性能、高密实度摊铺机不少于2台,且两台机型最好相同。摊铺机的活动熨平板或整平板组合装置应具备视需要调整幅宽、能加热、能遥控调整振幅和振动频率等功能。

每台摊铺机应配备 2 台长度不少于 16m 的平衡梁和 2 套能牢固安装在摊铺机两侧的自动滑撬，与整平板的自动控制传感器相结合，以控制混合料的摊铺厚度和平整度。

5.2.3 压实设备配置

双钢轮双驱动双振式（可调整振幅和频率）压路机不应少于 4 台，其中 12 ~ 18t 不少于 2 台。此外轮胎压路机（18 ~ 25t 分轴式）应不少于 2 台。还应配备 1 ~ 2t 手扶式小型振动压路机一台。

5.2.4 其他设备

应配备沥青洒布车一台，手持式沥青洒布设备一套；石屑撒布车一台；$9cm^3$ 以上的空压机一台（清除下承层灰尘用）及软管、风枪等；多功能水车 1 ~ 2 台。

条文说明

1 拌和设备

搅拌设备安装后，应结合沥青混合料试拌认真进行调试，使其各系统运转正常、匹配合理，在充分发挥整套设备综合效益的基础上拌制出质量优良的沥青混合料。其要点如下：

(1) 应根据混合料级配类型选择热料仓的筛号尺寸，使多热料仓的材料不致相差悬殊，最大筛孔应保证能排除超粒径集料，且通过符合设计的级配范围。筛网安装角度应根据材料的可筛分性、设备振动能力等由试验确定。

(2) 根据生产配合比设计确定的各种规格料的供料比例和冷料给料器的标定曲线，选择合理的设定流量。同时对各冷料仓的供料皮带不同转速的供给量进行标定，以准确确定表显流量与实际流量的对应关系。开机运转后，应采用全宽取样法分别对各热料仓取样筛分，以确定符合要求级配的各仓供料比例。并且，在生产过程中还应注意观察热料仓的料位变化情况，发现某热料仓缺料时，要及时调增与之对应的冷料仓的供料量；或发现某热料仓溢料时应及时调减与之对应的冷料供给量，使设备连续稳定运行。

(3) 应重视搅拌设备计量系统的标定与调整，确保其计量准确度达到：集料 ±0.5%，粉料 ±0.5%，沥青 ±0.3%。对动态计量应有落差和冲击补偿措施，控制准确度：集料 ±1.5%，粉料 ±0.5%，沥青 ±0.1%。

为保持级配的持续稳定，在生产过程中要定期对振动筛进行检查维修，防止筛网堵塞或角度偏位而影响混合料的级配组成（混仓率应控制在 5% 以内）。

(4) 应根据搅拌缸的充盈率和搅拌桨的转速等机械设计参数，以及不同类型的混合料经过仔细调试确定合理的拌和时间，以保证混合料拌和均匀，其标准差应控制在 0.13% 以内。

(5) 干燥筒的排气温度应调整在 115 ~ 165℃之间，最高不得超过 200℃，也不得低于 115℃。

2 摊铺设备

摊铺机工作装置的安装、调整与参数选择应注意几点：

(1) 根据摊铺宽度组装熨平板时，应左右对称、底面平整无错台、连接紧固。

(2) 螺旋布料器的高度应依摊铺层的厚度而调整。其下缘宜高于松铺层顶面 10 ~ 20mm，可保布料均衡。布料器的长度应适当，其端头宜距熨平板边缘以内 15 ~ 20cm。

(3) 对同一台摊铺机，其振幅和振动频率的选择取决于摊铺材料、厚度和速度。在材料和厚度既定的情况下，通过试铺确定最佳速度和 ±0.5m/min 几个速度档次各自对应的振幅与振动频率等施工参数，以便在生产过程中根据实际摊铺速度调整相应的振幅和振频，避免超振或欠振，确保摊铺层的密度均匀。

(4) 对同一台摊铺机，熨平板的初始工作仰角取决于摊铺层厚度、材料和施工温度，应通过铺筑试验路段探索确定合适的初始仰角，确保摊铺层的平整度。

3 工地试验室的仪器配置

路面施工单位必须配置满足指导施工和自检、自控需要的“三有”工地试验室。即:一有符合要求的试验、检测仪器设备;二有具备专业资质的试验、测量工程师(不少于2人)和经专业培训合格的试验员若干名;三有经过市(地)以上计量监督部门检验、标定证书和省级交通厅工程质量监督站授予的临时资质证书。工地试验室应配置的主要仪器设备如下。

(1)沥青试验用延度仪(能自动控温、不小于100cm)、针入度仪、软化点仪、闪点仪、薄膜烘箱等各一套。

(2)马歇尔试验用小型拌和机、马歇尔击实仪(能绘制曲线)、试验仪、恒温水箱、*X*—*Y*绘图仪、打印机、冰柜、真空泵、电动脱模机等各一台以及其他附件。

(3)测量精度高的沥青含量测试仪,如燃烧脂肪抽提仪。

(4)颗粒分析用标准筛(方孔)一套,台秤一台,电子天平一台。

(5)含水率试验用烘箱一台。

(6)密度试验用浸水天平一台,容量瓶2~4个,气压表一只,最大理论密度仪一台。

(7)针片状颗粒含量试验用游标卡尺一把。

(8)压碎值试验用100~200t压力机一台,压碎值试验仪一台。

(9)压实度检测用取芯钻机一台,小发电机一台,核子仪1~2台,锯切机一台。

(10)抗滑性能试验用摆式仪一台,铺砂仪一套或激光构造深度仪一台。

(11)平整度检测用三米直尺2把,连续式平整度仪或颠簸仪一台。

(12)弯沉检测用弯沉仪一套,红外温度计(非接触式)1~2只,标准载重汽车一台。

(13)温度测量用数字温度计3~4个。

(14)平面、高程控制测量用全站仪或配备红外测距仪的经纬仪,水准仪各一台。

(15)土工试验用仪器(除上述相关外应补充击实仪、灌砂筒等等)全套。

(16)车辙成型机和车辙测试仪一套。

5.3 沥青混合料的拌制

5.3.1 沥青混合料要求采用间歇式拌和机拌和。拌和站的建设、机械设备配置与功能要求等应符合本指南第5.2节的相关规定。

5.3.2 沥青混合料生产过程中应逐盘打印沥青与各种矿料的用量和拌和温度,以及沥青混合料的重量,并绘制油石比动态图(每日或每工作班一张)。

5.3.3 各层沥青混合料正式拌制生产之前,应储备有相当数量(至少可使用半个月以上)的、并经检验合格的各类矿料、沥青和燃油料等(改性沥青除外)。

5.3.4 应通过沥青的黏温关系确定沥青混合料的施工温度,即以黏度(0.17±0.02)Pa·s时的等黏温度作为拌和温度,以(0.28±0.03)Pa·s的等黏温度作为压实温度进行控制,并应注意以下环节:

(1)沥青的加热温度尽可能不要太高,以满足泵送和均匀喷出为原则。普通沥青的加热温度不超过170℃,改性沥青的加热温度不应超过175℃。

(2)集料的加热温度要达到200℃或通过试拌确定,特别是SMA的集料(因掺矿粉多)。

(3)普通沥青混合料的出厂温度不应超过180℃,改性沥青混合料的出厂温度不应超过190℃;凡超过此规定温度的混合料必须废弃,不得使用,已经铺筑的超温混合料路面必须铲除。

(4)拌和好的沥青混合料的储存时间不得超过24h,且温度降低不得超过10℃。改性沥青混合料应随拌随铺,不要过夜。

5.3.5 装入冷料仓的集料和装入方式应符合以下要求:

(1)必须是经过检验合格的集料,未经检验的不得使用。

(2)应随时检测集料的含水率,以便调节冷集料进口速度。冷集料的含水率应控制在5%以内,热集料的残余含水率应控制在0.1%以内;当冷集料含水率大于5%时,应降低拌和产量,以确保残余含水率不致超标。将集料彻底烘干,不仅有利于保障级配稳定,而且利于减少HMA在运输和摊铺过程中的温度损失。

(3)应严格按试验确定的料号(即粒组分档)分别装入各自授料斗,不得混杂。当集料发生变化时,应停止生产,重新进行配合比设计。

(4)不同来源的集料,即使料号(粒组分档)相同也不得混杂使用。

(5)拌制SMA混合料时,应根据其粗集料多、细集料少、矿粉多的特点,重新调整冷料仓和热料仓(含筛网)的配置,力求供料均衡。还要考虑矿粉的输送能力是否匹配,纤维的投放精度与时机有无保证。必须在粗集料放料时投入纤维,以利用其拌和冲击力打散纤维。

(6)由料堆将集料装入授料斗时,装载机应在料堆向阳面并垂直于集料流动方向撮取,以减少集料离析。

5.3.6 拌和时间应以沥青混合料拌和均匀、所有矿料颗粒全部裹覆沥青为度,并通过试拌确定。一般情况下,每缸拌和的时间宜为35~50s(设计充盈率为55%~65%时),其中干拌时间不得少于5s。SMA碎石的干拌时间需要增加5~10s,以确保纤维充分分散均匀。

5.3.7 拌制出厂的沥青混合料应均匀一致,颜色黑亮、无花白料、无结团成块或粗、细集料分离等现象;否则不得使用,并应检查分析原因,进行相应调整。如果出现花白或成团结块,可能是拌和时间不够、细颗粒矿料比例增大(特别是矿粉量增多)、沥青用量不够、矿料或沥青加热温度偏低或热料仓筛网偏位等原因之一,或几项原因并发。如果混合料颜色枯褐灰暗、无光泽,可能是拌和温度过高、或沥青用量不够、或矿粉过多、或集料不干燥或柴油燃烧不充分等原因。

经过检查、调整后,即使混合料外观恢复正常,仍应做抽样试验(连续抽样不少于3锅),验证调整后的沥青混合料是否满足质量要求。

5.3.8 在拌和生产过程中,应随时注意监控各项仪表数据、观察各类机械的工作状态和出厂混合料的颜色形态,发现异常情况时应及时进行调整。

5.3.9 对粗级配混合料,或集料吸水率高和料堆含水率大的集料,都需要将集料充分烘干燥。因此需要提高干燥温度,或调整干燥筒的坡度和旋转速率,或适当减低生产率(延长烘烤时间)。注意观测排除气体与集料温度差(温差要低),可以检验和控制集料干燥效果。

5.3.10 使用不同劲度的沥青时,应注意调整并标定输送泵的计量表,确保混合料的沥青含量符合设计要求。

5.3.11 粗集料较多的混合料对拌和设备(含干燥筒)的磨损很大,在生产过程中应加强监控和检修、保养,避免因设备故障而中断施工。

5.3.12 在生产过程中,应按本指南第6.3节表6.3.1和表6.3.2-1中要求的频度与方法检验材料的质量及混合料的温度、配合比与油石比,并分别做好记录。抽样试验结果与生产配合比验证确定之标准配合比的偏差超过表5.3.12规定的范围时,应停机检查相关机械的工作部分,或调整生产配合比。

沥青混合料的容许偏差 表5.3.12

项　目	容许偏差(%)	项　目	容许偏差(%)
4.75mm筛孔以上的集料通过率	±6(4)	0.075mm的集料通过率	±2(2)
通过2.36mm筛孔的集料	±5(3)	油石比	±0.3

注:(　)中容许偏差为SMA的要求。

5.3.13 拌制好的沥青混合料如不能立即摊铺时,应存入保温储料仓,使用经过储存的沥青混合料时,应过磅、测温、签单。如果由于储存而引起沥青老化,或混合料温度过低,或粗细集料离析、胶结料滴漏,以及其他影响混合料质量时,必须废弃。

5.3.14 从拌和机的料仓卸料时不应每仓都全部卸光(收班时除外),而应适当余留一些在下一仓卸出,有利于减少离析。

条文说明

5.3.4 沥青混合料的拌和温度

《公路工程沥青及沥青混合料试验规程》(JTJ 052—2000)中沥青黏度试验(T 0652—2000)明确说明,应通过沥青的黏温关系确定沥青混合料的施工温度,即以黏度(0.17±0.02)Pa·s时的等黏温度作为拌和温度,以(0.28±0.03)Pa·s的等黏温度作为压实温度进行控制。上述要求对普通道路石油沥青比较适用,但是对改性沥青则不能一概而论。由于改性沥青的特殊性,在不同气候区、不同交通量情况下,对改性剂的品种的选择、改性剂产量、其他辅助外加剂的使用等因素,对改性沥青的黏度都有很大影响。因此,改性沥青的拌和与施工温度最好有生产厂家提供,试验室的黏度—温度数据可以作为参考。

5.4 沥青混合料的运输

5.4.1 运输沥青混合料的汽车数量应满足施工运输要求。为防止沥青黏结车厢,应将车厢板清理光洁后,涂抹薄层导热油与水的混合液(油:水=1:3),但不得有余液聚渍在车厢底部,也不得使用柴油与水的混合液。每次卸料后应及时将黏在车厢板上的余料清除干净,保持其光洁度。

5.4.2 沥青混合料的运输能力,应较拌和能力有所富裕,保证连续行进的摊铺机前有适当数量的车辆等候卸车。开始摊铺时,现场待卸车辆不宜少于5台。

应做好运料汽车的维修、保养工作,防止在运输途中抛锚,导致混合料降温受损。

5.4.3 运料车在出料口装料时,应按前、后、中的顺序往返挪动车位,不得堆高,以减少粗细集料离析。为此,应在车道旁边设固定的鲜明标志,便于驾驶人员控制车位。

5.4.4 汽车装料、测温以后,除炎热夏季、且在途中时间短于0.5h、也无风沙扬尘之外,均应立即用保温篷布将沥青混合料严密覆盖。

5.4.5 沥青混合料运到摊铺现场后,应有专人凭运料单收料,并随即检查其温度和外观质量。凡不符合温度要求,或花白,或结团成块、滴漏或颜色枯褐灰暗、或遭雨淋的混合料,均应送到固定地点废弃,不得使用。

5.4.6 连续摊铺过程中,最靠近的待卸汽车停放地点应距摊铺机10~20m,并要随摊铺机的行进而移动。应有专人指挥卸料汽车的停车(在摊铺机前10~15cm)、起顶(应分2~3次完成全起顶)卸料,防止撞击摊铺机。

条文说明

5.4.1 沥青混合料的运输

沥青混合料运输车,通常为了防止沥青黏结车厢,都会预先在车厢板清理后,涂抹薄层油与水的混合液(油:水=1:3),不少单位为了省事,直接采用柴油与水的混合液,对混合料造成极大污染,严重影响了混合料的性能。因此必须明确指出,用于混合料运输车辆底部作为隔离剂的油水混合涂液必须采用导热油(或者食用油)与饮用水的混合液(油:水=1:3),采用小型喷雾器人工手动喷涂。

5.5 沥青混合料的摊铺

5.5.1 桥面各层沥青混合料正式摊铺施工应具备下列前提条件:

(1)混合料拌和设备已调试完备,保证能够正常生产。

(2)已通过试验段验证、总结,并取得该铺筑层的批准“开工报告”。

(3)摊铺、碾压等机械设备(含试验检测设备)已按要求配置齐全,并经调试标定完善。施工管理(含质量检控)系统已经健全,相关人员已通过培训可随时持证上岗。保障进度、质量、安全生产、文明施工、保养,以及岗位责任制等规章制度已经上墙。

(4)已按要求完成桥面基面防水层施工以及检测工作,完成对基面和防水层缺陷处理等准备工作,并取得监理工程师检验签认。

5.5.2 在任何情况下,摊铺桥面铺装的下层沥青混合料时必须在两侧钉设高程控制钢丝绳,并延伸至桥两头以外各不少于100m,不得采用平衡梁滑靴法施工。

如果因施工误差原因,桥面铺装总厚度大于或小于9cm,其上层厚4cm应固定不变,下层的厚度可适当调整,但最厚不超过7cm,最薄处不得少于4cm。

5.5.3 采用两台同型号摊铺机成梯队作业进行联合摊铺时,前后两台摊铺机宜相隔3m左右,以保证前面摊铺的混合料温度不降到初压温度以下为原则。两台摊铺机的熨平板宽度不应相差过大,并相互重叠5~10mm。螺旋布料器前的料位应控制适当,以既能保证摊铺到边,又不致在结合部形成料埂为原则。

5.5.4 桥面铺装层高程(厚度)、横坡度的控制方法应符合下列要求。

(1)摊铺桥面铺装的第一层时,应在两侧钉设平面与高程控制导线(传感线)。其平面位置根据路中心线、按设计要求,结合摊铺机工作需要确定;其高程应根据相应点的设计高程(厚度)和批准的松铺系数确定。控制导线的支承杆间距5m,超高路段应不大于5m(3m左右)。控制导线钢丝绳(ϕ2.5mm)的安装拉力不宜小于1 000N。每段架设长度150~200m;相邻段应重叠1m以上。测量与支承杆安装容许误差不得大于3mm。

钉设控制导线时,在平、竖曲线控制点(ZH、HY、QZ、YH、HZ和ZY、QZ、YZ)应钉立支承架。

(2)摊铺高程、横坡度和平整度控制的好坏关键在于摊铺机手(特别是机长)能否充分利用机械的功能并注意调控。摊铺机手应掌握施工路段的设计纵、横坡度及其变化点桩号(实地应设鲜明标示牌)、超高横坡度及其渐变段桩号等资料,依据参考线或滑撬式基准板,通过摇控传感装置指挥整平板摊铺出符合设计要求的路面。

5.5.5 沥青混合料的摊铺温度应符合表5.5.5的要求,并应根据气温和摊铺厚度适当调整。气温低于10℃时宜停止摊铺施工。

热拌沥青混合料的施工温度(℃) 表5.5.5

沥青品种		石油沥青	改性沥青
沥青标号		AH-90或AH-110	SBS改性沥青
沥青加热温度(℃)		150~160	155~165
矿料加热温度(℃)(间歇式拌和机)		比沥青加热温度高10~20(矿粉不加热)	比沥青加热温度高10~20(矿粉不加热)
混合料出厂正常温度(℃)		155~165,超过180度应废弃	170~180,超过190度应废弃
混合料运到现场温度(℃)		不低于150	不低于165
摊铺温度(℃)	正常施工	不低于140,不超过165	不低于160
	低温施工	不低于150,不超过175	不低于165
初压温度(℃)	正常施工	135~145,不低于120	150~160,不低于130
	低温施工	145~155,不低于120	145~155,不低于135
复压温度(℃)	正常施工	115~125,不低于105	125~145,不低于120
	低温施工	120~135,不低于110	135~145,不低于130
碾压终了温度(℃)	正常施工	80~100,不低于80	120~130,不低于120
	低温施工	70~90,不低于70	110~120,不低于110

5.5.6 沥青混合料的松铺系数应采用同类结构层、同类摊铺机铺筑试验段所确定的松铺系数。应注意:SMA 和 AC 的松铺系数大不一样。

5.5.7 沥青混合料必须匀速、连续不断地摊铺。摊铺速度应根据拌和机产量、施工机械配套情况及摊铺厚度、宽度等条件确定。但最慢不得低于 1m/min,最快不得高于 6m/min,一般为 2 ~4m/min。

确定摊铺速度后,不允许在操作过程中随意变换(每路段的实际摊铺速度应做施工记录),更不允许忽快忽慢或无故中途停机。若遇特殊情况需要变换摊铺速度时,应缓慢渐变,同时相应调整振频。

5.5.8 不准任意调整熨平板厚度调节手柄;厚度变化较大时,应查明原因,按坡度标准要求进行调节。厚度变化超过标准允许误差时,应将该段铺筑层铲除重铺。非操作人员不准上摊铺机。不准在熨平板上放置物品,如水桶工具等。

5.5.9 沥青混合料摊铺后,不应用人工反复修整。出现下列情况时,方可用人工局部找平或更换混合料:

(1)横断面不符合要求。

(2)构造物接头局部缺料。

(3)摊铺层边缘局部缺料。

(4)表面明显不平整。

(5)局部混合料明显离析。

(6)摊铺机后面有明显拖痕。

5.5.10 人工补料或更换混合料应在现场主管人员指导下专人负责操作。并应符合下列要求:

(1)缺陷较严重时,应铲除混合料,并调整摊铺机或改进摊铺工艺后重新摊铺。

(2)属于机械原因导致严重缺陷时,应立即停止摊铺。

(3)人工修补时,不宜站在热混合料层上操作。

(4)边部用人工补料时,松铺厚度应相应加大。

5.5.11 沥青混合料摊铺层的纵向接缝应符合下列要求:

(1)采用梯队式摊铺的纵向接缝应做热接缝。即沿前一摊铺层内缘 10 ~15cm 宽暂不碾压,留作后续摊铺层的高程基面,然后与后续摊铺层一并压实,并消除缝迹。但是,应采取有效措施,使接缝处的沥青混合料不产生离析。

(2)采用半幅摊铺时,如互通式立交匝道及联络线双向横坡路面,可沿路中线设置竖直纵缝(应装模板)。摊铺另一半幅时,已铺筑层的结合面应涂黏层沥青。

(3)加宽路幅采用人工摊铺、又不能与邻幅同步施工时,应按上述(2)的要求设垂直纵缝。

5.5.12 沥青混合料摊铺层的横向接缝应符合下列要求:

(1)下面层应利用与桥头搭板的接缝作为工作缝,尽量不设或少设横向接缝。

(2)相邻两幅及上、下层的横缝应错开 2m 以上,不允许设在同一断面上。每道接缝均应记录桩号、时间及原因。

(3)中、下面层的横缝可采用斜面接缝,上面层必须采用竖直接缝。斜面接缝的工艺要求如下。

(4)斜面搭接长度一般 40 ~80cm(与层厚成正比选用),收工时应将斜坡部分压实。

(5)次日开工前,用 4m 直尺沿斜坡顶端顺路线方向检测其平整度,在间隙 2mm 处做上记号,以穿过记号最多的横线作为横向斜面接缝的起始边(即人工补料的界限)。同时用喷灯或熨平板将接缝斜面加热至软化。

(6)将摊铺机熨平板置于距斜坡末端以内的 1/3 斜坡长的位置,并提升至虚铺量高度,加热熨平板后开始摊铺。

(7)缺料部分(斜坡长的 2/3)用人工补料,随即碾压密实。

5.5.13 摊铺质量缺陷的处理与补救措施:

(1)出现摊铺质量缺陷后应及时查明原因,进行相应(包括机械、操作、混合料或工艺等)调整,这是根本的补救措施。同时应分析缺陷的危害程度，严重处应铲除重铺。

（2）松铺面个别高峰可用以下方法处理：

①个别高出5mm以下的，不处理松铺层，而在旁边做上标记，在碾压过程中处理，即在碾压终了温度降到80℃以前适当增加复压遍数便可消除（碾压段接头应避开凸起处）。

②当高出5～10mm时，应由熟练工人适当耙平，并将表面蜂窝用细料填好，然后做上标记，指导压实、压平。

③当个别峰值大于10mm时应将该段铲除重铺。

条文说明

5.5.1 沥青面层施工应遵守下列规定：

（1）应具有高驻办批准的沥青混合料配合比设计资料和该铺筑层的“开工报告”（通过铺筑试验段后的开工报告）。

（2）摊铺桥面下面层时，应对桥面上的局部损坏的黏层进行认真修补；铺筑上面层时，应按层间黏层油的洒布要求在下面层表面均匀洒布黏层沥青；若下面层因被施工车辆污染，还应预先将其彻底清洗干净；若被柴油、水泥浆等污染，则应将其凿除，用同类混合料填补压实，并涂黏层沥青。

（3）摊铺下面层时，桥面防水黏结层表面应清洁且干燥。

（4）桥面防水黏结层施工完毕养护3～5d后应立即进行桥面下面层沥青混凝土的摊铺工作，如不能立即进行桥面沥青混凝土铺装的应封闭桥面交通，防止桥面防水层因人为因素的损坏而局部失效，影响桥面铺装的施工质量。

（5）应根据沥青的黏温关系确定混合料拌和与压实的等黏温度，改性沥青以生产厂家提供的施工温度数据为准。

5.5.2 为保证桥面铺装层与路面主线的平稳过渡，防止桥头跳车情况发生，要求摊铺桥面下层沥青混合料时，采用在两侧钉设高程控制钢丝绳的方式来过渡桥面与路面间的曲线连接。延伸至桥两头以外各不少于100m，是为了使摊铺机在进行桥面铺装前得到充分的预热和施工调整，将最佳工作状态运用与桥面铺装中。

5.5.4 桥面铺装层高程（厚度）、横坡度的控制要点：

（1）自动调平系统一般要求双侧控制摊铺的纵横坡度，传感器的安装必须牢固。调节熨平板上的厚度调节手柄，达到合适的摊铺厚度，纵向传感器的指示灯闪动时表示厚度调节完毕。每一层的纵坡传感器灵敏度的刻度值应通过试验路段确定，摊铺中、下面层时宜采用灵敏度较高的刻度值；上面层则采用相对低的刻度值，以满足纵坡和平整度的要求。

横坡传感器的灵敏度与纵坡传感器一致，其控制线接口应与控制方向相对应，利用横坡传感器应将摊铺层的横坡度调至容许误差为0.1%以内。

（2）使摊铺机的刮板输料器和螺旋布料器两者密切配合，速度均匀。调整刮板和螺旋布料器的料位传感器，应保持熨平板前的混合料高度高于螺旋布料器的轴心（一般在螺旋布料器高度的2/3），且螺旋的转速均匀稳定；否则会引起摊铺厚度变化、混合料离析而降低面层的平整度。

（3）纵向传感器距熨平板边缘的距离应当恒定，切勿时近时远。

（4）应时刻注意摊铺机的行走方向，避免急掉方向。

（5）注意工作仰角的变化，超出正常范围时应及时查明原因，进行调整修正。

（6）要掌握和保持摊铺机的行进速率与振动频率的正比关系，即摊铺速度快时，振频要相应提高；缓慢减速时振频应随之缓慢降低。这样有利于提高铺筑层密度均匀性和平整度。

（7）在摊铺作业的初始阶段，应加强对松铺厚度的检查（沿摊铺方向分内、中、外每米测3个点），松铺厚度偏差在5mm以内时可不作调整；超过者应进行缓慢（切勿过快）调整，使之平缓过渡。固定导线基准摊铺时，以每行走4～5m均匀旋转一周调节手柄为宜。松铺厚度的检测应连续，记录应详实，数据应可靠。

(8)应尽可能保持摊铺机料斗内的余料均匀,保证连续均匀供料。

(9)每天(次)收工时,应将摊铺机的振频、振幅和熨平板的温度记录下来,次日开工时应使其恢复头天收工时的工作状态。

(10)在没有其他负面影响的情况下,应将摊铺机熨平板的振动频率和振幅调整到混合料的摊铺密实度达85%以上。

5.5.11 主线桥面下面层应采用两台摊铺机全幅摊铺,不设纵缝。主线上面层根据机械施工性能,可以采用一台摊铺机全幅铺筑。主线各层路面均宜顺营运行车方向进行摊铺。

5.6 沥青混合料的压实

5.6.1 应根据沥青混合料的类型结合初压、复压和终压的不同作用选择不同吨位及种类的压路机,并确定各自合适的碾压速度、振动频率和振幅。三阶段碾压应步步紧跟,"趁热"压实,尤其在低温施工更要抢火候。碾压温度经过试铺确定。

(1)初压可选用双驱动、双钢轮压路机进行静压,以2~2.5km/h的慢速稳定、均匀地碾压。并注意控制初压温度与初压遍数(由试验路确定的),使铺筑层不发生推移和裂缝。如果混合料的摊铺密实度能达到85%以上,则宜采用双驱双振压路机、由弱振到强振进行初压。

(2)复压应采用双驱双振压路机配轮胎压路机,紧接初压之后进行碾压,并应达到标准要求的压实度。

轮胎压路机的轮胎充气压力不得小于0.5MPa,相邻碾压带应重叠1/3~1/2的碾压轮宽度。

双驱双振压路机的振动频率宜为35~50Hz,振幅宜为0.3~0.8mm,均应根据混合料类型、碾压温度和摊铺层厚度选用。振动压路机的相邻碾压带应重叠15cm左右。停车时应先停止振动,待向另一方向行驶后再起振,避免混合料形成波浪。

(3)终压采用双钢轮压路机配轮胎压路机紧接在复压后进行,达到无施工裂纹、无碾压轮迹的目的。路面压实成型的终了温度应符合表5.5.5的要求。

(4)除轮胎压路机外应不得使用可能损坏桥梁的重型压路机振压。不宜采用轮胎压路机碾压SMA沥青混合料。

5.6.2 每一碾段的长度应与摊铺速度相匹配,并保持大体稳定。压路机每次由两端折回的位置应呈阶梯式地紧随摊铺机向前推进,折回处不得在同一断面上而应错开,并应同已碾压段纵向重叠1.0~1.5m。

复压过程中,复压段的长度应大于初压段长度1.0~1.5m,再按阶梯碾压法依次进行。

在连续摊铺施工过程中,压路机不得任意停顿。

5.6.3 横向接缝的碾压应符合以下要求:

(1)首先用双钢轮压路机沿横缝由冷路面逐步向热混合料碾压,第一次压入量1~2cm,逐渐压入10~15cm。

(2)按45°角度(与横缝交角)进行斜压,并应从中间向接缝两头依次斜压,每次重叠1/2轮宽。

(3)进行横压,即顺接缝方向由冷路面逐渐过渡到整机在热路面上横压。根据接缝混合料的温度变化,可以起振碾压,逐渐提高频率和振幅。

(4)应注意控制接缝碾压温度,一般宜比正常碾压温度低5~10℃。

5.6.4 对压路机碾压不到的部位(如桥梁、挡土墙等结合部、拐弯死角和铺筑层的边部等),应趁高温用小型振动碾(夯)压实;摊铺层的自由边斜坡面可用铁锤夯实。

5.6.5 虽已碾压完毕但尚未冷却(一般需12h以上)的路面上不得停放任何机械设备或车辆;不得散落矿料、油料等杂物。

5.6.6 在终压过程中,应有专人用三米直尺逐尺检测平整度和温度,并做好记录;对不够平整地方应加密测量，同时做好标记，以便进行修补碾压，直至达到要求。铺完一段后应及时用连续式平整度仪进行检测，分析各桩号的数据，找出存在问题与处理措施，指导下一步施工。

条文说明

1 压路机碾压操作要领

(1)压路机不得在未压实的铺筑层上转向、掉头或左右移动。

(2)压路机行走速度应均匀，不可太快，停车应平缓，严禁紧急制动。碾压速度应符合表5.6的规定。

压路机碾压速度(km/h) 表5.6

压路机类型	初压		复压		终压	
	适宜	最大	适宜	最大	适宜	最大
钢筒式	2~3	4	3~5	6	3~6	6
轮胎式	2~3	4	3~5	6	4~6	8
振动式	2~3 (静压或振动)	3 (静压或振动)	3~4.5 (振动)	5 (振动)	3~6 (静压)	6 (静压)

(3)采用振动压路机压实改性沥青混合料(上面层)时，压路机轮迹的重叠宽度不应超过20cm，但采用静态压路机时，其轮迹重叠宽度不应少于20cm。

(4)振动压路机必须先行驶后起振、先停振后停驶。

(5)不允许在已经压实而未冷却的面层上振动行驶。

(6)沥青混合料黏轮时，除边碾边刮外可喷洒(或涂抹)少量导热油与水的混合液，但应严格控制喷洒量，避免混合料降温太快，防止水滴渗入沥青混合料。严禁洒柴油与水的混合液。

(7)碾压过程中如果出现"弹簧"或推移现象，应查明原因，采取相应措施。若因温度过高，可暂缓碾压；若因结合层黏结不紧，应采取相应修补措施。若因混合料配比问题应及时进行调整，有推移的混合料可改用轮胎压路机压实而避免或减少推移。

(8)严格控制三个阶段的碾压温度，实施分段碾压。每一碾压区段控制在30~50m长为宜。

(9)双坡断面碾压顺序，应由边向中碾压，相邻碾压带应重叠10~20cm，最后全轮碾压中心部分，压完全幅为一遍。单横坡断面应由下方逐幅往上方碾压。

(10)严禁压路机停留在未压实的铺筑层上。

(11)碾压过程中应跟踪检测平整度，以便及时对不平整段落的凸起点进行修复碾压。即在铺筑层温度不低于60℃之前，采取纵向、横向静压或振动压实，以提高其平整度。

(12)碾压过程中出现表面裂纹时，应查明原因，相应调整压实设备及碾压工艺，并对裂纹进行处理。

(13)在复压过程中，应高频率、低振幅地进行碾压，避免压碎粗集料或降低集料的棱角性。尤其是对碾压SMA混合料更应做到"紧跟、慢压、高频、低幅"。

(14)对薄层(如上面层)沥青混合料，在复压过程中应密切注意压实度的变化，避免因"过压"而损害集料的骨架结构，尤其是SMA结构更忌过压。

2 碾压过程中出现表面裂纹时原因分析与处理方法

(1)静态压路机的自重过大，碾压较松散的混合料时容易产生表面裂纹。

(2)从动轮在前的压路机碾压稳定性较差的混合料时易产生裂纹，故应将驱动轮靠向摊铺机，使从动轮在后。

(3)对已产生表面裂纹的地方，应在终压阶段增加轮胎压路机的静碾压，经过进一步搓揉，使裂纹减少或消除。

6 桥面沥青铺装层施工质量管理与检查验收

6.1 一般规定

6.1.1 施工质量管理与检查验收应包括施工前及施工过程中的质量管理与控制,以及各道工序间的检查及工程交工阶段的质量检查、验收。

6.1.2 施工单位应根据全面质量管理的要求,实行严格的目标管理、工序管理和岗位责任制度,建立、健全有效的质量保证体系;对各道工序、各个阶段的施工质量进行控制、检查和评定,达到或优于规定的质量标准,并保障施工质量的稳定性。

6.1.3 监理单位应按有关规定严格进行质量检查与认定。每批材料、每层结构的检验和标准试验都必须通过相关高驻办的签认,并应将签认依据报总监办备查。每道工序都应经过当班监理检查签证;凡漏检、漏签或补签的均视为不合格工程,必须返工。

6.1.4 实行施工质量动态管理。施工单位应建立工程进度、质量数据库,将日常完成数量与质量检测结果及时输入数据库,按一定时段和路段计算平均值 X(期望值)、极差 R、标准差 S 及变异系数 C,汇总整理。并绘制 X—R 管理图和质量正态分布曲线图。这些数据图表应通过互联网定期传送高驻办、总监办中心试验室。高驻办亦应建立抽检数据库,并绘制相应的图表。

条文说明

6.1.3 近年来各国对施工质量的“过程控制”和“施工质量动态管理”十分重视,它是在连续的生产线上及时发现不合格的工序和单元,防止它流入下一个工序和单元,这样可以保证最后的产品是合格品。“过程控制”首先是工艺控制,即所采用的施工工艺不致产生不合格品。同时需要提供一种可靠的施工工程中的检测方式。本指南在“过程控制”这方面做了一些努力,如三级材料质量检验制,沥青拌和厂的计算机管理和“总量控制”,施工过程中的自动压实度检测和无损检测等。

6.2 材料与设备的检查

6.2.1 开工前以及施工过程中,应对各项材料来源、规格、质量、数量、供应计划、储存情况及储存条件进行检查和评价。

6.2.2 材料的质量检查应以同一料源、同一次购入并运至生产现场(或储入同一沥青罐、池)的相同品种、规格的材料为一“批”进行检查。材料试样的取样数量与频率应按现行试验规程的规定进行。对沥青等重要材料试样,每一“批”都应在试验后留样封存,并记录其使用的路段桩号,留样数量不少于4kg(含改性沥青及乳化沥青)。

6.2.3 施工前应对拌和厂及各类施工机械设备的配套情况、性能、计量精度等进行检查。

6.2.4 上述材料试验结果及相应配合比设计结果、施工机械检查结果等均应报高驻办审批后方可使用。

条文说明

6.2.2 材料是为保证桥面铺装建设质量的第一关,规范规定了保证质量的三个环节:首先是招标订货关,供货单位必须提供各种材料的质量检测报告。然后是进货关,供货单位供应的材料有可能违背招投标时的承诺,进货时必须重新检验,尤其是集料来源和沥青来源,必须以“批次”为单位进行控制,施工单位和建立单位都必须下工夫,在采石厂和沥青厂派驻监理和材料员是个不错的方法。第三是使用以及保管关,有的合格材料进场后因为保管和存储不当造成材料的污染和失效,造成很大的浪费。所以材料进场后的存储、堆放、管理都必须重视。

6.3 施工过程中的质量管理与检查

6.3.1 施工单位应成立专职的质量检测班子(除试验人员以外不得少于4人),负责对现场质量进行跟踪检查、检验、资料汇总整理及绘制控制图表。高驻办应有试验及路面等专业监理工程师负责组织质量抽检,并指导现场监理人员加强跟踪检查。

6.3.2 施工过程中质量检查的主要内容与要求如下:

(1)每天摊铺之前应检查下承层有无损坏、污染、潮湿或未经处理的缺陷。

(2)每段钉设控制导线(放样)后,应检测其平面位置与高程是否准确。

(3)必须对各种施工材料进行抽样检验,其项目与频度应不少于表6.3.1的规定。

桥面铺装材料质量检查的内容与要求　　表6.3.1

材　料	检查项目	检查频率	试验规程规定的平行试验次数或一次试验试样数
粗集料	外观	随时	
	针片状颗粒含量	随时	2~3
	颗粒组成(筛分)	随时	2
	压碎值	必要时	2
	磨光值	必要时	4
	洛杉矶磨耗值	必要时	2
	含水率	必要时	2
细集料	颗粒组成(筛分)	随时	2
	砂当量	必要时	2
	含水率	必要时	2
	松方单位重	必要时	2
矿粉	外观	随时	颜色,有无块、团状
	<0.075mm含量	必要时	2
	含水率	必要时	2
石油沥青	针入度	每2~3天1次	3
	软化点	每2~3天1次	2
	延度	每2~3天1次	3
	含蜡量	必要时	2~3
改性沥青	针入度	每天1次	3
	软化点	每天1次	2
	离析试验(成品)	每周1次	2
	低温延度	必要时	3
	弹性恢复	必要时	3
	显微镜观察	随时	
乳化沥青	蒸发残留物含量	每2~3天1次	2
	蒸发残留物针入度	每2~3天1次	2
改性乳化沥青	蒸发残留物含量	每2~3天1次	2
	蒸发残留物针入度	每2~3天1次	3
	蒸发残留物软化点	每2~3天1次	2
	蒸发残留物的延度	必要时	3

(4)施工过程中工程质量的检查项目、频度与质量标准应符合表6.3.2-1、表6.3.2-2的规定。当检查结果达不到规定要求时,应追加检测数量,查明原因,并进行处理。

桥面铺装层热拌沥青混合料的频度和质量要求 表6.3.2-1

项目		检测频度及单点检验评价方法	质量要求或允许偏差	试验方法
混合料外观		随时	观察集料粗细、均匀性、离析、油石比、色泽、冒烟、有无花白料、油团等各种现象	目测
拌和温度	沥青、集料的加热温度	逐盘检测评定	符合本指南规定	传感器自动检测、显示并打印
	混合料出厂温度	逐车检测评定	符合本指南规定	传感器自动检测、显示并打印,出厂时逐车按T0981人工检测
		逐盘测量记录,每天取平均值评定	符合本指南规定	传感器自动检测、显示并打印
矿料级配(筛孔)	0.075mm	逐盘在线检测	±2%(2%)	计算机采集数据计算
	≤2.36mm		±5%(4%)	
	≥4.75mm		±6%(5%)	
	0.075mm	逐盘检查,每天汇总1次取平均值评定	±1%	总量检验
	≤2.36mm		±2%	
	≥4.75mm		±2%	
	0.075mm	每台拌和机每天1~2次,以2个试样的平均值评定	±2%(2%)	T0725抽提筛分与标准级配比较的差
	≤2.36mm		±5%(3%)	
	≥4.75mm		±6%(4%)	
沥青用量(油石比)		逐盘在线监测	±0.3%	计算机采集数据计算
		逐盘检查,每天汇总1次取平均值评定	±0.1%	总量检验
		每台拌和机每天1~2次,以2个试样的平均值评定	±0.3%	抽提T0722、T0721
马歇尔试验:空隙率、稳定度、流值		每台拌和机每天1~2次,以4~6个试件的平均值评定	符合本指南规定	T0702、T0709
浸水马歇尔试验		必要时(试件数同马歇尔试验)	符合本指南规定	T0702、T0709
车辙试验		必做:以3个试件的平均值评定	符合本指南规定	T0719

注:表中( )内的数字是对SMA的要求。

桥面铺装层热拌沥青混合料施工过程质量的控制标准 表6.3.2-2

项目		检测频度及单点检验评价方法	质量要求或允许偏差	试验方法
外观		随时	表面平整密室,不得有明显轮迹、裂缝、推挤、油汀、油包等缺陷,且无明显离析	目测
接缝		随时	紧密平整、顺直、无跳车	目测
		逐条缝检测评定	3mm	T0931
施工温度	摊铺温度	逐车检测评定	符合本指南规定	T0981
	碾压温度	随时	符合本指南规定	插入式温度计实测

续上表

项目		检测频度及单点检验评价方法	质量要求或允许偏差	试验方法
厚度	每一层次	随时，厚度50mm以下 厚度50mm以上	设计值的5%； 设计值的8%	插入法测量松铺厚度及压实厚度
	总厚度	每2 000m^{2}一点单点评定	设计值的-5%	T0912
	上层	每2 000m^{2}一点单点评定	设计值的-10%	
压实度		每2 500m^{2}检查1组逐个试件评定并计算平均值	试验室标准密度97%（98%）； 最大理论密度的93%（94%）； 试验段密度的99%（99%）	T0924、T0922
平整度（最大间隙）	上层	随时，接缝处单杆评定	3mm	T0931
	下层	随时，接缝处单杆评定	5mm	T0931
平准度（标准差）	上层	连续测定	1.2mm（与主线相同）	T0932
	下层	连续测定	1.5mm（与主线相同）	
纵断面高程		检测每个断面	±10mm	T0911
横坡度		检测每个断面	±0.3%	T0911
沥青面层上的渗水系数，不大于		每1km不少于5点，每点3处取平均值	120mL/min（AC）； 80mL/min（SMA）	T0971

（5）沥青混合料应检查其拌和均匀性、拌和温度、出厂温度及相应的各个料仓的材料（含沥青）用量，同时取样进行马歇尔试验，检测混合料的矿料级配、矿料间隙率、油石比、稳定度、理论密度、流值、空隙率、沥青饱和度等（必要时检验动稳定度和残留稳定度）；并应将检验结果输入计算机数据库，定期绘制工程质量管理图、控制图。其中，每盘混合料的各类材料用量、生产沥青混合料重量、集料加热温度与时间、拌和温度与时间、出厂温度、当日生产时间与拌制盘数，以及铺筑长度桩号等数据，应在当天晚上或次日十点钟以前通过互联网或传真方式报送高驻办和总监办中心试验室。

（6）铺筑现场应对沥青混合料的质量和施工温度进行检测，跟踪检测铺筑层的松铺与压实厚度、平整度，并逐个断面测定其成型尺寸。

（7）控制施工厚度时，除应在摊铺及压实时量取、并测量钻件厚度外，还应按当天生产的沥青混合料总量与实际铺筑的总面积计算的平均厚度进行校核。

（8）控制施工平整度时，可先用三米直尺进行跟踪控制，在铺筑层冷却后应随即用颠簸仪、断面仪或连续式平整度仪按每车道测定平整度值。用三米直尺控制平整度时，其允许最大间隙应通过试验路段和已铺筑路段建立平整度均方差与直尺间隙的对应关系确定，并报经高驻办核准后执行。

（9）控制施工压实度时，可先用经过标定的核子密度仪进行跟踪控制检测，在铺筑层冷却后应会同现场监理随即进行钻芯取样试验，测定其压实密度和空隙率。沥青混凝土面层的压实度测点值应大于99%（与试验段钻件比）或96%（占试验密度）；空隙率应控制在该结构层的体积指标范围内，压实度和空隙率均必须达到标准；否则即为不合格施工，应停工查明原因进行整改。

（10）上述各项质量检测试验均应按规定表格做好原始记录，并将结果按铺筑工作天（即每天铺筑长度）为单元汇总整理成表。企业总工和质检工程师应每天检查分析这些数据，一旦发现数据异常时，应停止施工，分析原因，找出影响因素，采取处理措施，并报经高驻办和总监办同意后方可复工。

（11）沥青面层的每个钻件均应标明取样的时间、地点和层别。

（12）关键工序或重要部位、隐蔽工程，应拍摄照片或录像，作为实态记录保存。

6.3.3 交工验收阶段工程质量检查与验收的主要内容及要求如下：

（1）桥梁沥青铺装层的质量检查验收，应以100m作为一个评定单元，其质量标准应符合表6.3.3的要求。

公路桥面铺装交工验收与验收质量标准　　表 6.3.3

检查项目		检查频度	质量要求或允许偏差	试验方法
外观		随时	表面平整密实，不得有明显轮迹、裂缝、推挤、油汀、油包等缺陷，且无明显离析	目测
面层总厚度	代表值	5 点/km	设计值的 -5%	T0912
	极值		设计值的 -10%	
上层厚度	代表值		设计值的 -10%	
	极值		设计值的 -20%	
压实度	代表值	5 点/km	试验室标准密度 96%(98%)； 最大理论密度的 92%(94%)； 试验段密度的 99%(99%)	T0924
	极值		比代表值放宽 1%/km 或 2(全部)	
平整度	标准差	全线连续	1.2mm	T0932
	IRI		2.0m/km	T0933
路边渗水系数，不大于		≥5 点/km，每点 3 处取平均值	300mL/min(AC)； 200mL/min(SMA)	T0971
纵断面高程		20 断面/km	±15mm	T0911
中线偏位			±20mm	
横坡度			±0.3%	
构造深度		5 点/km	符合设计要求	T0961/62/63
摩擦系数摆值		5 点/km	符合设计要求	T0964
横向力系数		全线连续	符合设计要求	T0965

(2)工程完工后应全线测量纵断面高程、宽度、平整度、横坡度等，并按有关规定提交竣工图。

(3)交工验收阶段对需要钻(挖)孔取样才能检查的厚度、压实度、沥青用量及矿料级配等项目，经过高驻办和总监办同意后，可利用施工过程中测定的数据。当需实测矿料级配与沥青用量时，其试样可合用一个评定路段钻孔的混合料。

(4)高驻办在交工验收阶段的主要工作内容与要求如下：

①督促、指导施工单位整编施工资料和编制竣工图表。

②派相关专业监理工程师和现场监理人员对施工单位的竣工自检进行监理；审批各结构层的交工验收申请报告(单)。

③在工作站的督促、指导下，按规定的项目及相应频度的 1/3 进行全线抽检，并结合在施工过程中的抽检结果，以 1～3km(大中桥面按座)为一个评定单元，计算各项平均值、标准差及变异系数，评定全线路面工程质量。

④向指挥部提交全线路面工程质量检评报告、监理工作总结报告，以及抽检、试验等原始记录、抽检成果报告、监理日志、音像资料等。

6.3.4　工程结束后，施工企业应根据国家对工程竣工文件编制的规定，提出施工总结报告及若干专项报告，连同竣工图表，组成完整的施工资料档案，一并提交工程主管部门和档案管理部门。

(1)施工总结报告的内容应包括：工程概况(含设计及变更情况)、工程基础资料、材料、施工组织、机械及人员配备、施工方法、施工进度、试验研究、工程质量评价、工程决算、工程使用(质保期内)服务计划等。

(2)施工管理与质量检查报告的内容应包括：施工管理体制、质量保证体系、施工质量目标、试验段铺筑报告、施工前及施工中材料质量检查结果(测试报告)、施工中工程质量检查结果、工程交工时的质量自检结果、工程质量评价,以及原始记录,相册、录像等各种附件。

(3)施工企业在工程交工通车后一年质保期内的使用服务内容应包括:路面使用情况观测、局部损坏的维修保养,并应随时将服务情况报告有关部门(含工程监理),服务期满后,提交服务工作报告,经监理部门签认后报送建设单位归档,同时结算质保金。

条文说明

6.3.2 施工过程中的质量管理与检查

(1)核子密度仪检查桥面铺装沥青混合料的压实度(空隙率)偏差较大,所以必须在试验段中进行多点检查并与相应位置钻孔试件密度进行相关性分析(试验点数必须大于13点)建立相关关系。在桥面铺装施工过程中,可以通过一个部位的核子密度仪13次检测值的平均值,初步判断是否达到压实度,以进行施工控制,将桥面钻芯检测数量降到最低。

由于桥面铺装上进行任何破坏性检查都会带来铺装层在使用中的破坏,因此,采用钻芯法应尽可能少,即时需要钻孔时,钻孔部位也应选择避开行车轮迹带。对铺装厚度有重大怀疑时,可以采用地质雷达进行无损检测(地质雷达要先在试验混凝土板上铺筑同样的铺装层进行校准)。桥面铺装的破坏性钻芯检测应减少到最低程度,且充分利用钻取的芯样,其一,可用于进一步校验核子密度仪;其二,可用于进一步校正地质雷达仪测厚度;其三,可用于进行沥青面层与桥面层之间的黏结强度测试。

(2)为减少对铺装层的钻芯,施工单位和监理单位在施工过程中通过钻芯取样所检测的厚度、压实度、铺装层与桥面面板之间的黏结强度检测数据也可以作为交工验收依据。

(3)施工完毕后的跟踪观测、维护和保养工作要跟上,有利于确保桥面铺装的耐久性。

7 用词说明

对执行本指南条文严格程度的用词,采用以下写法:

(1)表示很严格,非这样做不可的用词:正面词采用“必须”;反面词采用“严禁”。

(2)表示严格,在正常情况下均应该这样做的用词:正面词采用“应”;反面词采用“不应”或者“不得”。

(3)表示允许稍有选择,在条件许可时首先应这样做的用词:正面词采用“宜”或“可”;反面词采用“不宜”。

(4)表示有选择,在一定情况下可以这样做,采用“可”。

附录 A 防水材料低温弯曲性能试验方法

A1 目的与试验范围

A1.1 本方法适用于测定溶剂型沥青橡胶黏结防水层等材料在低温下的抗裂性和柔韧性能。

A1.2 试验温度根据具体要求确定,通常采用的试验温度为0℃、-5℃、-10℃、-15℃、-20℃,并在报告中注明。

A2 试验仪具

A2.1 薄铝片:采用铝制材料做成,厚度为3~5mm。

A2.2 圆筒:采用不锈钢或者黄铜制作,直径为20mm,见图A2.2。

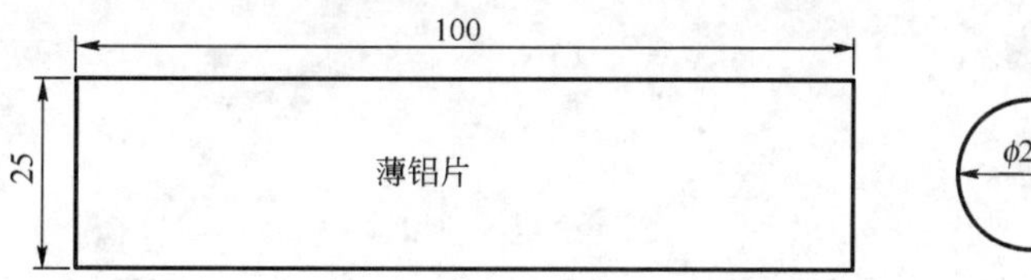

图 A2.2 低温弯曲试验仪具(尺寸单位:mm)

A3 试验步骤

A3.1 准备工作

(1)按照供应商提供的标准施工方法(人工涂布或机械喷涂)和标准用量,在铝薄片上成型防水层薄膜。

(2)将成型好的试件,按照供应商的要求,在标准条件下进行养护。

(3)将养生好的试件,存放于规定温度下保温2h,同时需将圆筒也放入相同的温度下报文。

(4)保温试件借宿后,可进行低温弯曲试验。

A3.2 试验步骤

(1)将试件在设定温度下沿直径为20mm的圆筒弯曲90°,并观察防水层薄膜的裂纹状况。

(2)采用人工弯曲的方法进行低温弯曲试验,每个试件应在5s内完成。若有必要,试验全过程宜在低温环境箱中完成。

A4 报告

记录好试验温度,同时对防水黏层(黏结层)的裂纹转台进行准确的文字表述。

条文说明

A1 目的与试验范围

该方法的主要目的在于评价防水黏结材料在低温环境下受到弯曲作用下的抗开裂能力。

A2 试验仪具

试验方法中的薄铝片厚度规定为3~5mm,规定这一厚度的主要原因在于,试验过程中需要人工弯曲,如果厚度过大,则不易弯曲,可能使得试验不能在5s内完成。如果条件允许也可以使用厚度较大的薄铝片。

A3 试验步骤

试验中规定了在5s内必须完成，同时建议试验最好在低温环境箱中完成，这主要是考虑到温度升高产生的影响。由于许多材料如沥青类材料就有自愈合性，在试验完成后，当表面产生微小裂纹，而我们没有及时观测，一定时间后，材料的自愈合能力使得我们肉眼观察不到这些微小裂纹。因此当试验完成时，我们一定要立即进行观测并详细记录。如果有条件，也可以放于显微镜下观察。

附录 B　防水材料黏结强度试验方法

B1　目的与试验范围

B1.1　本方法适用于测定和评价防水层(黏结层)与桥面面板之间的黏结强度(图 B1.1),也适用于沥青混合料与桥面面板之间的黏结强度。

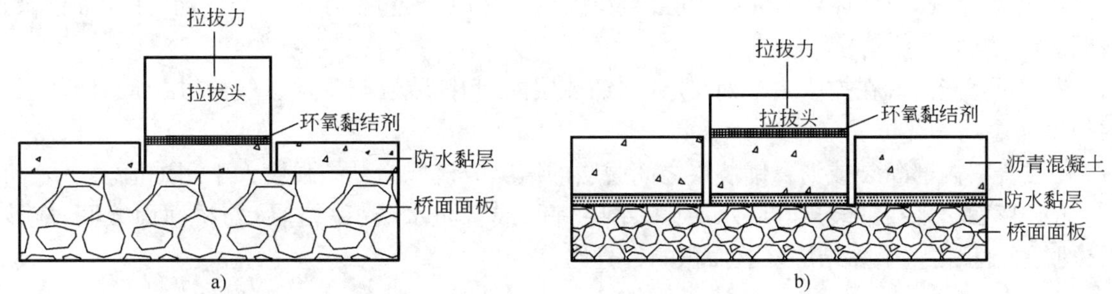

图 B1.1　黏结强度试验方法示意图

a)防水层与桥面板之间的黏结强度测试;b)沥青结合料与桥面板之间的黏结强度测试

B1.2　黏结强度的拉伸速率采用 10mm/min。试验温度根据试验具体要求确定,通常采用的试验温度为 0℃、10℃、25℃、45℃、60℃,并在报告中注明。

B2　目的与试验范围

B2.1　拉拔仪:能按照规定拉伸速度拉伸试件,且拉伸时无明显振动和偏心的拉伸仪器均可使用。

B2.2　拉拔头:采用不锈钢或者黄铜制作,其尺寸可根据设备要求或测试要求选择。可采用直径为 20mm、50mm 或者 100mm 的拉拔头,并在报告中注明。

B3　试验步骤

B3.1　准备工作

(1)桥面的喷砂打磨处理,桥面干净程度、粗糙度符合规定要求。

(2)按照材料供应商提供的标准施工方法以及用量在打磨成型的桥面上成型防水层(黏结层),并按要求养生。

(3)按照《公路工程沥青及沥青混合料试验规程》(JTJ 052—2000)中 T 0703 试验方法成型马歇尔试件。

(4)对于图 B1.1a),将拉拔头底部涂一层环氧树脂,并黏附在需要测试件顶面,待环氧树脂完全固化后,用刀具沿拉拔头边沿小心切割至防水层(黏结层)至水泥水泥混凝土表面,并进行下一步试验。

(5)对于图 B1.1b),将黏结好拉拔头的试件,采用钻芯机钻芯,要求钻芯处露出水泥混凝土表面,芯样表面和拉拔头底部涂布环氧树脂,将拉拔头黏附于芯样表面,待环氧树脂完全固化后,进行下步试验。

B3.2　试验步骤

(1)将拉拔仪和保温后的时间一起置于恒温箱中进行试验。

(2)开动拉拔试验仪进行测试,试验过程中应保持温度变化在规定的范围内。

(3)试件拉断时,读取拉力数值显示,并观察断裂面情况。

B4　报告

按照记录下的拉拔力 F 和拉拔头底面积 S 按照下面公式计算拉拔强度:

$$P = \frac{F}{S}$$

式中：P——拉拔强度（MPa）；

F——试验拉拔力（N）；

S——拉拔头底面面积（mm^2）。

对于同一批试件，平行试验不得少于5个；对于现场试验，平行试验不得少于3个。单个试件的试验结果，其允许误差不得超过平均值的20%，超过此误差范围的试验结果应舍弃。试验后应仔细观察断裂面产生的位置（亦即破坏界面的结构层位及其所处的位置），包括以下几个方面，并详细记录，在报告中注明。

（1）破坏面可能出现在拉拔头与铺装层间、铺装层内、和铺装层与防水层（黏结层）间、防水层内部、防水层与桥面层间等部位。

（2）在混合料内部断裂或沥青铺装层之间脱层的情况应该视为黏结强度大于测试值。

（3）若破坏面出现在铺装层与防水层（黏结层）间，或者防水层（黏结层）与桥面面板间，应该描述黏结层拉脱的面积占整个黏结层试验面积的百分比。

条文说明

1 目的与试验范围

该方法的主要目的在于测试两种不同材料之间的层间结合力，或者评价整个体系的层间结合力，通过拉拔试验可以找出整个体系中最薄弱的环节，为设计，科研和施工体系提供技术参考依据。

2 试验要求

黏结强度试验为世界各国广泛使用的试验方法，其试验原理基本一致，但是在具体试验方法上有较大不同，如各国所要求的黏结强度试验条件存在较大差异，这主要表现在以下三个方面：

一是黏结强度试验温度要求不同；二是拉拔速度要求不同，有的国家采用位移控制方法，如规定拉拔速度为10mm/min或者50mm/min等，有的国家采用动力控制，如德国规定拉拔速度为100N/s；三是试验结束条件不同，大部分国家采用破坏性试验方法，直到试样破坏试验才停止，有的以动力条件作为试验结束条件，如拉拔力达到10kN时，试验结束。因此，在黏结强度试验时，必须注明试验条件。

3 现场检测注意事项

进行现场黏结强度试验测试时，应选择与试验温度一致的气温时段进行试验。如果在夏天时，宜选择在清晨气温较低的时段进行。

附录 C　密级配热拌沥青混合料配合比设计

C1　一般规定

C1.1　本方法适用于密级配沥青混凝土以及沥青稳定碎石混合料。

C1.2　沥青混合料配合比设计应严格按目标配合比设计、生产配合比设计和生产配合比验证等三个阶段进行。

C2　在设计已确定级配类型的情况下，各设计阶段的主要内容与要求

C2.1　目标配合比设计阶段

C2.1.1　确定矿料配合比：即用工程将要使用的粗、细集料和填料（包括矿粉、消石灰粉或水泥）通过试配、调整，确定各档集料和填料的掺配质量百分率，组成符合表 C2.1.1 规定范围的合成级配，并按矿料组成计算结果，绘成级配曲线图。同时要求：

沥青混合料矿料级配范围　　表 C2.1.1

类型	通过下列筛孔（mm）的质量百分率（%）											
	26.5	19	16	13.2	9.5	4.75	2.36	1.18	0.6	0.3	0.15	0.075
AC-20	100	90 ~ 100	78 ~ 92	62 ~ 80	50 ~ 72	26 ~ 56	16 ~ 44	12 ~ 33	8 ~ 24	5 ~ 17	4 ~ 13	3 ~ 7
AC-16	—	100	90 ~ 100	76 ~ 92	60 ~ 80	34 ~ 62	20 ~ 48	13 ~ 36	9 ~ 26	7 ~ 18	5 ~ 14	4 ~ 8
AC-13	—	—	100	90 ~ 100	68 ~ 85	38 ~ 68	24 ~ 50	15 ~ 38	10 ~ 28	7 ~ 20	5 ~ 15	4 ~ 8

（1）合成级配曲线中 0.075mm、2.36mm、4.75mm 等筛孔的通过量应接近规定范围的中值或稍偏下。

（2）合成级配曲线应圆滑顺适（即连续）或有合理的间断级配，不得犬牙交错呈锯齿状。当经过再三调整仍有个别筛孔通过率超出级配范围时，必须对集料加工分档进行调整，直到达到目标为止。

（3）当粗集料的毛体积相对密度与细集料的表观相对密度相差 0.2 以上时，必须进行配比修正，使合成级配与目标级配不发生偏离。

（4）筛分验证，即按计算所得各档集料的质量比进行掺配混合，然后筛分，检验其是否与合成级配曲线相符合，如果有偏差则应分析原因，并进行调整。

（5）在做矿料合成级配设计时，应注意小于 2.36mm 筛孔的粉尘含量，0.075mm 筛孔的通过率不大于 15%；否则应筛除一部分。因不可抗因素必须用天然砂时，要控制天然砂的用量不宜大于矿料的 6%。

C2.1.2　确定沥青用量：即按上述所确定的矿料合成级配和实际上使用的材料，通过下列试验确定最佳沥青用量。

（1）制备马歇尔试件时可根据经验估计其质量，并计算出所需各档集料和填料质量；根据同类工程的实践经验估计混合料可能的沥青用量，按 ±0.5% 分为五档，每档成型 5 组试件（每组 5 个试件）共 25 个试件。制作试件应严格按 T0702—2000（击实法）和 T0703—1993（轮碾法）的规定进行。有条件时，圆柱形试件还应采用旋转压实仪（SGC）成型，进行相关试验，以资验证。

试验时，应以沥青黏度为（0.17 ±0.02）Pa · s 的温度为拌和温度，在黏度（0.28 ±0.02）Pa · s 时的温度条件下击实。缺乏沥青黏度测定条件时，试验温度可参照表 C2.1.2-1 选用，针入度小、稠度大的沥青取高值；针入度大、稠度小的取低值；一般取中值。

沥青混合料试验温度范围 表 C2.1.2-1

沥青品种	普通沥青	改性沥青
矿料(含矿粉)加热温度(℃)	163~172	180~185
沥青加热温度(℃)	150~160	160~170
试模预热温度(℃)	100~110	110~120
混合料拌和温度(℃)	150~160	160~175
试件压实温度(℃)	130~150	140~160

(2)测定试件的体积参数,包括毛体积相对密度、理论最大相对密度、空隙率、沥青体积百分率、矿料间隙率和沥青饱和度等。

测定试件密度时应根据试件的表面情况(致密、不吸水,有麻坑、吸水或粗糙、有较多大孔),严格按规定的相应方法进行。在计算试件的理论密度时,对集料的密度应根据其空隙率和吸水率大小,确定采用视密度或毛体积相对密度。如集料空隙率在1%左右,采用毛体积相对密度;在2%左右则采用视密度。当集料的吸水率大于1%时,采用毛体积相对密度和视密度的平均值计算其理论密度。

(3)测定马歇尔稳定度和流值,要求采用具有自动记录功能的稳定度仪测定,在X—Y记录仪上自动绘出荷载(稳定度)与形变(流值)关系曲线。由于试件表面不可能非常光滑,使曲线开始形成一小段曲线,必须对曲线的原点进行修正,然后计算流值。

(4)确定沥青最佳用量应按下列步骤进行:

首先,以沥青用量为横坐标,以上述测定的试件体积参数和稳定度、流值等为纵坐标分别绘制成关系曲线图,如图C2.1.2所示。

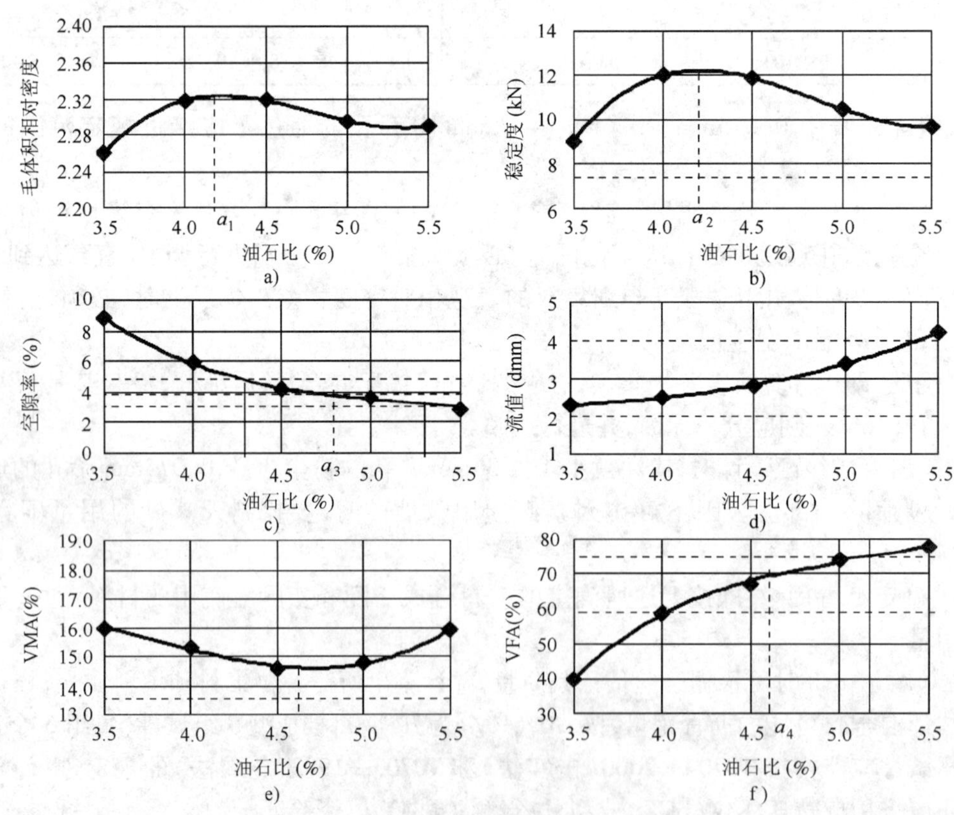

图 C2.1.2 沥青用量与物理力学指标的关系

第二步,由图中的最大毛体积相对密度所对应的沥青用量为a_1,最大稳定度所对应的沥青用量为a_2,以本指南规定的空隙率中值所对应的沥青用量为a_3,以三者平均值为选择沥青用量的初始值

OAC_1。即

$$OAC_1 = (a_1 + a_2 + a_3)/3 \quad (C2.1.2\text{-}1)$$

第三步,求出稳定度、流值、空隙率和饱和度四个指标均满足表 C2.1.2-2 规定的沥青用量范围 $OAC_{min}+OAC_{max}$的平均值作为选择沥青用量 OAC_2,即

$$OAC_2 = (OAC_{min} + OAC_{max})/2 \quad (C2.1.2\text{-}2)$$

铺装层用密级配沥青混合料性能标准　　表 C2.1.2-2

试验项目	性能指标	试验规程	备注
试件击实次数(次)	双面各 75		$N_d=109$
稳定度 MS(kN)	≥8	T0709—2000	ASTH DL559
流值 FL(0.1mm)	(20~40)15~50	T0705—2000	
空隙率 VV(%)	3~6	T0705—2000	
沥青饱和度 VFA(%)	65~75	T0705—2000	
矿料间隙率 VMA(%)	中粒式≥13; 细粒式≥14	T0705—2000	
动稳定度[60℃,0.7MPa](次/mm)	(≥1 000)≥2 800	T0719—1993	
浸水马歇尔残留稳定度(%)	(≥80)≥85	T0709—2000	
冻融劈裂残留强度(%)	(≥75)≥80	T0729—2000	AASHTO T-283

注:性能指标中(　)内普通沥青混合料指标,(　)内外改性沥青混合料指标(一般用于桥面铺装下层)。

第四步,综合确定最佳沥青用量 OAC。按沥青用量初始值 OAC_1 在图 C2.1.2 中求取所对应的各项指标,检查是否符合规范规定的标准。如果符合则由 OAC_1 和 OAC_2 综合确定最佳沥青用量 OAC;如不符合则应重新调整级配,再进行以上试验,直至各项指标符合规范为止。

本路段的沥青混合料最佳沥青用量应在 OAC_2 和 OAC_{min}范围内选择,但不得小于 OAC_2 的 0.5%。

(5)配合比的调整。如果在上述第三步推求沥青最佳用量 OAC_2 时,得不出稳定度等四个指标共同的沥青用量范围,或者共同范围非常狭窄,则表明合成级配的矿料间隙率 VMA 存在偏大或偏小的问题,并结合混合料的具体情况,采取调整配合比或更换矿料组成的办法改善间隙率 VMA。调整级配即是在规定级配范围内将合成级配曲线适当往上或往下移动,一般可相应减少或增大 VMA 值;更换矿料组成应着眼于细集料(砂、石屑)和矿粉用量调整:用河砂有利增大 VMA,用石屑(粒径小于 2.5mm)有利于减少 VMA,增加矿粉用量可以减少 VMA。调整级配后应重新进行上述各项试验。

(6)沥青混合料性能检验。按以上要求通过试验的矿料级配和最佳沥青用量(OAC)拌制沥青混合料试件,进行车辙试验,检测其动稳定度能否满足表 C2.1.2-2 的要求。

同时还应进行水稳定性检验。即用上述确定的最佳沥青用量(OAC)和矿料级配分别制备沥青混合料试件,进行浸水马歇尔试验和冻融劈裂试验,检验其残留稳定度及残留强度是否符合表 C2.1.2-2 的要求。

C2.2　生产配合比设计阶段

(1)确定矿料的生产配合比。即应按上述目标配合比设计所定的各档集料的合成级配授料,经过干燥筒混合加热、二次筛分后,从各热料仓分别取样进行筛分。求出各仓集料所占百分率,并检查其与冷料仓的授料比重是否符合或基本符合。必要时,可逐次调整各冷料仓的授料比例,使其与热料仓二次筛分的质量比例相符合,并且同目标配合比设计确定的合成级配相符合。

(2)确定生产配合比的最佳沥青用量。即取目标配合比设计所确定的最佳沥青用量(OAC)及其±0.3%共设定三档用量,按确定的生产配合比掺配矿料分别制备沥青混合料试件,进行马歇尔试验。

如果三档沥青用量之混合料试件的各项试验结果均符合表 C2.1.2-2 的标准，则取 OAC 为生产配合比的最佳沥青用量；如果三档之中有一档试件不符合标准时，则应补做该档沥青用量的混合料各项试验，以资检验，最后取符合标准的中值用量作为生产配合比的最佳沥青用量。

C2.3 生产配合比验证阶段

(1)按生产配合比设计确定的矿料合成级配及沥青用量拌制沥青混合料铺筑试验段，同时在拌和机出料口取样，进行集料筛析与沥青用量试验；并分别制备试件，进行马歇尔试验、高温稳定性试验和水稳性试验，检验其各项指标是否符合表 C2.1.2-2 的规定。此外，还应通过试验段钻取芯样，进行检验。由此确定的生产用标准配合比，即为该类沥青混合料生产的控制依据和质量检验的标准。

(2)确定标准配合比时还应注意：矿料的合成级配中 0.075mm、2.36mm、4.75mm 三档筛孔的通过百分率应符合表 C2.1.1 级配范围的中值或稍偏下。

(3)经过上述三个阶段设计确定的标准配合比，应报送高驻办审批(包括材料及沥青混合料试验报告)。高驻办应通过相应平行试验的检验结果提出审批意见，并报送总监办备查。

(4)经过高驻办审批的标准配合比，在生产中不得随意变更。当进场材料发生变化，沥青混合料的矿料级配、马歇尔试验技术指标达不到要求时，应及时调整配合比，使其质量符合要求并保持相对稳定；必要时应暂停施工，从新进行配合比设计和报送审批。

C3 配合比设计报告

C3.1 配合比报告应包括工程设计级配范围选择说明、材料品种选择与原材料质量试验结果、矿料级配、最佳沥青用量，以及各项体积指标、配合比检验报告等。试验报告的矿料级配曲线应按照规定的方法绘制。

C3.2 当按 C2.1 调整沥青用量作为最佳沥青用量，宜报告不同沥青用量条件下的各项试验结果，并提出对施工压实工艺的技术要求。

配合比设计完成后按照以下表 C3.2-1 ~ 表 C3.2-3 内容出具配合比设计报告。

AC- 矿料组成计算结果 表 C3.2-1

矿料组成		通过下列筛孔(mm)百分率(%)												
		31.5	26.5	19	16	13.2	9.5	4.75	2.36	1.18	0.6	0.3	0.15	0.075
原材料筛分结果	1 号料(~)													
	2 号料(~)													
	3 号料(~)													
	4 号料(<2.36 mm)													
	矿粉													
试验级配	1 号料(%)													
	2 号料(%)													
	3 号料(%)													
	4 号料(%)													
	矿粉(%)													
	合成级配(%)													
要求级配范围														
级配中值														

AC- 马歇尔试验结果表 表 C3.2-2

试件组号	沥青用量(%)	物理力学性质						
		毛体积相对密度	空隙率 VV(%)	矿料间隙率(%)	沥青饱和度 VFA(%)	稳定度 MS(kN)	流值 FL(0.1mm)	马歇尔模数 *T*(kN/mm)
标准			3~6	上,>14 中,>13	65~75	>8	20~40 (15~50)	

沥青混合料低温弯曲试验破坏应变技术要求 表 C3.2-3

气候条件及技术指标	相应于下列气候分区所要求的破坏应变(με)								
年极端低气温及气候分区	<37.0℃ 1.冬严寒区		−21.5~37.0℃ 2.冬寒区			−9~21.5℃ 3.冬冷区		>−9℃ 4.冬温区	
	1-1	2-1	1-2	2-2	3-2	1-3	2-3	1-4	2-4
普通沥青混合料,不小于	2 300	2 700	2 000	2 200	2 500	1 400	1 800	1 200	1 500
改性沥青混合料,不小于	3 200	3 500	2 700	3 200	3 500	2 000	2 500	1 500	2 100

条文说明

C.1 一般规定

C1.1 本附录规定的热拌沥青混合料设计方法,对现场生产配合比设计也可以参照使用,在此基础上,还需要经过试拌试铺阶段,才能最终确定符合工程实际的配合比。

C1.2 国际上有各式各样的配合比设计方法,根据我国国情的实际情况、经验与技术水平,一致认为采用马歇尔设计方法式符合国情的,这是我们的基本设计方法和依据,但同时又不能拘泥于规范,在有条件的地方和工程,可以学习国外先进经验,使配合比设计水平得到提高。考虑到目前施工质量检验阶段一般都是采用马歇尔方法,而且便于与标准的马歇尔方法、以往的实践经验进行对比,所以也要求在采用其他配合比设计方法时按本指南规定的马歇尔设计方法检验,并提出相应的指标。

C.2 确定工程级配范围

《公路工程沥青路面施工技术规范》(JTG F40—2004)中“热拌沥青混合料路面”对密级配热拌沥青混凝土矿料级配范围分为“规范规定的级配范围”、“工程设计级配范围”、“施工允许波动级配范围”作了详细规定,本节规定了如何调整工程级配范围的方法和步骤。

C.3 材料选择与准备

配合比设计材料已经作了详细说明,这里强调的是配合比设计取样的代表性问题。在新修改的《公路工程集料试验规程》中对集料的取样有新的要求,要严格按照新的要求执行。

C.4 矿料配合比设计

具体的矿料级配计算方法,现在大都采用计算机 Excel 的功能,开发了各种各样的矿料级配设计和级配曲线绘制方法,进度快,图表清晰,均可使用。

C.5 马歇尔试验

C5.1 我国对沥青混合料试件的各项体积指标,包括密度、空隙率、VMA、VFA 的测定和计算方法一直存在一些争议。本节对马歇尔试验的体积指标测定和计算方法作了全面修改。

C5.2 空隙率是由沥青混合料试件的密度和最大理论相对密度计算得到的,统一空隙率计算方法久必须统一试件混合料的理论最大相对密度和试件相对密度的测定和计算方法。

关于最大理论相对密度问题，试验规程规定了实测的真空法和溶剂法，也有计算法，不同的方法有不小的差别。经过大量的对比试验，经反复征求各方意见，一致同意采用真空法实测沥青混合料理论最大密度作为我国的标准方法。同时，根据对改性沥青混合料和SMA混合料的实测过程中遇到的特殊问题，通过研究一致决定对于改性沥青混合料和SMA混合料采用计算法求取混合料的最大理论密度。

C5.3 关于试件密度，统一采用毛体积相对密度，关于毛体积相对密度的测试方法统一采用表干法，吸水率大于2.0%的试件统一采用蜡封法。

C.6 配合比设计检验

对桥面铺装配合比设计检验增加了渗水系数和低温弯曲应变试验要求。研究表明，渗水性与空隙率有很大关系，但又有很大区别，空隙率是反映总的空隙率，而渗水性只反映开口空隙，它与级配类型、集料粒径等多种因素都有关系。低温弯曲应变用于测定热拌沥青混合料试件在低温加载应力水平条件下弯曲蠕变的应变规律，以评价沥青混合料的变形性能。

附录D　改性沥青SMA混合料配合比设计

D1　一般规定

D1.1　除本方法另有规定外，应遵照“附录C　热拌密级配沥青混合料配合比设计”中有关方法确定执行。

D1.2　SMA混合料配合比设计方法采用马歇尔试件的体积设计方法进行，马歇尔试验的稳定度和流值并不作为配合比设计接受或者否决的唯一指标。

D2　材料选择

D2.1　对于用于配合比设计的各种材料其质量技术要求必须符合《公路工程沥青路面施工技术规范》(JTG F40—2004)中相关规定的技术要求。

D2.2　除已有成功的经验证明使用非改性沥青的普通沥青混合料能符合使用要求外，SMA宜采用改性石油沥青，且采用比当地常用沥青更高标号的沥青。

D2.3　SMA混合料的胶结材料，设计采用SBS改性沥青，稳定剂采用优质聚酯纤维和木质素纤维，聚酯用量通常为混合料总质量的0.25%～0.3%，矿物纤维用量通常为混合料总质量的0.4%，施工中的用量误差不得超过±10%。

D3　设计矿料级配的确定

SMA沥青混料配合比设计，应严格按目标配合比设计、生产配合比设计和生产配合比验证等三阶段进行。设计方法以马歇尔试验法为主，原则上应按改性沥青的等黏温度控制试件的拌和与压实温度。

(1)进行目标配合比设计时，按表D3.1的相应极配范围内应至少选择三种级配进行试验。三种级配可用2.36mm(或者4.75mm)筛孔通过率为变化点适当上、下调整，如24%、27%、30%。三个级配均应固定矿粉数量，使0.075mm筛孔的通过率在10%左右，同时使4.75mm(或者9.5mm)筛孔的通过率在级配中值上下波动。

桥面铺装层SMA混合料矿料级配范围　　表D3.1

级配类型	通过下列筛孔(mm)的质量百分率(%)										
	19	16	13.2	9.5	4.75	2.36	1.18	0.6	0.3	0.15	0.075
SMA-16	100	90～100	65～85	45～65	20～32	15～24	14～22	12～18	10～15	9～14	8～12
SMA-13	—	100	90～100	50～75	20～34	15～26	14～24	12～20	10～16	9～15	8～12
SMA-10	—	—	100	90～100	28～60	20～32	14～26	12～22	10～18	9～16	8～13

(2)根据粗集料的毛体积相对密度，按表D3.2的范围选用初试沥青用量。集料的毛体积相对密度大时，选择稍低的初试沥青用量。

初试沥青用量范围　　表D3.2

粗集料毛体积相对密度	初试油石比(%)	粗集料毛体积相对密度	初试油石比(%)
2.9左右	5.8	2.7左右	6.4
2.8左右	6.1		

(3)分别测定各种级配的粗集料(4.75mm以上粒径)松方相对密度,计算骨架间隙率VCA_{DRC}。压实的SMA沥青混合料中粗集料的骨架间隙率VCA_{mix}必须小于VCA_{DRC};否则应另选级配重新试验。

(4)用三种级配和初试沥青用量,聚酯(木质素)纤维用量为沥青混合料总质量的0.25%~0.3%(0.4%),分别制作试件,进行马歇尔试验。每种级配的试件数量不应少于3组,每组4个。其中一个用于测定最大理论密度,另3个用来测定毛体积相对密度,测定试验结果满足表D3.3技术要求。

SMA马歇尔试验配合比设计技术要求 表D3.3

试验项目		指标	备注
成型方法(双面击实)		各50次	
空隙率VV(%)		3~4.5	
粗集料骨架间隙率VCA_{mix}		不大于VCA_{DRC}	
矿料间隙VMA(%)		≥17	最低值16.5%
沥青饱和度VFA(%)		75~85	
最小油石比(%)[合成集料毛体积相对密度]	2.9	≥5.7	
	2.8	≥6.0	
	2.7	≥6.3	
稳定度MS(kN)		不宜小于6.0	
流值FL(0.1mm)		20~50	
谢伦堡沥青析漏试验的结合料损失(%)		≤0.1	试验温度185℃
肯塔堡飞散试验的混合料损失(%)		≤20	试验温度20℃

(5)将三种级配的试验结果VCA_{mix}与VCA_{DRC}比较,绘制4.75mm筛孔通过率VCA_{DRC}—VCA_{mix}关系曲线,从图中选择$VCA_{mix} < VCA_{DRC}$、4.75mm筛孔通过率最大,且VMA稍大于17%的一组级配作为设计级配。如果VMA均达不到17%、甚至小于16.5%时,则这种集料不能用,需另选料源。

D4 沥青用量的确定

(1)确定设计级配后,应根据初试沥青用量试验结果,结合油石比中值范围(5.8%~6.2%左右)选择三档沥青用量,每档相差0.2%~0.4%。按本指南"3 桥面防水结构层"中条文说明所要求的方法,制作3组×4个共12个试件。每组用1个测定最大理论相对密度,另3个进行马歇尔试验,在评价空隙率VV的基础上确定最佳沥青用量OAC。

(2)在确定了矿料级配和沥青用量后,还应进行水稳定性、高温稳定性、构造深度和渗水系数等项试验,评价其耐久性和抗滑性能。其中,如果水稳定性指标达不到要求时,必须采取抗剥落措施。掺抗剥落剂的混合料应先做长期老化试验,合格后再做水稳性试验。

D5 生产配合比验证

(1)按目标配合比设计确定的矿料级配,通过冷料斗按比例配料,经过烘干和二次筛分进入热料仓,再分别从各热料仓取样筛分,进行生产配合比设计。将计算的矿料的级配填入表D5,与目标配合比设计进行比较。同时绘制级配线图。

由于原材料颗粒组成可能存在偏差,冷料斗的进料精度(速率)和热料筛网尺寸、角度等需要调整等原因,配料、筛分、调整,往往需要多次循环才能完成,即与目标配比设计的矿料级配相符合。并且,达

SMA 矿料组成汇总表(目标配合比设计)　　表 D5

矿料组成		毛体积相对密度	通过下列筛孔(mm)百分率(%)										
			19	16	13.2	9.5	4.75	2.36	1.18	0.6	0.3	0.15	0.075
原材料筛分结果	1 号料(16~9.5mm)												
	2 号料(9.5~4.75mm)												
	3 号料(4.75~2.36mm)												
	4 号料(<2.36mm)												
	矿粉												
试验级配甲(S 甲)	1 号料(%)												
	2 号料(%)												
	3 号料(%)												
	4 号料(%)												
	矿粉(%)												
	合成级配												
试验级配乙(S 乙)	1 号料(%)												
	2 号料(%)												
	3 号料(%)												
	4 号料(%)												
	矿粉(%)												
	合成级配												
试验级配丙(S 丙)	1 号料(%)												
	2 号料(%)												
	3 号料(%)												
	4 号料(%)												
	矿粉(%)												
	合成级配												
要求级配范围													
范围中值													

到 0.075mm 的通过率在 10% 左右,9.5mm 的通过率在级配中值附近。

(2)在进行生产配合比设计时,还应合理选用筛号尺寸,尽可能地使各热料仓的比例大体平衡,不要相差太大。

(3)按生产配合比设计确定的矿料级配和最佳沥青用量拌制沥青混合料,分别进行抽样筛分、马歇尔试验和车辙试验。

(4)如果上述试验不能全面满足标准要求时,应检查分析原因,进行适当调整。

D6　SMA 配合比设计、试验中可能出现的问题与对策

(1)VMA 达不到要求时,可减少 4.75mm 筛孔的通过率(即增加粗集料用量)或者减少 0.075mm 筛孔的通过率(减少矿粉用量),使 VMA 增大。如果两者都调整了,但 VMA 仍达不到 17% 的要求时,可能

是试验时击碎了粗集料，则需更换集料品种。

(2)VV 达不到要求时，减少沥青用量可增大空隙率 VV；如果油石比已超过 6%，而 VV 仍大于 3% ~4% 时，可适当增加 4.75mm 筛孔的通过率(或增加矿粉)。如果 VMA 已大于 17%，沥青用量也不多，而 VV 仍小于 3% 时，则可能是测定精度不足，应复核集料毛体积相对密度、VMA、VFA 等数据的精确性。

(3)VCA_{mix} 达不到要求时：增加粗集料的用量(即降低 4.75mm 筛孔的通过率)可使 VCA_{mix} 增大；调整粗集料中 9.5mm 筛孔的通过率，增加粒径大于 9.5mm 的集料数量，可使 VCA_{mix} 进一步增大。

(4)表 D6 列举了美国 AASHTO 关于 SMA 设计可能遇到的问题与调整方法，可供参考。

SMA 配合比设计的问题与调整方法 表 D6

试验结果	筛孔可能产生的原因	解决措施
VMA 低	4.75mm 筛孔通过率太高； 0.075mm 筛孔通过率太高； 集料过分破碎； 集料毛体积相对密度不正确	1. 核实试验结果的准确性； 2. 减少 4.75mm 筛孔和(或)0.075mm 筛孔的通过率
VMA 高	4.75mm 筛孔通过率太低； 0.075mm 筛孔通过率太低； 集料毛体积相对密度不正确	1. 核实试验结果的准确性； 2. 增加 4.75mm 筛孔和(或)0.075mm 筛孔的通过率
空隙率低	VMA 低； 沥青用量高	1. 核实试验结果的准确性； 2. 增加沥青用量或增加 VMA
空隙率高	VMA 高； 沥青用量少	1. 核实试验结果的准确性； 2. 增加沥青用量或减少 VMA
VCA 高	4.75mm 筛孔通过率太高； 集料毛体积相对密度不正确	1. 核实试验结果的准确性； 2. 减少 4.75mm 筛孔的通过率
沥青玛蹄脂的劲度高	沥青结合料劲度高； 矿粉用量多； 矿粉细	1. 核实试验结果的准确性； 2. 减小矿粉用量； 3. 使用较粗的矿粉
沥青玛蹄脂的劲度低	沥青结合料劲度低； 矿粉用量少； 矿粉粗	1. 核实试验结果的准确性； 2. 增加矿粉用量； 3. 使用较细的矿粉
析漏严重	施工温度高； 矿粉用量少； 稳定剂不足； 粗集料比例高； 混合料含有水分	1. 核实试验结果的准确性； 2. 增加稳定剂用量； 3. 变换稳定剂品种类型； 4. 减少混合料水分； 5. 修改级配； 6. 降低温度
油斑	高析漏量； 运输距离太长； 储存时间过长	1. 追踪每一步骤，减少析漏； 2. 缩短储存时间至最短
现场密度小	碾压不足； 碾压没有跟上； 天气冷或者风大； 压实程度	1. 碾压层厚不大于公称最大粒径的 3 倍； 2. 仔细碾压； 3. 增加碾压吨位和遍数

D7 配合比设计报告

配合比实际完成后,按照表 D7.1 ~ 表 D7.5 以及表 D5 中所列内容出具配合比设计报告。

SMA 混合料各试验级配体积数据汇总表 表 D7.1

数据名称		测定值		
		S甲	S乙	S丙
矿料	矿料合成毛体积相对密度 γ_{sb}			
	矿料粗集料合成毛体积相对密度 γ_{CA}			
	矿料粗骨架的松方相对密度 γ_s			
	粗集料骨架矿料的粗集料间隙率 VCA_{DRC}(%)			
混合料 [初试油石比](%)	混合料最大理论相对密度 γ_t			
	试件毛体积相对密度 γ_f			
	试件空隙率 VV(%)			
	试件间隙率 VMA(%)			
	试件粗集料骨架间隙率 VCA_{mix}(%)			

SMA 级配调整油石比马歇尔试验结果 表 D7.2

油石比(%)	γ_t	γ_f	VV(%)	VMA(%)	VCA_{mix}(%)	VA(%)	VFA(%)	MS(kN)	FL(0.1mm)

SMA 沥青混合料的矿料筛分结果(平均值) 表 D7.3

SMA-	油石比(%)	通过下列筛孔(mm)质量百分率(%)										
		19	16	13.2	9.5	4.75	2.36	1.18	0.6	0.3	0.15	0.075
筛分结果												
生产配合比设计级配												

SMA 产配合比设计沥青混合料试验结果(平均值) 表 D7.4

油石比(%)	γ_t	γ_f	VV(%)	VMA(%)	VCA_{mix}(%)	VA(%)	VFA(%)	Ms(kN)	FL(0.1mm)	DS(次/mm)
标准			3 ~ 4.5	>17	< VCA_{DRC}		75 ~ 85	>6	20 ~ 50	>3 000

SMA 混合料配合比设计矿料级配 表 D7.5

次别	热料仓号	通过下列筛孔(mm)百分率(%)											
		比例(%)	19	16	13.2	9.5	4.75	2.36	1.18	0.6	0.3	0.15	0.075
第1次筛分	4号仓												
	3号仓												
	2号仓												
	1号仓												
	矿粉												
	合成级配												

续上表

次别	热料仓号	通过下列筛孔(mm)百分率(%)											
		比例(%)	19	16	13.2	9.5	4.75	2.36	1.18	0.6	0.3	0.15	0.075
第2次筛分	4号仓												
	3号仓												
	2号仓												
	1号仓												
	矿粉												
	合成级配												
第3次筛分	4号仓												
	3号仓												
	2号仓												
	1号仓												
	矿粉												
	合成级配												
目标配合比													
级配范围中值													
规定级配范围													

本节说明

本指南关于SMA配合比设计方法基本上是按照《沥青玛蹄脂碎石路面施工技术指南》(SHC F40-01—2002)编写的。在其中补充了SMA混合料设计过程中遇到的一些问题与调整方法。

高性能粉煤灰混凝土在路面工程中应用技术指南

主编单位：内蒙古自治区省际通道建设管理办公室
武汉理工大学

参编单位：内蒙古交通设计研究院有限责任公司

主要编制人员：

张　广　王亚军　姜海涛　贾廷跃　张建栋
水中和　徐洪国　仲玉善　马骏原　张福忠
刘金利　宋宪国　李俊梅　玄东兴　万　山
潘文君

编 制 说 明

《高性能粉煤灰混凝土在路面工程中应用技术指南》是根据内蒙古自治区交通厅科技项目“高性能粉煤灰混凝土在路面工程中的应用研究”的要求，在内蒙古自治区寒冷大温差地区利用湿排粉煤灰制备高性能混凝土并应用于路面工程研究成果基础上，参考有关技术规范，由项目承担单位内蒙古自治区省际通道建设管理办公室、武汉理工大学和内蒙古交通设计研究院有限责任公司共同编制。

内蒙古自治区是我国重要的煤电生产基地，因此拥有丰富的粉煤灰资源。但是，长期以来内蒙古自治区的粉煤灰在混凝土结构中并没有得到广泛的应用。在对有关管理干部和工程技术人员的调查研究中发现，大家普遍对于配制粉煤灰混凝土，尤其是将粉煤灰混凝土用于路面工程心存疑虑。由于内蒙古自治区广大地区具有干燥、寒冷、大温差的气候特点，容易引起混凝土结构的开裂、剥落等病害，而在使用不当的情况下，粉煤灰混凝土早期强度低，混凝土结构出现病害的机会将增加。另外，粉煤灰应用于混凝土生产中会增加生产过程的环节，给工人的操作带来更高的要求。总而言之，内蒙古自治区在混凝土工程中未广泛推广应用粉煤灰有着其复杂的背景和原因。

在内蒙古自治区省际通道建设过程中，在内蒙古自治区交通厅的支持下，省际通道建设管理办公室、武汉理工大学和内蒙古交通设计研究院有限责任公司在兴安盟联合开展了高性能粉煤灰混凝土制备研究和在路面工程中的应用研究。通过大量的试验研究，研究人员利用湿排粉煤灰制备出了性能良好的粉煤灰混凝土，并在兴安盟铺设了粉煤灰混凝土路面试验段。这一段工作经历使我们认识到在内蒙古自治区使用粉煤灰混凝土，尤其是用于路面工程，确实有其特殊性，因此需要将一些特有的技术或工法加以总结和介绍，以便供类似的工程实践参考。

有关粉煤灰混凝土的规范、标准和指南已经为数不少，但针对内蒙古自治区特殊气候条件下湿排粉煤灰配制混凝土的相关技术文件却难以寻觅，本指南试图弥补这方面的不足。

本技术指南共分7部分。主要内容包括：粉煤灰混凝土原材料、干排粉煤灰混凝土配合比设计、湿排粉煤灰混凝土配合比设计、粉煤灰混凝土的施工、粉煤灰混凝土的质量检验。

为了进一步提高技术指南质量和实施效果，请有关单位在执行技术指南过程中，注意积累资料，总结经验，将建议和有关信息反馈到科研课题组，以便再次修订时参考。

目　　录

1 总则

1.0.1 本技术指南规定了满足水泥混凝土路用性能要求的内蒙古自治区粉煤灰和粉煤灰混凝土的技术要求、试验方法、施工控制要点和质量检验方法。

1.0.2 本技术指南适用于内蒙古自治区掺粉煤灰的水泥混凝土路面。

1.0.3 粉煤灰路面除满足内蒙古自治区建设实际要求,还应符合现行国家相关标准的规定。

1.0.4 本技术指南是根据目前粉煤灰在内蒙古自治区的应用情况,用于指导内蒙古自治区公路建设者将粉煤灰有效地应用于道路混凝土中。

1.0.5 本技术指南中对干排和湿排粉煤灰的应用技术要点做了明确规定,包括粉煤灰的选择、混凝土配合比设计、施工工艺以及质量检验。

1.0.6 干排和湿排粉煤灰首先要满足国家的技术标准。湿排粉煤灰要依据相关技术条例制成一定含水率的灰浆后加以应用。

1.0.7 粉煤灰混凝土配合比是在基准配合比之上作出调整而成的,应用粉煤灰时应参考相关技术规范、规程和条例。

1.0.8 本技术指南由内蒙古自治区省际通道建设管理办公室和武汉理工大学负责解释。

2 名词术语

2.0.1 粉煤灰:电厂煤粉炉烟道气体中收集的粉末。

2.0.2 干排粉煤灰:除尘器收集的含水率小于1%的粉煤灰。

2.0.3 湿排粉煤灰:除尘器收集的用水力排放的粉煤灰。

2.0.4 配合比设计:按原材料性能及对混凝土的技术要求进行计算,并经实验室试配及调整,然后定出满足设计和施工要求并比较经济合理的各主要原材料的用量比例。

2.0.5 高性能混凝土:在常规混凝土基础上,通过加入矿物掺和料、化学外加剂等措施而制成的性能优异的混凝土。高性能混凝土具有良好的工作性、优异的耐久性、满足要求的力学性能和抗裂性能以及环境友好特性。

2.0.6 高性能粉煤灰混凝土:在混凝土中掺入一定量粉煤灰而制成的高性能混凝土,其工作性、耐久性和体积稳定性等方面可得到显著的改善。

2.0.7 粗集料:粒径大于4.75mm的碎石、砾石和破碎砾石。

2.0.8 细集料:粒径小于4.75mm的天然砂、人工砂。

2.0.9 外加剂:在混凝土搅拌之前或拌制过程中加入的、用以改善新拌混凝土和(或)硬化混凝土性能的化学添加物,其掺量通常不大于水泥质量的5%。

2.0.10 等量取代:以同等质量的粉煤灰取代混凝土中相同质量的水泥。

2.0.11 超量取代:同等混凝土强度等级条件下,粉煤灰掺入量超过其取代的水泥用量。

2.0.12 超量系数:粉煤灰掺入量与其所取代水泥量的比值。

3 粉煤灰混凝土原材料

3.1 水泥

3.1.1 水泥宜选用硅酸盐水泥或普通硅酸盐水泥,混合材宜为矿渣。不宜使用早强水泥。

3.1.2 水泥的技术指标应满足国家标准《通用硅酸盐水泥》(GB 175—2007)的要求。

3.2 粉煤灰

3.2.1 干排粉煤灰应选用品质稳定的产品;湿排粉煤灰应选择稳定的湿排灰场来源。

3.2.2 干排粉煤灰应满足国家标准《用于水泥和混凝土中的粉煤灰》(GB 1596—2005)。

3.2.3 湿排粉煤灰除了满足干态下的国家技术等级标准外,还需要满足表3.2.3的湿排粉煤灰选取技术要求。

湿排粉煤灰选取技术要求 表3.2.3

细度(80μm)	颜　色	取灰方式	现场堆放
细腻	浅灰色	分层取灰	避免与泥土混合

注:选取的湿排粉煤灰时需注意灰场可能存在的分层现象,通常应剥离含杂质较多的表层,应在不同位置和高度分别取样,通过检验分析,确定粉煤灰取样范围,并根据现场情况决定以人工方式或机械方式取样,以确保粉煤灰的质量。

3.3 细集料

3.3.1 细集料应选用级配合理、质地均匀坚固、吸水率低、空隙率小的洁净天然中粗河砂。不宜使用山砂。

3.3.2 细集料的粗细程度按细度模数分为粗、中、细三级,配制混凝土时宜优先选用中级细集料。

3.4 粗集料

3.4.1 粗集料应选用级配合理、粒形良好、质地均匀坚固的洁净碎石,也可采用碎卵石。

3.4.2 粗集料应选用品质、级配和料厂均稳定的产品。

3.4.3 粗集料应采用二级或多级级配,形成密实的堆积密度。

3.5 减水剂

3.5.1 宜采用减水率高、坍落度损失小、适量引气、能明显提高路面耐久性且质量稳定的产品。不宜选用早强型外加剂。

3.5.2 混凝土外加剂的各项性能应满足国家标准《混凝土外加剂》(GB 8076—1997)。

3.6 水

3.6.1 拌和水可采用无污染的河水、地下水或饮用水。

3.6.2 拌和水不宜采用含氯盐、硫酸盐等矿物质含量高的水,尤其针对于内蒙特殊的地理环境。

4 干排粉煤灰混凝土配合比设计

4.0.1 根据《公路水泥混凝土路面设计规范》(JTG D40—2002)和《普通混凝土配合比设计规程》(JGJ 55—2000)设计满足要求的水泥混凝土路面的配合比。

4.0.2 根据国家标准《粉煤灰在混凝土和砂浆中应用技术规程》(JGJ 28—86)规定进行粉煤灰掺配方式,目前常采用等量取代法、超量取代法和外加法等,宜采用超量取代法。超量系数的选择可根据国家标准《粉煤灰混凝土应用技术规范》(GBJ 146—90)确定。

(1)计算基准路面混凝土配合比:根据配合比设计方法,计算得基准配合比 m_{co}(水泥)、m_{wo}(水)、m_{Go}(粗集料)、m_{so}(细集料)。

(2)选定粉煤灰取代水泥的掺量百分率 f(%)和粉煤灰超量系数 δ_f,粉煤灰取代水泥的掺量百分率 f(%)粉煤灰超量系数 δ_f 的选择,根据粉煤灰的等级按表4.0.2选用。

粉煤灰超量系数 表 4.0.2

粉煤灰级别	超量系数 δ_f	粉煤灰级别	超量系数 δ_f	粉煤灰级别	超量系数 δ_f
I	1.1 ~ 1.4	II	1.3 ~ 1.7	III	1.5 ~ 2.0

(3)计算粉煤灰取代水泥量、超量部分质量和总掺量计算如下：

①粉煤灰取代水泥量：

$$m_{f1} = m_{co} \cdot f(\%) \tag{4.0.2-1}$$

②粉煤灰超量部分质量：

$$m_{f2} = m_{f1}(1 - \delta_f) \tag{4.0.2-2}$$

③粉煤灰总掺量：

$$m_f = m_{f1} + m_{f2} \tag{4.0.2-3}$$

(4)计算粉煤灰混凝土的单位水泥用量：

$$m_{cf} = m_{co} - m_{f1} \tag{4.0.2-4}$$

(5)计算粉煤灰混凝土的单位砂用量：

$$m_{sf} = m_{so} - \frac{m_{f2}}{\rho_f} \cdot \rho_S \tag{4.0.2-5}$$

(6)确定粉煤灰混凝土各种材料用量。由已计算得 m_{cf}、m_{sf}，取 $m_{Gf} = m_{Go}$、$m_{wf} = m_{wo}$，得到粉煤灰混凝土各材料用量 m_{cf}、m_{sf}、m_{Gf}、m_{wf}、m_f。

4.0.3 经试拌调整，并满足设计要求的抗折强度和路面耐久性能后，提出试验室配合比。

5 湿排粉煤灰混凝土配合比设计

5.0.1 为方便现场施工过程中进行组分控制，湿排粉煤灰采用悬浮浆体形式加入到混凝土中。

5.0.2 通过加入额外水使得粉煤灰浆体的含水率为50%，形成悬浮浆体，具体流程如图 5.0.2 所示。

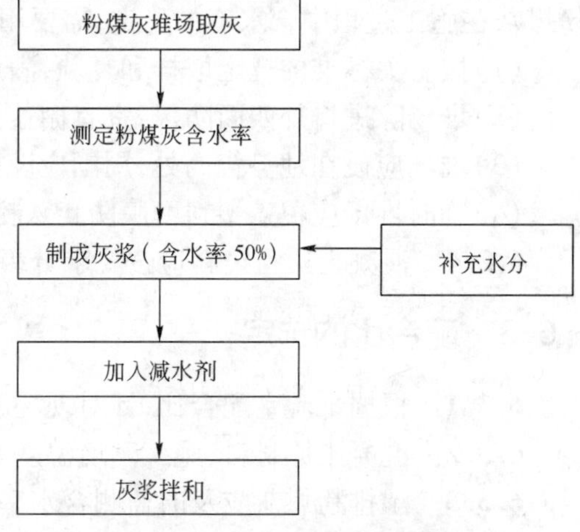

图 5.0.2 粉煤灰制浆流程图

5.0.3 在保证连续作业的情况下，需要定时测量湿排粉煤灰的含量，确保粉煤灰需水量和浆体含量（50%）的准确性，或采用特殊仪器（如插针式细颗粒物体含水率测定仪）进行粉煤灰含水率的即时监测。

5.0.4 根据上述 4.0.2 项的配合比设计结果，即干排粉煤灰混凝土各材料用量 m_{cf}、m_{sf}、m_{Gf}、m_{wf}、m_f，进行湿排粉煤灰混凝土路面配合比设计。

(1)配合比中湿排粉煤灰浆量：

$$m_{fo} = m_{sf}/0.5$$

(2)湿排粉煤灰混凝土的需水量：

$$m_{wk} = m_{wo} - m_{sf}$$

(3)计算得到湿排粉煤灰混凝土各材料用量 m_{cf}（水泥）、m_{fo}（粉煤灰浆）、m_{Gf}（粗集料）、m_{wk}（水）、m_f。

5.0.5 根据上述设计的湿排粉煤灰混凝土经试拌调整，并满足设计要求的抗折强度和路面耐久性能后，得到试验室配合比。

6 粉煤灰混凝土的施工

6.1 施工前准备

6.1.1 针对干排粉煤灰和湿排粉煤灰混凝土的不同设计要求、施工工艺和施工环境等特点,会同设计、监理各方,共同制定施工全过程的质量控制与保证措施。

6.1.2 应制订严密的施工技术方案,特别是制订明确的原材料堆放和检测、粉煤灰的掺配方式和粉煤灰混凝土的养护措施方案。

6.1.3 应制订严密的施工技术方案,特别是制订明确的原材料堆放和检测、粉煤灰的掺配方式和粉煤灰混凝土的养护措施方案。

6.1.4 应建立完善的质量保证体系和健全的施工质量检验制度,加强对施工过程每道工序的检验,发现与规定不符的问题应及时纠正,并按规定做好记录。

6.1.5 应根据设计要求、施工要求及工程性质,在施工现场建立相应的试验室。

6.1.6 施工前形成的主要施工技术文件至少应包含以下内容:

(1)混凝土原材料的质量及检验结果,特别是粉煤灰来源检测。

(2)落实混凝土配合比设计所提出的特殊要求的具体措施。

(3)按照混凝土路面验收标准的要求进行预留试件的标准。

(4)混凝土搅拌、运输、浇筑、振捣、养护等工序的施工质量控制措施。

6.2 原材料储存与管理

6.2.1 混凝土原材料进场后,应对原材料的品种、规格、数量及质量证明书等等进行验收核查,并按有关标准的规定取样和复验。经检验合格的原材料方可使用。

6.2.2 混凝土用水泥、干排粉煤灰、外加剂等应采用散料仓分别存储。袋装粉状材料在运输和存放期间应用专用的库房(或临时盖起的堆放库房),不得露天堆放,且应特别注意防潮。

6.2.3 湿排粉煤灰应在指定的堆场存储,防风防潮,避免与泥土和砂石混合。为保证同一批湿排粉煤灰在施工过程中含水率的稳定,需要用塑料薄膜覆盖湿排粉煤灰料堆。具体符合下列规定:

(1)按有关标准的规定取样和复验,满足质量要求后进场。

(2)堆场除进口外四面防风,宜有棚盖。

(3)堆场应设在地势较高处,周围应设排水沟。

(4)临时堆场应覆盖塑料薄膜防止灰粉散失和雨水淋浇。

6.2.4 混凝土用粗集料应按要求分级采购、分级运输、分级堆放、分级计量。

6.3 配合比的选定

6.3.1 根据试验室配合比,针对现场原材料复查混凝土拌和物的工作性能、力学性能和耐久性能。

6.3.2 混凝土原材料、施工环境温度等发生较大变化时,应及时调整混凝土配合比。

6.3.3 湿排粉煤灰应及时监测含水率,根据检测结果及时调整混凝土配合比用水量,确保混凝土质量的稳定。

6.4 混凝土搅拌

6.4.1 混凝土原材料应严格执照施工配合比要求进行准确称量,称量最大允许偏差应符合国家规定。

6.4.2 搅拌混凝土前,应严格测定粗细集料、湿排粉煤灰的含水率,准确测定因天气变化而引起的粗细集料含水率变化,以便及时调整施工配合比。一般选择典型测量点,对含水率每班至少检测2次。

6.4.3 干排粉煤灰宜与水泥、细集料和粗集料同时加入搅拌机进行拌和,并适当延长拌和时间30~60s。

6.4.4 粉煤灰浆体的配制利用小型混凝土拌和机连续均匀制备。根据湿排粉煤灰含水率的测定结果添加额外的水,在保证连续作业的情况下,使得粉煤灰浆体易于拌和均匀,且可以保证粉煤灰需要量的准确性。

6.4.5 配制粉煤灰灰浆时,采用必要的措施将表层悬浮的煤炭粉清除。可通过孔径为2.36mm的网筛将其清除,同时在加入混凝土强制搅拌机时,进行二次过滤。

6.5 粉煤灰混凝土施工工艺

6.5.1 大型路面施工可利用混凝土罐车将拌和好的混凝土运至浇筑点,而对于规模不大的工程可采用小型自卸车并加以覆盖。根据运输距离的长短,加入适量的减水剂和缓凝剂以保证新拌混凝土具有良好的工作性能,防止过多蒸发水和水化失水,避免因运输的颠簸和振动使混凝土发生离析。

6.5.2 布料。要特别注意布料的均匀性,准确控制布料高度。铺料之前,基层应清扫干净,并洒水润湿。多点卸料,均匀卸料,并人工找平。

6.5.3 密排振实。振捣密实以拌和物中粗集料停止下沉,表面不再冒泡,并泛出水泥浆为准,注意不要过振。排式振捣机应匀速缓慢、不间断地行进。

6.5.4 人工找补。三辊轴工作时,拌和物不能低于模板,否则三辊轴机振动提浆后,表面浆不均匀,水灰比大的稀浆会去填补凹陷处,在混凝土凝固后,这些部位的强度、抗滑性和耐磨性都较差,且容易产生收缩裂纹。但如果高出模板过多,会给三辊轴机的施工造成困难,容易偏斜。要适当铲除,低处要用同一批拌和物进行填补。

6.5.5 三辊轴整平作业。三辊轴整平机在一个作业长度内,应采用前进振动、后退静滚的方式作业。要注意观察混凝土拌和物表面的高低情况,积料过多时,应辅以人工铲除,轴下有间隙时,应采用同一作业单元内的拌和物找补。注意随时刮去模板顶上留下的余浆,以保证两根整平轴始终接触模板顶面,并随时观察模板的情况,如有松动、变形,应随时校正。振动滚压完成后,用整平轴前后静滚整平,其目的是整平,可以使表面砂浆的厚度和水灰比更加均匀。静滚遍数要足够多,一般为4~8遍,直到有良好的平整度为止。

6.5.6 精平饰面。三辊轴机基本整平路面后,表面砂浆沿纵向的厚度和水灰比都已达到均匀,但沿横向可能尚不均匀,应采用刮尺进行饰面。将刮尺纵向摆放,横向推拉,推拉应速率均匀,每次推拉一次完成,中间不停顿,并调整好刮尺底面与路面的角度,刮尺前缘应离开路面,使刮出的浆始终被赶到刮尺前面。待表面泌水蒸发消失,再使用刮板或抹刀进行1~2遍收浆饰面或抹光。

6.5.7 表面抗滑构造施工。精平饰面后,待新生混凝土路面的表面水分散失后,进行人工拉毛并得用压槽机具进行表面压槽处理。

6.5.8 养护与交通管制。整平饰面后,应及时进行养护,以保证混凝土强度顺利形成,宜采用塑料薄膜洒水养护。粉煤灰混凝土路面的养护期应长于普通混凝土,且在养护14d以后方可临时开放交通。对于温度湿度变化幅度较大的季节,应加强保温保湿措施。

7 粉煤灰混凝土的质量检验

7.1 一般规定

7.1.1 混凝土的质量检验分施工前检验、施工过程检验、施工后检验三种。

7.1.2 施工前对混凝土的力学性能和耐久性能检验合格后方可施工;施工过程中检验不合格时,

应分析原因,及时进行调整;施工后应与施工前、施工过程检验项目共同作为混凝土工程质量评定和验收的依据。

7.2 施工前检验

7.2.1 施工前必须核查混凝土原材料的合格证及出厂质量检验报告,并按要求项目进行复验,复验结果应满足相关技术要求。水泥出厂质量检验报告要包含水泥熟料的化学成分和矿物组成。粉煤灰混凝土的原材料应满足技术指南第3部分“粉煤灰混凝土原材料”中的相关规定。

7.2.2 施工前应对混凝土的工作性能、力学性能和耐久性能进行复检,满足相关国家设计规范。粉煤灰混凝土的力学性能检验建议采用56d龄期抗折强度为评价指标。

7.3 施工过程检验

7.3.1 对粉煤灰混凝土的原材料品质进行日常检验,应满足本技术指南的相关要求。

7.3.2 对混凝土拌和物的性能进行日常检验,检查结果应满足设计、施工及经批准的施工配比要求。

7.3.3 对混凝土力学性能进行日常检验,检查结果应满足设计和施工要求。

7.3.4 对混凝土耐久性进行抽检,检验结果应满足设计或相关技术条件要求。

7.3.5 如更换水泥、外加剂、矿物掺和料等主要原材料品种及规格,应重新进行混凝土配比选定试验,并对试验配比混凝土的拌和物性能、力学性能和耐久性能进行检验,检验结果分别满足相关要求。

7.3.6 对用于后期强度和耐久性抽验试件,应从同一批混凝土或同一车运送的混凝土中取出。

7.4 施工后检验

7.4.1 在养护期间后做完养护制度记录,并按规定进行养护。

7.4.2 混凝土养护结束后,应用肉眼或放大镜观察实体混凝土结构表面是否存在非外力裂缝。当混凝土表面出现非外力裂缝时,必须分析裂缝成因、危害程度,制定处理措施或者作出不需处理决定。

7.4.3 当施工过程中抽检的试件强度或耐久性不合格时,应按有关要求和途径对实体混凝土的质量及耐久性进行检测,评价混凝土材料质量。

7.4.4 依据相关规范对道路混凝土的路用性能进行评价。

盐碱干燥大温差条件下混凝土结构防护技术指南

主编单位：内蒙古自治区省际通道建设管理办公室

武汉理工大学

主要编制人员：

张　广　水中和　马世源　贾廷跃　万惠文

赵满喜　王桂明　万　山　刘金利　陈　伟

沈春华　王武峰　张建纲　徐锦平　袁新顺

占宝剑

编 制 说 明

《盐碱干燥大温差条件下混凝土结构防护技术指南》(以下简称技术指南)是根据内蒙古自治区交通厅科技项目“内蒙古自治区省际通道混凝土结构防护研究”的要求,配合内蒙古自治区省际大通道建设,并对大通道沿线进行了系统的调查研究的基础上,参考有关技术规范,由项目承担单位内蒙古自治区省际通道建设管理办公室、武汉理工大学共同编制完成。

内蒙古自治区横跨我国“三北”地区,境内盐碱化土壤较为普遍,混凝土结构长期处于盐碱环境中,容易导致混凝土结构盐碱病害。并且,内蒙古自治区大部分地区四季明显,春季大风干燥,夏秋季降水集中,冬季寒冷,昼夜温差大,环境和气候条件对混凝土结构形成了很大的危害。针对内蒙古自治区气候环境多变、土壤含盐碱高的特点,开展境内路桥混凝土结构防侵蚀、防病害技术研究,对延长路桥结构的使用寿命,保障混凝土结构安全具有重大意义。

在调查研究中发现,内蒙古自治区公路桥梁混凝土中大量存在各种类型病害,这些病害与当地的环境条件密切相关。内蒙古地区盐碱干燥大温差条件下混凝土结构防护研究是一个复杂的系统工程,应当积极采用新材料、新装备、新工艺和新技术,提高混凝土结构的耐久性能,并不断改进和充实本指南的关键技术。

本技术指南适用于内蒙古盐碱干燥大温差条件下开展的混凝土结构防护技术措施,也可供其他环境条件相似地区混凝土结构防护技术参考。本指南提供了两个技术途径开展对混凝土结构的防护,其一为通过对混凝土组成材料体系的优化,提高混凝土自身的抗侵蚀抗病害能力;其二是通过外加涂层对既有混凝土结构加以保护以延长其服役寿命。

本指南对内蒙古地区盐碱干燥大温差条件下混凝土结构防护工程提供参考和借鉴,实际执行时需结合工程要求制订具体计划。

本技术指南由内蒙古自治区省际通道建设管理办公室和武汉理工大学负责解释。

目　　录

1 总则

1.1 基本原则

1.1.1 贯彻科学发展观,坚持公路建设“三个服务”的理念,打造和谐公路、生态公路。

1.1.2 贯彻新时期公路设计的新理念,即六个坚持、六个树立。

1.1.3 安全第一、灵活设计,充分利用旧路,有效降低工程造价。

1.1.4 充分考虑沿线群众利益,促进区域交通、经济快速发展。

1.1.5 在遵循现有标准和规范的基础上,实施混凝土结构防护措施。

1.1.6 本指南未涉及的内容,应遵循现行标准、规范的相应要求。

1.2 关键内容

1.2.1 环境调查。

1.2.2 混凝土原材料的选择。

1.2.3 抗环境侵蚀混凝土配合比设计。

1.2.4 混凝土结构的涂层防护。

1.2.5 防护涂层质量检验。

1.3 适用范围

本技术指南适用于内蒙古自治区盐碱干燥大温差条件下开展的混凝土结构防护技术措施,也可供其他环境条件相似地区混凝土结构防护技术参考。

2 名词术语

2.0.1 混凝土耐久性

混凝土耐久性泛指混凝土抵御环境作用的能力,使结构混凝土在使用环境中的性能表现,与混凝土的渗透性能、力学性能、抗碳化能力等有密切的关系。

2.0.2 混凝土病害

混凝土结构在使用环境中出现劣化的现象,最常见的是混凝土中的钢筋锈蚀,其他如冻融破坏、硫酸盐侵蚀等,通常将病害分为物理、化学和电化学等方面的病害。

2.0.3 温度裂缝

混凝土受水泥水化放热、阳光照射、夜间降温等因素影响而出现冷热变化时,将发生收缩和膨胀,产生温度应力,温度应力超过混凝土抗拉强度时,即产生温度裂缝。

2.0.4 收缩裂缝

混凝土凝固时,一些水分与水泥颗粒结合,使体积减少,称为凝缩。另一些水分蒸发,使体积减小,称为干缩,凝缩和干缩合称为收缩。混凝土的干燥过程是由表面逐步扩展到内部的,在混凝土内呈现含水梯度。因此产生表面收缩大,内部收缩小的不均匀收缩,致使表面混凝土承受拉力,内部混凝土承受压力。当表层混凝土所产生的拉力超过其抗拉强度时,便产生收缩裂缝。

2.0.5 盐析

盐析指混凝土中盐类物质析出的晶体会和水分一起迁移到混凝土的表面,水分蒸发后留在混凝土表面。

2.0.6 盐碱侵蚀

水泥混凝土结构在盐碱侵蚀性介质中发生化学侵蚀和结晶膨胀导致混凝土耐久性劣化的现象。

2.0.7 氯盐侵蚀

氯盐侵蚀指混凝土中原生的和各种原因产生的缝隙,使周围空气、水和土壤中的氯离子到达钢筋表面,降低了混凝土的碱度(pH 值)。氯离子破坏钢筋局部表面上的钝化膜,会使得混凝土因钢筋锈蚀而开裂,导致桥梁、码头等基础设施耐久性失效。

2.0.8 硫酸盐侵蚀

指硫酸根离子由外界渗入到混凝土,与混凝土的某些成分发生化学反应而对混凝土产生腐蚀,生成膨胀性或者无强度的化学物质,从而使混凝土性能逐渐退化,这是一个复杂的物理化学过程。

2.0.9 冻融循环

冻融破坏指混凝土中的水结冰后体积膨胀,使混凝土产生微细裂纹,反复冻融又会导致裂缝扩展、表面剥落等现象。

2.0.10 外加剂

外加剂是在拌制混凝土过程中掺入,用以改善混凝土性能的化学物质。掺量不大于水泥质量的5%(特殊情况除外)。

2.0.11 矿物掺和料

在混凝土行业用于混凝土中的矿物外加剂称为矿物掺和料,也称为辅助性胶凝材料(Supplementary Cementing Materials,简称 SCMs)。

2.0.12 抗侵蚀性混凝土

以抗侵蚀为配合比设计原则之一,通过掺加化学和矿物外加剂来提高混凝土抗侵蚀性能得到的混凝土。

2.0.13 抗裂性评价

指通过相关试验来评价混凝土抵抗外力作用不发生裂缝的性能,有圆环法、平板法、开裂架法等。

2.0.14 氯离子扩散系数

即混凝土中氯离子迁移的扩散系数,可用来定量评价混凝土抵抗氯离子扩散的能力。

2.0.15 水泥基渗透结晶型防水涂料

水泥基渗透结晶型涂料由硅酸盐水泥和带有活性功能基团的化学复合物组成。该复合物以水为载体,通过渗透作用,使其特殊的活性功能组分在混凝土的微孔及毛细孔中传输,并发生结晶反应,形成不溶性的结晶体复合物。进而靠结晶体增长填塞毛细通道,使混凝土结构致密、抗渗。

2.0.16 防护涂层

为提高水泥混凝土结构抵抗外界环境侵蚀性介质的侵入,在结构表面涂抹上的一层具有防水抗渗功能的涂层即防护涂层。

3 环境调查

3.1 气象条件

对混凝土结构进行防护前应充分调查和搜集工程所在地的气象环境条件特征:包括历年气候、风力与风向、温度与湿度变化情况、日温差和年温差的波动范围等。

3.2 物化环境

调查混凝土结构所处的物理和化学环境的类型:主要包括潮湿条件、严寒和非寒冷地区的露天环境、水或土壤对混凝土结构腐蚀等级以及混凝土结构腐蚀原因及其病害类型。

4 混凝土原材料的选择

4.1 水泥

4.1.1 水泥宜采用品质稳定的低碱硅酸盐水泥或低碱普通硅酸盐水泥,也可采用磨细矿渣粉硅酸盐水泥或粉煤灰硅酸盐水泥。

4.1.2 为避免早期水化热过大引起收缩裂缝,应慎用早强水泥。

4.1.3 水泥进场时对其品种、包装或散装仓号、出厂日期进行检查,检查产品合格证和检验报告,并对强度、安定性进行复试。

4.1.4 水泥的技术要求应满足国家标准《硅酸盐水泥、普通硅酸盐水泥》(GB 175—1999)。

4.2 细集料

4.2.1 细集料应选用级配合理、质地均匀坚固、吸水率低、空隙率小的洁净天然中粗河砂。

4.2.2 细集料的粗细程度按细度模数分为粗、中、细三级,配制混凝土时宜选用合适细度的砂。

4.3 粗集料

4.3.1 粗集料应选用级配合理、粒形良好、质地均匀坚固的洁净碎石。

4.3.2 粗集料应选用品质、级配和料厂均稳定的产品。

4.3.3 粗集料应采用二级或多级级配,形成密实的堆积密度,不得使用不分级的统料。

4.3.4 粗集料宜选择与水泥石热膨胀系数相接近的集料,粗集料的热膨胀系数选择范围应满足表4.3.4要求。

粗集料的热膨胀系数选择范围 表4.3.4

集料的热膨胀系数选择范围[mm/(mm·℃)]	$6.0\times10^{-6}\sim28\times10^{-6}$

4.4 矿物掺和料

4.4.1 矿物掺和料应选用品质稳定的产品,其品种宜为粉煤灰、磨细粉煤灰或矿渣粉等。

4.4.2 粉煤灰的技术要求应满足国家标准《用于水泥和混凝土中的粉煤灰》(GB 1596—2005)。

4.4.3 矿渣粉的技术要求应满足国家标准《用于水泥和混凝土中的粒化高炉矿渣粉》(GB/T 18046—2000)。

4.5 外加剂

4.5.1 混凝土外加剂的各项性能应满足国家标准《混凝土外加剂》(GB 8076—1997)。

4.5.2 宜采用减水率高、坍落度损失小、适量引气、能明显提高混凝土耐久性且质量稳定的产品。

4.6 水

4.6.1 拌和水可采用无污染的河水、地下水或饮用水。

4.6.2 拌和水不宜采用含氯盐、硫酸盐等矿物质丰富的水,尤其针对于内蒙古自治区特殊的地理环境。

4.7 原材料储存与管理

4.7.1 原材料进场后,应对原材料的品种、规格、数量及质量证明书等进行验收核查,并按有关标准的规定取样和复验。经检验合格的原材料方可使用。

4.7.2 混凝土用水泥,粗、细集料,外加剂等应采用散料仓分别存储。袋装粉状材料在运输和存放期间应用专用的库房(或临时盖起的堆放库房),不得露天堆放,且应特别注意防潮。

5 抗环境侵蚀混凝土配合比设计

5.1 设计思路

5.1.1 对于新建混凝土结构,通过添加化学或矿物材料,改善水泥浆体内部的孔结构,促进二次化学反应的发生,提高化学反应程度,促进高稳定的水化产物形成,使界面过渡区和水泥浆体更加密实,从而阻止侵蚀性介质的渗入。

5.1.2 为控制由于大温差引起的不均匀变形损伤,对于新建的大面积薄壁混凝土结构,建议对粗集料的热膨胀系数加以控制,该性能指标以 $6.0\times10^{-6}\sim20\times10^{-6}$mm/(mm·℃)为宜。

5.2 配合比设计

5.2.1 根据规程《普通混凝土配合比设计规程》(JGJ 55—2000)、《混凝土泵送施工技术规程》(JGJ/T 10—95)设计满足要求的水泥混凝土配合比。

5.2.2 在满足混凝土工作性能的前提下,宜尽量采用低用水量、低水泥用量法则。在保证混凝土的抗裂性能的前提下,宜采用低水胶比法则。

5.2.3 在混凝土中掺加粉煤灰时,宜采用超量取代法,计算步骤如下。

(1)计算基准混凝土配合比。根据配合比设计方法,计算得到基准配合比 m_{co}(水泥)、m_{wo}(水)、m_{Go}(粗集料)、m_{so}(细集料)。

(2)选定粉煤灰取代水泥的最大掺量百分率 f(%)和粉煤灰超量系数 δ_f。f(%)和 δ_f 可分别按表5.2.3-1、表5.2.3-2 选择。

粉煤灰取代水泥的最大限量 表5.2.3-1

水泥种类	硅酸盐水泥	普通硅酸盐水泥	矿渣硅酸盐水泥	火山灰质硅酸盐水泥
粉煤灰取代水泥的最大限量 f(%)	50	40	30	20

粉煤灰超量系数 表5.2.3-2

粉煤灰级别	超量系数(δ_f)	附　注
I	1.1~1.4	混凝土强度为 C25 以下时取上限,为 C25 以上时取下限
II	1.3~1.7	
III	1.5~2.0	

(3)计算粉煤灰取代水泥量、超量部分质量和总掺量。

①粉煤灰取代水泥量:

$$m_{f1}=m_{co}\times f\% \tag{5.2.3-1}$$

②粉煤灰超量部分质量:

$$m_{f2}=m_{f1}(1-\delta_f) \tag{5.2.3-2}$$

③粉煤灰总掺量:

$$m_f=m_{f1}+m_{f2} \tag{5.2.3-3}$$

(4)计算粉煤灰混凝土的单位水泥用量:

$$m_{cf}=m_{co}-m_{f1} \tag{5.2.3-4}$$

(5)计算粉煤灰混凝土的单位砂用量:

$$m_{sf}=m_{so}-\frac{\rho_{f2}}{\rho_f}\rho_s \tag{5.2.3-5}$$

(6)确定粉煤灰混凝土各种材料用量。由已计算得 m_{cf}、m_{sf}，取 $m_{Gf}=m_{Go}$、$m_{wf}=m_{wo}$，得到粉煤灰混凝土各材料用量 m_{cf}、m_{sf}、m_{Gf}、m_{wf}、m_f。

5.2.4 根据国家标准《普通混凝土拌和性能试验方法标准》(GB/T 50080—2002)、《普通混凝土力学性能试验方法标准》(GB/T 50081—2002)的有关规定，进行混凝土的室内试拌和新拌混凝土性能的各项试验以及试件的力学性能试验和各项耐久性能试验。

5.2.5 掺矿渣粉混凝土的设计与制备参照有关标准规范执行。

5.3 抗腐蚀性混凝土的质量控制指标

5.3.1 首先应满足施工要求的最佳工作性能，其次应满足设计要求的强度和耐久性。

5.3.2 耐久性控制指标体系：①混凝土含气量为4%～6%；②混凝土抗冻性耐久性指数为80%～85%；③56d 电通量小于800C(1C＝1A·s)，或28d 氯离子扩散系数小于 $5\times10^{-12}m^2/s$。三个指标须同时考虑。

6 混凝土结构的涂层防护

6.1 基本要求

6.1.1 针对腐蚀环境下的既有混凝土结构，采用表面防腐蚀涂层加以防护，有利于提高混凝土结构抵抗环境侵蚀的能力，可作为改善混凝土耐久性的一项重要措施。

6.1.2 应做好防护设计的各项准备工作。开工前，针对不同水文地质和气候环境、施工工艺特点，会同设计、施工、监理单位进行技术交底，共同制定施工全过程的质量控制与保证措施。

6.1.3 应根据现场具体情况制订严密的施工技术方案，特别是制定明确的原材料堆放和检测、防护材料的施工工艺以及养护的措施。

6.1.4 施工时应严格按照规范的程序进行。施工人员应经过事先培训方可上岗操作。

6.1.5 进场涂层材料应有合格证和出厂检验报告。涂层材料产品(如渗透结晶型防水剂)必须密封存放在干燥场所，通常情况下存放期为1年，不得使用结团的变质产品。

6.2 防护涂装设计的原则

6.2.1 选择质量可靠、性能稳定、耐候性强的优质水泥基渗透结晶型涂料，其各项质量指标必须符合国家标准《水泥基渗透结晶型防水材料》(GB 18445—2001)要求。

6.2.2 涂层的设计寿命为5年，即涂层可对相应的混凝土结构部位有效防护达5年以上。

6.2.3 水泥基渗透结晶型防水涂料的施工见《水泥基渗透结晶型防水涂料工法》(YJGF 36—2002)，需满足桥梁整体建筑涂装面的美观性。

6.2.4 在满足上述要求的前提下，兼顾经济性、涂饰工艺、技术先进性、安全可靠和环境友好。

6.3 防护涂层的性能与施工要求

6.3.1 涂层应具有良好的装饰性和保色性、良好的耐水性，抗水性、良好的耐腐蚀性、良好的耐污染性。

6.3.2 涂层附着力不小于1级、涂层平整、耐磨，具有一定的弹性和韧性。

6.3.3 水泥基渗透结晶型涂层应厚薄均匀，不允许漏涂和露底，不符合要求的应修整重涂。

6.3.4 水泥基渗透结晶型涂层用量应符合规定要求，涂层单位面积质量应保证在0.8～1.5kg/m²

范围。当设计另有要求时按设计说明进行施工。

6.3.5 水泥基渗透结晶型涂层在施工养护期间不得损坏,否则需进行修补。

6.4 防护涂层施工前准备

6.4.1 基层处理

(1)一般混凝土基层处理

对于一般混凝土基层表面,用钢丝刷将浮浆、返碱、尘土等刷掉。对于混凝土表面有油污以及表面涂层等杂物的,用10%火碱水溶液除去混凝土表面的油污后,将碱液冲洗干净后晾干,用钢丝刷打磨一遍。对于非常光滑的混凝土浇筑面,先用打磨机或砂磨将表面打毛以增加涂层与基层的黏结性。在使用水泥基渗透结晶防水涂料前,混凝土表面必须再次用干净水冲洗,确保混凝土表面为饱和面干状态的粗糙面。

(2)喷射混凝土基层处理

对于喷射混凝土墙体,由于没有振捣过程,因此表面粗糙不平,内部存在较多孔隙,极易出现因多孔而引起的大面积渗漏。

①当无明显渗漏流水时,如有疏松基层部位,应凿至露出密实基层;如有尖锐棱角部位,应用砂轮将其磨至与基层基本相平;如有明显凹坑,应先用钢丝刷将浮浆、返碱、尘土等刷掉,再做一层防水砂浆(普通砂浆中加入水泥量的1% ~2%的水泥基渗透结晶防水涂料)至与基层相平。处理完后,用钢丝刷将浮浆、返碱、尘土等刷掉,用水冲洗干净,待无明水后涂刷一层水泥基渗透结晶防水涂料。

②当出现明显渗漏流水时,应先将渗漏缺陷部位凿成U形槽,除去浮浆和疏松基层,用水冲洗干净,先调制好水泥基渗透结晶型修补堵漏剂,然后将修补堵漏剂捏成略小于口子尺寸的料团,放置一会儿(以手捏有硬感为宜)后塞进漏水口,并用木棍挤压,轻砸使其向四周挤实,即可瞬间止漏;在漏水中心点周围50cm以内,检查是否存在疏松的潜在漏水部位。为防止周围渗水,应在修补堵漏剂硬化后,将漏水中心点周围50cm范围的喷射混凝土墙体表面用钢丝刷将浮浆、疏松部位刷掉,并用水冲洗干净,待无明水后,均匀涂刷水泥基渗透结晶型防水涂料作进一步的抗渗处理。

6.4.2 特殊部位处理

(1)对穿墙孔、结构裂缝(缝宽大于0.4mm)、施工缝等缺陷应凿成U形槽,槽宽20mm、深度25mm。用水冲刷干净并除去表面的积水,再涂刷渗透结晶灰浆到U形槽内,让灰浆达到初步固化(施工后8~10h之间),然后用锤子将渗透结晶涂料半干燥团料填满空穴并捣实。最后涂刷一层水泥基渗透结晶防水涂料。

(2)对蜂窝结构及疏松结构均应凿除,用水冲刷掉所有松动的杂物,直至见到坚硬的混凝土基层,并在潮湿的基层上涂刷一层水泥基渗透结晶防水涂料,随后用防水砂浆(普通砂浆中加入水泥量的1% ~2%的水泥基渗透结晶防水涂料)或防水细石混凝土(加入水泥量的1% ~2%的水泥基渗透结晶防水涂料)填补并捣固密实。最后涂刷一层水泥基渗透结晶防水涂料。

(3)对于有明水流出且水泥基渗透结晶防水涂料和防水砂浆无法止住的严重漏水点,用凿子将漏水部位凿开,找到真正的漏水点后,用清水将杂物冲洗干净,然后使用水泥基渗透结晶型修补堵漏剂将漏水点堵住(具体使用方法参照修补堵漏剂施工工法),除去积水后,在凿开部位涂刷水泥基渗透结晶防水涂料,用防水砂浆填实,最后再涂刷一层水泥基渗透结晶防水涂料。

6.5 防护涂层的配料

6.5.1 用于涂刷施工时,质量配合比为水泥基渗透结晶型防水涂料:水 = 1:(0.35 ~0.4)(视混凝土基面的湿润度而定),将计量过的涂料干粉和水倒入搅拌机内搅拌均匀,无搅拌设备时也可人工搅拌,但必须充分拌和均匀。

6.5.2 用于刮涂施工时,质量配合比为水泥基渗透结晶型防水涂料:水 = 1:(0.25 ~0.3)(视混凝土基面的湿润度而定)，将计量过的涂料干粉和水倒入搅拌机内搅拌均匀，无搅拌设备时也可人工搅拌，但必须充分拌和均匀。

6.5.3 用于喷涂施工时，质量配合比为水泥基渗透结晶型防水涂料∶水＝1∶(0.5～0.6)(视喷涂设备和混凝土基面的湿润度而定)，拌和方法同上。

6.5.4 用于填实孔洞、U形槽的半干燥团料质量配合比为水泥基渗透结晶型修补堵漏剂∶水＝5∶1，拌和10～15s即可使用。

6.5.5 配好的涂料在涂刷过程中应经常搅拌防止沉淀以保持料液均匀，特别注意不得向已经配好的涂料中另外加水。水泥基渗透结晶型防水涂料配制好后最好在30～60min内用完，半干燥团料应在混合后10min内用完。

6.6 防护涂层的施工

6.6.1 涂刷施工：采用半硬性的鬃毛刷蘸取配好的涂料均匀地涂刷在已经做好基层处理的湿润的混凝土表面。

6.6.2 刮涂施工：采用泥工刮刀将配好的涂料均匀地刮涂在已经做好基层处理的湿润的混凝土表面。

6.6.3 喷涂施工：采用专用喷涂设备将配好的涂料均匀地喷涂在已经做好基层处理的湿润的混凝土表面。喷枪的喷嘴必须垂直于混凝土基面，喷枪的喷嘴与混凝土基面的垂直距离不应大于0.5m。

6.6.4 水工工程、露天环境中使用的混凝土结构，应待其各种收缩、变形基本稳定后开始施工作业。对于地下工程，在保证尽快回填的情况下，迎土面允许拆模后即开始施工作业、水泥基渗透结晶型防水涂料用量控制在0.8～1.5 kg/m^2。当设计需要使用第二层修补堵漏剂时，可在第一层涂料达到初步固化后，即在施工后12～24h之间使用，且第二次涂刷时涂刷方向应该与第一次垂直。在涂刷第二遍涂料前，应将前一遍涂层浇水湿润(但不得有明水)，再刷第二层涂料、气温低于4℃或者雨前无防水措施情况下，该材料不宜施工。

6.7 防护涂层的养护

6.7.1 当水泥基渗透结晶型涂层固化到不会被喷洒水损害时(8～24h)开始养护，养护时间不少于72h，每天喷洒水至少4～5次，使之处于润湿状态，但不得用水浸泡养护。有条件最好使用湿草包覆盖养护。在夏季天气炎热时，应增加喷水次数。在冬季养护时应加盖草包防冻。由于水泥基渗透结晶型涂层在养护期需要与空气直接接触来确保养护成功，故严禁采用不透气的塑料薄膜等材料直接覆盖在涂层上。

6.7.2 对于常年环境湿度大于80%或处于周围地下水源丰富环境下的地下工程、山体洞库等，在涂料施工完毕第一次洒水养保后，可以不再洒水养护，不影响涂料的抗渗性能。

6.7.3 养护过程中，水泥基渗透结晶型涂层必须避免雨水、大风、日晒、霜冻和泥浆的侵蚀。

6.7.4 对于要用于存放液体的结构物，如水池，至少应保持7d的养护，在12～18d的完全固化期之后方能注水投入使用。

6.7.5 如果空气流通条件差，如沉箱或小的封闭的沉井，宜使用风扇或鼓风设备送风，以保证涂料接触足够的空气。

6.7.6 进行地下结构外墙防水施工时，涂刷水泥基渗透结晶型涂料36h后可回填湿土，7d内不可回填干土，以避免回填土从水泥基渗透结晶型涂料中吸收水分而影响渗透效果。

6.8 干燥大温差条件下的特殊要求

6.8.1 在满足一般养生要求的基础上，对于干燥大温差条件下的混凝土养生应该予以加强。应每天记录大气气温的最高和最低温度以及天气的变化情况，并记录养护方式和制度。

6.8.2 对于采用覆盖养生的混凝土结构,覆盖设施应当将结构尽量覆盖严实,防止水分散失。应及时洒水,保持混凝土表面始终处于潮湿状态,每天的洒水次数应当较普通环境下的次数多。

6.8.3 在大风天气,混凝土结构表面的覆盖物应采取捆扎措施或边角压放重物,保证混凝土严密覆盖,防止覆盖物被风吹散。

6.8.4 干燥、高温条件下的养生时间应适当延长,且不宜少于14d。

6.8.5 昼夜温差大于10℃以上的地区或日平均温度小于或等于5℃施工的混凝土结构,应采取保湿保温养护措施。

7 防护涂层质量检验

7.1 一般规定及检验依据

7.1.1 混凝土的质量检验分施工前检验、施工过程检验、施工后检验。

7.1.2 各部、委颁发的有关施工标准、规范、设计文件,主要依据为《水泥基渗透结晶型防水材料》(GB 18445—2001)、《水泥基渗透结晶型防水涂料工法》(YJGF 36—2002)和《建筑涂饰工程施工及验收规程》(JGJ/T 29—2003)。

7.2 检验内容

7.2.1 检验内容应当包括:防护涂料进场前性能检测、防护涂层基层处理检测、涂层厚度、外观、附着力等相应检测。

7.2.2 实际效果观察:对于采用防腐涂层的结构部位,应加以跟踪观察,并与类似情形的混凝土结构进行对比,以检验实际效果。

一级公路交通安全设施设计技术指南

主编单位： 内蒙古自治区省际通道建设管理办公室

北京中咨正达交通工程科技有限公司

主要编制人员：

张　广　辛国树　陈剑威　万　山　贾廷跃

马骏原　刘金利　李先锋　陈国龙　罗石贵

程苏沙　郑向雷　陈　倬　陶祥林　肖春平

编 制 说 明

随着内蒙古自治区国省干线公路等级的全面提高和全社会对交通安全问题的日益关注,内蒙古自治区一级公路的勘察设计理念不断提升,技术不断进步,水平不断提高。同时,伴随着内蒙古自治区社会经济的发展,内蒙古自治区政府交通行业主管部门也对安全设施的设计质量提出了越来越高的要求。为了更好的利用新技术、新成果,进一步提高一级公路交通安全设施设计水平,在内蒙古自治区交通厅科技项目“内蒙古自治区一级公路交通安全研究”课题的基础上,内蒙古自治区省际通道建设管理办公室和北京中咨正达交通工程科技有限公司广泛吸取了国内外其他单位研究成果和工程设计经验,编制《一级公路交通安全设施设计技术指南》(以下简称《设施设计指南》),以指导内蒙古自治区一级公路交通安全设施的设计。

本《设施设计指南》基于现行的交通法律法规、交通工程标准规范和相关的公路工程技术规范,结合内蒙古自治区一级公路的路线特征、交通特性、环境特点进行编写,以满足内蒙古自治区一级公路建设发展的需要,是标准、规范的补充、延伸和应用。

本《设施设计指南》分为11部分,分别是:1. 总则;2. 名词术语;3. 设施规模的选用;4. 标志;5. 标线;6. 护栏、缓冲吸能设施及隔离设施;7. 防眩设施;8. 视线诱导设施;9. 里程标和百米牌;10. 桥梁护网;11. 设施配合与设计方案。

与相关标准和规范相比,本指南主要对以下内容进行了修改和规定:

1 明确了内蒙古自治区一级公路交通安全设施规模,并对规模的选取进行了相关规定。

2 明确了标志版面设计中蒙汉文字的排列顺序和文字高宽比选取原则,从经济性的角度出发,细化了标志反光膜等级选取条件。

3 增加了标志的设置间距要求和路侧安全净区内标志处理原则。

4 新增了不同平面交叉口条件下的指引体系,提出了路权分配的原则。

5 补充了“以车速定义车道”标志、建议速度标志、减速设施预告和警告标志等设计、设置要求。

6 增加了视觉减速标线、振荡减速标线的设计原则和设置条件,并提出了标线排水的要求。

7 补充了积雪、风吹雪雪害路段护栏的设置原则,引入了护栏碰撞后最大动态横向位移和车型混入比例对护栏设置的考虑。

8 提出了实际交通量尤其是夜间交通量对一级公路防眩设施设计的考虑。

9 更新了一级公路里程标、百米牌形式。

10 分析了内蒙古自治区一级公路常见的安全隐患路段,并针对路段各自特征提出了综合处治设计方案。

为了进一步提高本技术指南质量和实施效果,请有关单位在执行技术指南过程中,注意积累资料,总结经验,将建议和有关信息反馈到科研课题组,以便再次修订时参考。

目　　录

1　总则

1.0.1　目的

为适应内蒙古自治区一级公路建设的可持续发展,从内蒙古自治区一级公路的特点出发,规范一级公路交通安全设施设计,保障一级公路交通参与者的安全,创建安全、和谐的道路交通环境,特制定本技术指南。

1.0.2　依据(规范性引用文件)

(1)本指南编制主要依据有关法律法规、标准规范和最新相关研究成果,结合内蒙古自治区实际情况编制,是标准、规范的补充、延伸和应用。

(2)依据的法律法规主要有《中华人民共和国公路法》、《中华人民共和国道路交通安全法》等。

(3)依据的标准规范主要有《道路交通标志和标线》(GB 5768—1999)、《公路交通安全设施设计规范》(JTG D81—2006)、《公路工程技术标准》(JTG B01—2003)、《内蒙古自治区公路风吹雪雪害防治技术》(DB15/T 435—2006)等。

(4)依据的研究成果主要有《内蒙古自治区一级公路交通安全研究报告》、《公路交通标志和标线设置规范》(征求意见稿)、《公路安全保障工程实施技术指南》等。

(5)本指南参考的相关法律法规、标准规范变更时自动替换。

1.0.3　设计原则与指导思想

根据内蒙古自治区一级公路的特点,安全设施设计应以"**安全、规范、适用、节约**"作为设计原则,以"降低速度差为目标、完善交叉口为重点、明确路权为主导"作为指导思想。

1.0.4　设计内容

一级公路交通安全设施设计的内容主要包括交通标志、标线、护栏、缓冲及隔离设施、防眩设施、视线诱导设施、里程标、百米牌和桥梁护网等。

1.0.5　适用范围

本指南适用于内蒙古自治区内新建、改扩建的一级公路的交通安全设施设计,同时还可供内蒙古自治区一级公路交通安全设施的管理、养护参考。

2　名词术语

2.0.1　一级公路:一级公路为供汽车分向、分车道行驶,并可根据需要控制出入的多车道公路。

2.0.2　设计速度:公路设计时确定几何线形的基本要素。它是在气象条件良好,车辆行驶只受公路本身条件影响时,具有中等驾驶技术的人员能够安全、舒适驾驶车辆的速度。

2.0.3　运行速度:当交通处于自由流状态,且天气良好时,在路段特征点上测定的第 85 个百分位上的车速。

2.0.4　限制速度:依据法律规定的车辆在道路上行驶的最高(或最低)速度,或者是道路管理部门在综合考虑道路条件、交通流情况、天气与事故、管理现状等因素的基础上确定的安全车速。

2.0.5　建议速度:在道路某些特定地点(如平曲线段、平面交叉口、或陡下坡处等),为保障行车安全及舒适性,建议驾驶员宜采用的行车速度。

2.0.6　长直线路段、长直线末端:长直线路段指长度(单位:m)大于 $20v$(v:设计速度,单位以 km/h 计)的直线路段(含曲线半径超过 7 000m 路段)。长直线末端指大于 $20v$ 的长直线后续路段。

2.0.7　路侧安全净区:公路上行车方向最右侧行车道以外、相对平坦、无障碍物、可供失控车辆重新返回正常行驶路线的带状区域。

2.0.8　以车速定义车道标志:通过最高、最低限速来定义快、慢车道,用以指导车辆根据自身速度选择合适行车道行驶的标志。

2.0.9 隔离设施:用以阻止人、畜、车辆进入公路或其他禁入区域,防止非法侵占公路用地和造成交通组织混乱行为发生的设施。

2.0.10 缓冲吸能设施:通过吸能系统使正面、侧面碰撞的车辆平稳停车或改变行驶方向以避免车辆碰撞危险物或减轻碰撞程度的设施。

2.0.11 视线诱导设施:用于引导驾驶员视线、显示行进前方道路线形与状况的设施。

2.0.12 风吹雪、风吹沙:降雪时或降雪后,风力达到一定强度时,风吹扬雪粒形成风雪流。从风雪流的形成到积雪的全过程称为风吹雪。沙地、沙漠地区,风力达到一定强度时,风吹沙粒形成风沙流。从风沙流的形成到积沙的全过程称为风吹沙。

3 设施规模的选用

3.1 一般规定

(1)一级公路交通安全设施设置的规模应根据公路功能、交通量、控制出入需求、建设资金等情况,参照《公路工程技术标准》(JTG B01—2003)9.0.2条、9.0.4条相关规定,适当选取B级和C级。

(2)在集散一级公路实际承担干线一级公路功能的情况下,安全设施的设置规模应从C级提升至B级。

(3)一级公路的交通安全设施应视交通量增长、交通事故率等逐步补充完善。

3.2 设施规模的选用

(1)结合自治区实际情况,考虑人、车、路和环境的不同,自治区干线一级公路安全设施规模划分为B-I和B-II两类,集散一级公路安全设施规模划分为C-I和C-II两类。

(2)干线一级公路安全设施设置基准规模为B-II类,集散一级公路安全设施设置基准规模为C-II类。

(3)B-II类规模和C-II类规模为《公路工程技术标准》(JTG B01—2003)所规定的B级规模和C级规模,B-I类规模和C-I类规模是在B-II、C-II类规模基础上,完善了安全设施的类别,严格了部分安全设施的执行程度,具体详见附录D。

(4)在平面交叉口密度大、运行速度高的一级公路路段,宜采用I类规模。

(5)在沿线人口文化水平相对较低、恶劣气候时间较长的路段,宜采用I类规模。

(6)在填土高度较高、交通量较大、车辆构成复杂等路段,宜采用I类规模。

(7)设计者在确定不同公路、或同一公路不同路段的安全设施配置规模时,应综合考虑公路线形、平面交叉口密度、运行速度、填土高度、交通量、车辆构成、沿线人口文化水平、气候条件等因素对交通安全影响。

4 标志

4.1 一般规定

(1)一级公路交通标志的分类、形状、图案、颜色、文字、规格,除本指南中明确提出的补充、修改规定条文以外,其他均应符合现行《道路交通标志和标线》(GB 5768—1999)的规定。

(2)一级公路交通标志的设计还应符合《公路交通安全设施设计规范》(JTG D81—2006)、《公路交通安全设施设计细则》(JTG/T D81—2006)等现行技术标准和规范要求。

(3)一级公路交通标志的设置,应以不熟悉周围路网体系的公路使用者作为设计考虑对象。标志信息应系统、规范、连续,避免信息过载或信息不足。

4.2 版面布置

4.2.1 标志颜色

一级公路各类交通标志文字、图案应符合现行《道路交通标志和标线》(GB 5768—1999)的相关规定。此外,一级公路交通标志的衬底色还应符合以下规定:

(1)警告标志黄色。

(2)禁令标志白色。

(3)指示标志蓝色。

(4)里程标、百米牌采用蓝色。

(5)具有干线功能且规划将要实施"一改高"工程的一级公路,指路标志版面衬底宜采用绿色,其他情况下的一级公路指路标志版面衬底应采用蓝色。

4.2.2 标志形状及尺寸

本指南新增标志,其形状、尺寸应根据标志种类的不同,依据现行《道路交通标志和标线》(GB 5768—1999)相关规定进行选取。

4.2.3 标志版面文字

(1)标志版面文字采用蒙汉文对照,两种文字的排列顺序应符合自治区相关法律法规的要求,通常为蒙文在上,汉文在下或蒙文在左,汉文在右。

(2)标志版面文字字体应采用《国家高速公路网相关标志更换工作实施技术指南》中的交通标志专用字体。

(3)版面设计蒙、汉文字等高,字高应采用设计速度参照表4.2.3的规定选取。

汉、蒙文字高与设计速度的关系 表4.2.3

设计速度(km/h)	120	100	80	60	40
汉、蒙文字高(cm)	60、70	50、60	50、60	40、50	40

(4)汉字高宽比宜选用1:1,在地名字数较多的情况下高宽比可按1:0.8设计,但不宜大于1:0.75,见图4.2.3。

图4.2.3 汉字宽高比1:1(左)与1:0.8(右)对比

4.3 支撑方式与结构设计

(1)一级公路交通标志的支撑方式可分为柱式、悬臂式、门架式和附着式四种。

(2)支撑方式的选择应根据交通量、车型组成、车道数、沿线构造物分布、风荷载大小以及路侧条件等因素综合确定。

(3)设计基本风速应采用当地平坦空旷地面,离地10m高,重现期为50年10min平均最大风速值,并不得小于22m/s。

4.4 标志材料

4.4.1 交通标志板及支撑结构材料

(1)交通标志板和支撑结构所使用的材料应具有足够的强度、耐久性和抗腐蚀能力。

(2)对于易被盗的单柱式标志宜采用低回收利用价值材料的面板及结构。

4.4.2 反光膜材料

反光膜等级的选取除应符合《道路交通标志和标线》(GB 5768—1999)等现行标准和规范要求外,还应综合考虑一级公路功能、标志结构、类型、工程造价等多方面因素,具体选择可参考表4.4.2。

反光膜等级选择

表4.4.2

一级公路安全设施分级	标志结构	标志类型	反光膜等级
B级(B-I、II)	悬臂式、门架式	所有	一级
	柱式	警告、禁令	一级、二级
	柱式	指示、指路标志	二级
C级(C-I、II)	所有	所有	二级

4.5 设置位置

(1)标志设置不得侵占公路建筑限界,悬臂、门架等悬空标志净空高度应为520~550cm。

(2)标志设置前后不得相互遮挡,间距应大于标志的认读距离,前后两块标志间推荐距离为90m以上(不得低于60m)。

(3)在服务区、检查站、收费站等设施合建的情况下,应适当合并标志信息,统一设置指路预告标志,避免标志林立。

(4)位于路侧安全净区内的交通标志,应在立柱的迎车方向设置红白相间的反光立面标记进行轮廓警示,最高处的红色标记粘贴与标志相同等级的反光膜,以保障夜间的提示效果。

4.6 交叉口标志

4.6.1 交叉口指路标志设置

平面交叉口指路标志应根据与一级公路相交公路的等级、功能进行设置。

(1)当被交公路为国道、省道时,一级公路采用指路预告标志、指路告知标志、指路确认标志的三级指引体系。

预告标志预告距前方平面交叉口的距离、前方相交的道路名或编号以及相交道路左右可以到达的地点名称;指路告知标志中结合道路交叉图形增加方向指示,告知相交道路编号、左右可到达的地名、前方控制性地点信息以及本路路线名称;指路确认标志明确前方所要经过的重要地点和距离,地名由近及远,从上而下排列,见图4.6.1-1~4.6.1-3。

图4.6.1-1 指路预告标志

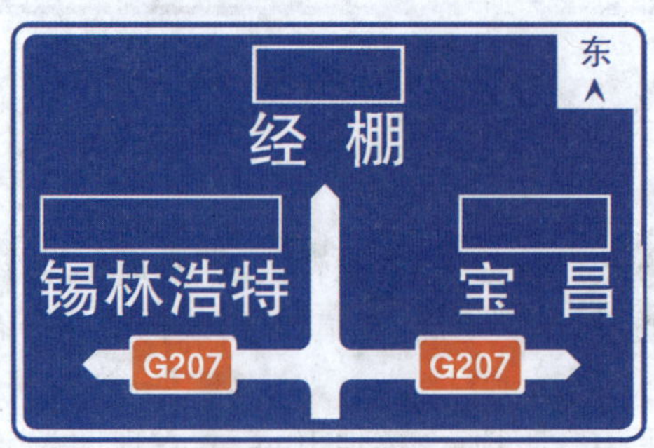

图4.6.1-2 指路告知标志

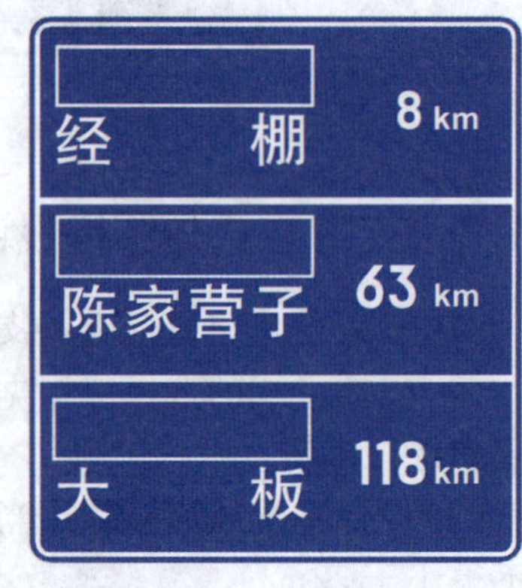

图4.6.1-3 指路确认标志

指路预告标志设置在距平面交叉口前300～500m处；指路告知标志设置在距离平面交叉口30～50m处；指路确认标志设置在经过平面交叉口后500～1 000m处。

(2)当被交公路为县、乡道时，一级公路设置路口预告标志、指路告知标志两级指引体系。

指路预告标志预告前方距离前方平面交叉口的距离及前方路口名称；指路告知标志告知平面交叉口类型、方向、平面交叉口所指向的地点和距离，见图4.6.1-4、图4.6.1-5。

图4.6.1-4 路口预告标志

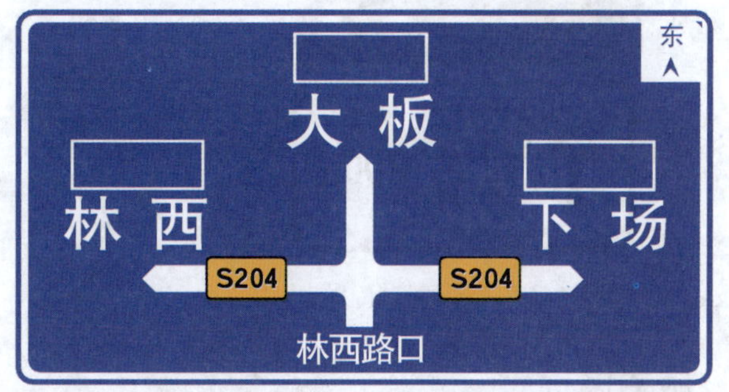

图4.6.1-5 指路告知标志

指路预告标志设置在距平面交叉口前500m处；指路告知标志设置在距离平面交叉口30～50m处。

(3)当被交公路为通村、厂矿道路时，一级公路采用平面交叉口警告标志进行指引，并根据需要附着地名指示标志，见图4.6.1-6，同时为提示驾驶员路口具体位置，在平面交叉口对称设置道口桩。

图4.6.1-6 警告标志附着地名指示标志

4.6.2 平面交叉口路权分配标志设置

(1)当平面交叉口相交道路为一级公路(即与主路等级相当)时，应设置信号控制；当平面交叉口相交道路等级低于一级公路(即相交公路主次明确)时，设置信号灯主要考虑两个方面因素：平面交叉口交通流量和平面交叉口历史事故数；信号灯的设计参考现行《道路交通信号灯设置与安装规范》(GB 14886—2006)有关规定。

(2)不设信号控制的平面交叉口路权分配标志遵循“主路优先、直行优先”的原则，应设置支路停车让行标志、转弯车道车辆让行主路直行车辆的减速让行标志，并针对沿线居民不熟悉交通规则的情况，附着相应的解释标志，参考图见图4.6.2-1。对事故多发、雨雾地区的平面交叉口可增设主动发光的黄闪灯等。

(3)在易产生逆行的支路路口，尤其是采用分离式路基的一级公路的支路路口，在接入支路路口应设置防止逆行的禁止左转标志，并附以相应解释标志，参考图4.6.2-2。

图4.6.2-1 不设信号控制的平面交叉口路权分配标志

禁止左转
逆行危险

图4.6.2-2 禁止左转标志

4.6.3 平面交叉口减速设施警告标志

平面交叉口设有减速带、减速丘等物理减速设施时，应设置相应的预告、警告标志，见图4.6.3-1、图4.6.3-2。

图4.6.3-1 减速带预告标志

图4.6.3-2 减速带警告标志

4.7 服务区标志

4.7.1 服务区预告标志

服务区预告标志设置在距服务区2km、1km、减速车道起点和服务区入口处，服务区预告标志在应在地名后增加“服务区”字样，见图4.7.1。

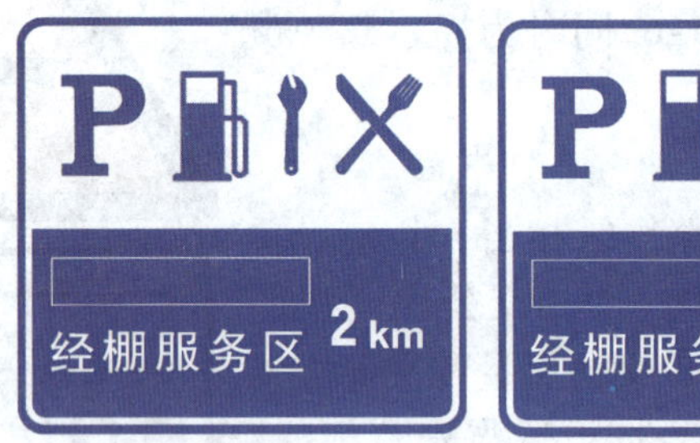

图4.7.1 服务区预告标志

4.7.2 下一服务区预告标志

在服务区出口前宜设置下一服务区预告标志，下一服务区预告标志与本服务区预告标志并列设置，见图4.7.2。

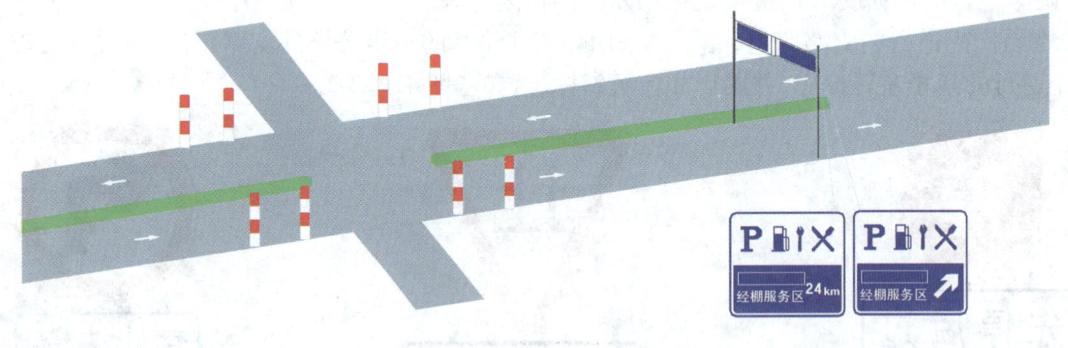

图4.7.2 服务区标志设置效果图

4.8 以车速定义车道标志

(1)一级公路车道划分为“快车道、慢车道、紧急停靠—非机动车道”。通过设置各车道的最高、最低限速来定义快、慢车道，见图4.8，限速值选取参见4.9.2节。硬路肩为发生机械故障或遇到紧急情况的车辆需要临时停车提供位置，同时供沿线行人、自行车等通行。

图4.8　以车速定义车道标志

(2)以车速定义车道标志设置在一级公路起点、与国、省道平面交叉路口入口适当位置,与其他标志不得相互遮挡。在一级公路线路较长且跨省、市、县行政区域的,在进入下一个行政区域时可补充设置。

(3)在长直线路段,可补充设置以车速定义车道标志,提示驾驶员允许行驶的最高及最低限速。

4.9　限速标志与建议速度标志

4.9.1　说明

限速标志属于禁令标志,具有法律效力,驾驶员必须执行;建议速度标志属于警告标志,在法律上不具备执法效力,只是向驾驶员传达警示建议信息。

限速标志设置在一级公路的起终点、平面交叉口、事故多发点等交通管理部门需要限制车速的路段;建议速度标志设置在减速带路口、长直线末端路段等交通管理部门需要提醒驾驶员前方道路行车条件受限的路段。

4.9.2　限速标志的设置

一级公路路段限速值参见表4.9.2,在条件受限的情况下,可采用设计速度暂时代替运行速度。

一级公路限速标志限速值选取参考值　　表4.9.2

序号	路　段	车　道	车　型	最高限速值	最低限速值
1	一般路段	内侧车道	小型车	运行速度	运行速度－20km/h
2	一般路段	外侧车道	大型车	运行速度－20km/h	运行速度－40km/h
3	事故多发平面交叉口路段	行车道	机动车	30km/h	—
4	雾、雪、沙尘	行车道	机动车	50km/h	30km/h

4.9.3　限速值过渡

限速标志的设置应做到逐级过渡,路段前后相邻限速标志的限速值之差不应大于20km/h,两级限速标志的设置间距选取可参见表4.9.3。

限速标志设置间距　　表4.9.3

速度值(km/h)	最小间距(m)	推荐间距(m)	速度值(km/h)	最小间距(m)	推荐间距(m)
100～80	100	1 000	60～40	60	500
80～60	80	500			

4.9.4　建议速度标志

在设有减速带的路口前,在平曲线半径设计采用极限值或接近极限值的路段以及长直线末端路段,应设置相应建议速度标志来提醒驾驶员。建议速度标志常与相应的路段特征警告标志配合使用,见图4.9.4-1、图4.9.4-2。

建议速度标志版面颜色采用黄底黑边黑图案或黑字,版面尺寸由字数、字高确定,字高可参照《道路交通标志和标线》(GB 5768—1999)中8.1.3条按设计速度进行选取。

图 4.9.4-1　减速带建议速度标志

图 4.9.4-2　弯道建议速度标志

5　标线

5.1　一般规定

一级公路交通标线的分类、定义和颜色，除本指南中明确提出的补充、修改规定条文以外，其他均应符合现行《道路交通标志和标线》(GB 5768—1999)的规定。

一级公路交通标线的设计、施画还应符合《公路交通安全设施设计规范》(JTG D81—2006)、《公路交通安全设施设计细则》(JTG/T D81—2006)等有关现行技术规范要求。

内蒙古自治区一级公路交通标线的设计应充分考虑内蒙古自治区雨、雪天气的影响，并注意与标志合理搭配，互相补充。

5.2　车道边缘线

(1)车道边缘线施画不得侵入行车道。

(2)整体式路基靠近中央分隔带的车道边缘线颜色宜采用黄色。

(3)根据实际情况的不同，车道边缘线除采用普通标线外还可采用振荡标线。在路侧设置 SB 级护栏的路段、紧邻村镇路段、中央分隔带未设置护栏的路段，车道边缘线应优先考虑采用振荡标线。

(4)为保证良好的振荡提醒效果，凸型振荡标线基线厚度宜为 2mm，突起部位厚度宜为 7mm；凸型振荡标线结构设计参见图 5.2-1。

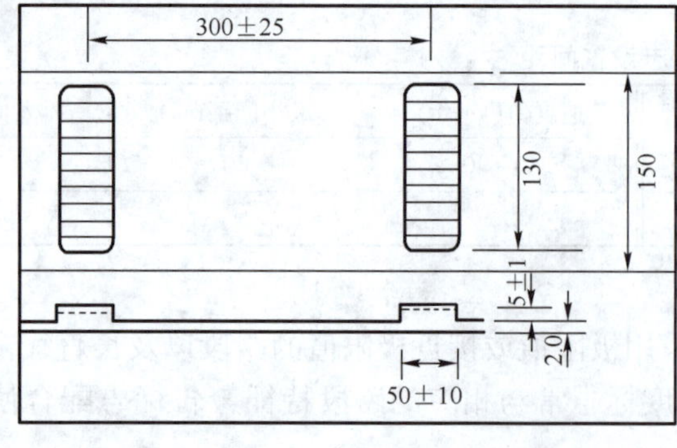

a)

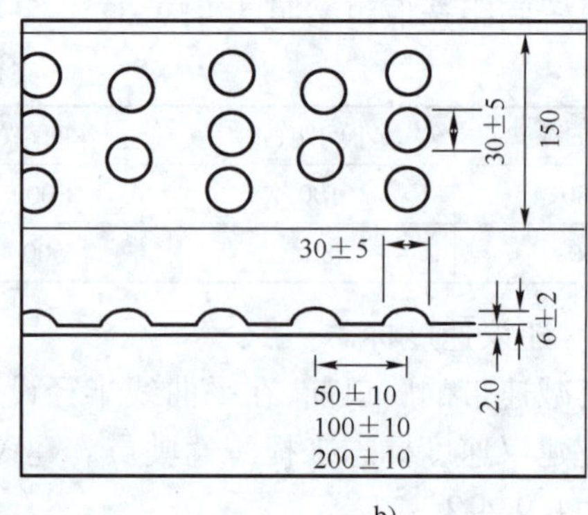

b)

图 5.2-1　凸型振荡标线(尺寸单位：mm)

a)排骨式；b)圆点式

(5)路肩隆声带凹部深度宜为 13mm,凹部尺寸宜采用 40cm×16cm,其结构设计参见图 5.2-2。

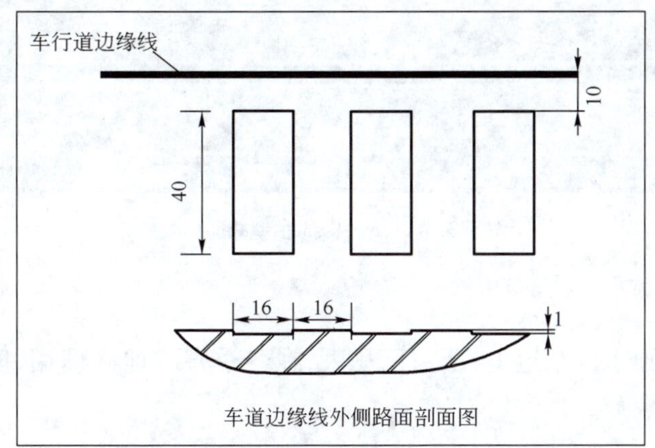

图 5.2-2　路肩隆声带(尺寸单位:cm)

(6)边缘线在施划时应每隔 10m 留 3～5cm 的排水缺口,尤其是在超高路段。

5.3　减速标线

5.3.1　说明

减速标线应设置在目标路段上游,距目标路段危险点 3～5s 行程。

5.3.2　视觉减速标线

在长直线、短直线等需要提示驾驶员超速危险的路段,宜设置视觉减速标线,视觉减速标线的施画尺寸可参见图 5.3.2。视觉减速标线的终点处应设置相应的建议速度警告标志。

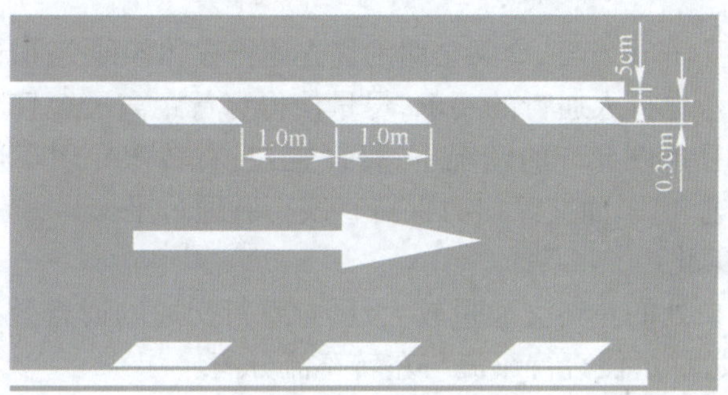

图 5.3.2　视觉减速标线

5.3.3　振荡减速标线

(1)在视距不良路段、长大下坡路段以及事故多发的平面交叉口路段宜设置振荡减速标线。

(2)根据振荡强度的不同,振荡减速标线推荐两种施画类型,均采用具有音乐节奏的间距布设。图 5.3.3-1 所示为 3·3·7 拍的间隔音节奏,即标线分三组,前两组为 3 条,后一组为 7 条,标线的自身宽度大于等于 1.0m,间距 5m,组间距 10m。图 5.3.3-2 所示为 3·3·3 变间距,即标线分三组,每组各 3 条,第一组间距 19.2m,第二组间距为 19.2/2m,第三组间距为 19.2/4m,标线自身宽度为 50cm。

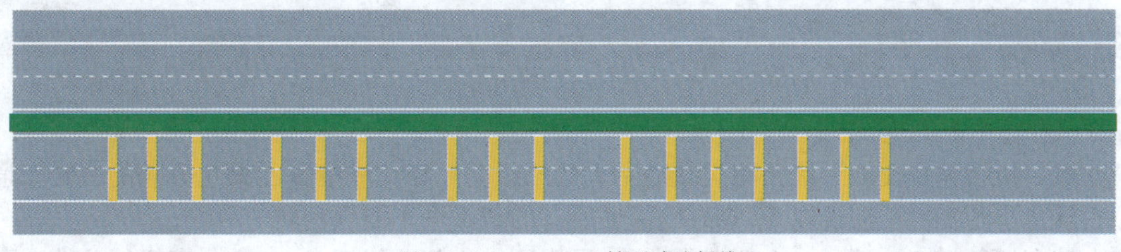

图 5.3.3-1　3·3·7 拍型减速标线

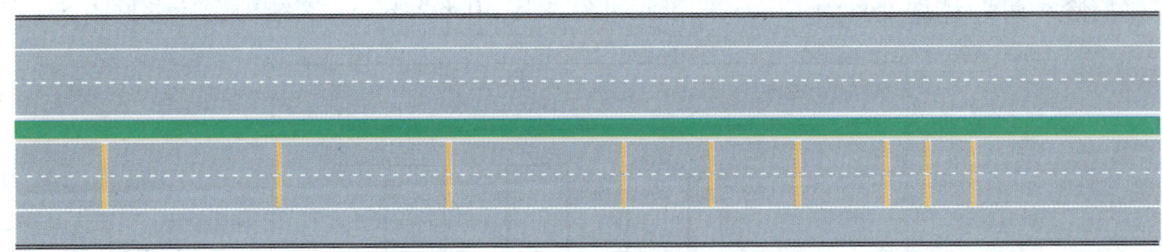

图5.3.3-2　3·3·3拍型减速标线

5.4　车距确认标线

车距确认标线由于施画于行车道上，所占面积大，在冬季寒冷地区慎用，防止标线表面结冰造成车辆打滑而引发交通事故。

5.5　立面标记及路面文字

(1)在跨线桥墩柱、收费岛岛头或隧道洞口壁面宜施画立面标记，提醒驾驶员注意在车行道或近旁有高出路面的障碍物。

(2)路面文字应按行车方向由近至远的顺序排列，字数不宜超过3个，在寒冷地区路面施画应考虑表面结冰对行车安全的影响。

5.6　交叉口渠化

5.6.1　说明

(1)交叉口处必须施画清晰、完整的渠化标线，如出入口标线、导流线、斑马线等，确保车辆、行人各行其道。

(2)交叉口应根据其类型、车道宽度、交叉公路的优先通行权和各种交通流的分析结果设置渠化标线。

(3)交叉口标线设计应考虑行人通行的要求，尽量使得穿行距离最短且穿行无障碍。

(4)在转弯交通量较大且条件允许的情况下，可设置左、右转弯专用车道，将转弯车流提前与直行车流分离，确保直行车辆在进、出平面交叉口时保持直线行驶通过平交口，提高通过效率。

5.6.2　左转专用车道渠化

(1)一级公路平面交叉口处的左转交通量较大，影响直行交通的通行效率时，应采取压缩中央分隔带或拓宽平面交叉口等手段，尽量使直行车流与左转车流分离。

(2)左转车道由展宽段(车辆减速)、渐变段(车辆分流)和蓄车区(车辆等候)组成，各段长度可参见表5.6.2，示意图见图5.6.2。

左转车道的组成段长度　　表5.6.2

等候段(m)	渐变段(m)	减速段(m)
≥30	50	90

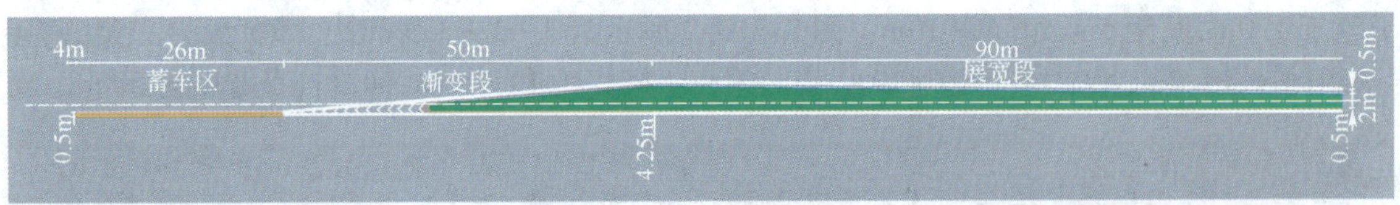

图5.6.2　左转车道渠化图

5.6.3　右转车道渠化

(1)两条一级公路相交或一级公路与交通量大的二级公路相交应设置经渠化分隔的右转车道。

(2)右转弯车道宽度一般选取5~6m，以保证所有的载重汽车能顺利转弯。

(3)右转车辆的转弯轨迹是一个复杂的曲线，通常用三心复曲线拟合，与实际车辆行驶轨迹可能存在一定差距,在用标线施画的交通岛实施观察一段时间后,根据车辆实际轨迹调整成实体交通岛。

5.6.4 三角导流岛的设置

(1)导流岛倒角半径取2m,两锐角倒角取0.5m。

(2)导流岛宜采用缘石围起的C15水泥凸台,突起高度15~25cm,并设置斜坡供非机动车通行,在条件受限或岛面积较小(小于$5m^2$)时可只采用标线。

(3)凸台导流岛侧面应设置黄黑相间、均宽15cm、斜角45°的立面标记。

6 护栏、缓冲吸能设施及隔离设施

6.1 一般规定

(1)一级公路护栏的分类、防撞等级、设置原则、形式选择和构造要求,除本指南中明确提出的补充、修改规定条文以外,其他均应符合现行《公路交通安全设施设计规范》(JTG D81—2006)、《公路交通安全设施设计细则》(JTG/T D81—2006)等有关技术规范要求。

(2)一级公路护栏主要包括路侧护栏和中央分隔带护栏。

(3)一级公路路侧护栏防撞等级共4级,由低到高依次为A、SB、SA、SS;中央分隔带护栏防撞等级共3级,由低到高依次为Am、SBm、SAm。

(4)缓冲吸能设施主要指防撞桶、防撞垫等设施。

(5)隔离设施主要是指隔离墩、防撞墙等可移动隔离设施和编织网、焊接网、刺铁丝网等固定隔离栅;可移动隔离设施用以道路各部分使用界限,固定隔离栅用以阻止路侧车辆、行人、牲畜等进入公路或沿线其他禁入区域。

6.2 设置原则的把握

(1)在护栏平面布设过程中,应依据《公路交通安全设施设计规范》(JTG D81—2006)第四、五章对路基护栏、桥梁护栏设置原则的规定。

(2)在积雪、风吹雪等雪害路段,中央分隔带护栏、防眩设施和中间带隔离设施的设置应充分考虑对扫雪、阻风的影响。

(3)在雪害中度、重度危害区设置中央分隔带护栏、防眩设施和隔离设施时,同时应根据《内蒙古自治区公路风吹雪雪害防治技术》(DB15/T 435—2006),设置相应的防雪墙、防雪栅栏、防雪网等设施。

(4)路基与桥梁过渡段的护栏设置应连续,并保持防撞强度的连续性,护栏搭接设计应符合《公路交通安全设施设计规范》(JTG D81—2006)的要求,不得断开。小桥、通道等短跨径构造物的桥梁护栏在不降低桥梁路段安全性的前提下,可按路基段护栏要求设置。

6.3 护栏的适用条件

针对气候条件、线形条件、路侧条件的不同,在《公路交通安全设施设计规范》(JTG D81—2006)的基础上,补充以下要求,供设计参考。

(1)在填方的风吹雪路段,路侧护栏宜采用缆索护栏,最小设置长度为300m;桥梁护栏宜采用金属梁柱式或组合式桥梁护栏,不宜设置护轮安全带。

(2)在长直线末端,应通过加密立柱、提高一级防撞等级对护栏予以加强。

(3)在车辆无法穿越路侧边沟的路段,应设置A级护栏。

(4)在路侧单柱式、双柱式标志立柱位于路侧安全净区范围内时应设置A级护栏;在路侧的悬臂式、门架式标志立柱位于路侧安全净区范围内时应设置SB级护栏。

(5)在上跨桥的桥墩位于中央分隔带或路侧安全净区范围内时,应设置合理的防护形式和防护级别,受碰撞后护栏的最大动态横向位移不应超过护栏与防护对象之间的容许距离。

(6)在平曲线半径采用极限最小半径时,宜在中央分隔带设置 SBm 中央分隔带护栏。

(7)中间带宽度小于4m,上下行有高差,且高差大于0.5m 的路段应设置 SBm 级中央分隔带护栏。

(8)边坡坡度、路堤高度与路侧护栏的关系可参照《公路交通安全设施设计规范》(JTG D81—2006)中图4.2.1。在车型组成中,大型车辆(大货车、大客车)比例超过50%的路段,宜考虑车型因素,选用 SB 级及以上防撞等级护栏。

6.4 缓冲吸能设施

(1)缓冲吸能设施主要设置在收费岛、出口分流处迎交通流方向的危险三角地带、未保护的桥墩、结构支撑柱、桥梁护栏端头等严重安全隐患地点,起警示和缓冲作用。

(2)防撞桶的结构、形状、尺寸、外观、材料等要求应符合《公路防撞桶》(JT/T 596—2004)以及《公路养护安全作业规程》(JTG H30—2004)等现行技术规范的相关要求,其示意图如图6.4-1所示。

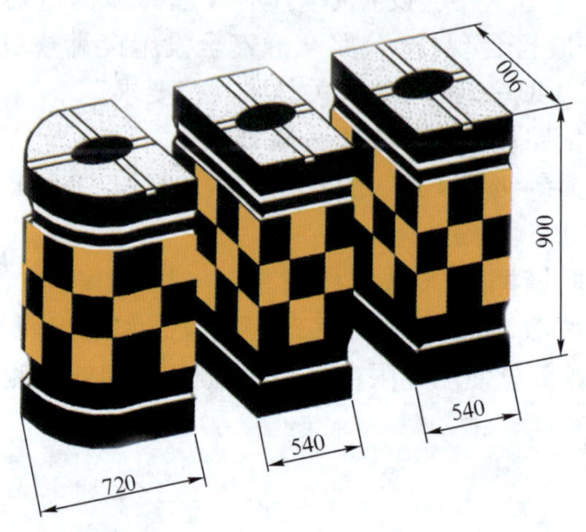

图6.4-1 防撞桶(尺寸单位:mm)

(3)防撞垫是通过吸能系统使正面、侧面碰撞的车辆平稳停住或改变行驶方向以避免车辆不能移掉或做成解体消能的路上危险物。防撞垫的设计应综合初期成本、施工方便性、维修费用等因素,采用经过论证的成熟技术产品,图6.4-2所示的装砂塑料桶系统为目前国外广泛使用的一种防撞垫。

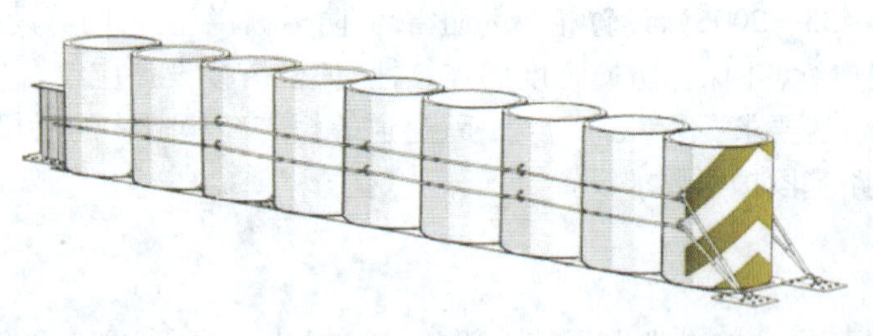

图6.4-2 装砂塑料桶系统

6.5 隔离设施

(1)在需要控制出入的一级公路两侧,应根据《公路交通安全设施设计规范》(JTG D81—2006)要求,设置合适的隔离栅。在设置有防雪网、挂草网围栏的路段设置隔离栅,宜将两者合二为一进行统一设计,既满足防雪又满足隔离要求。

(2)隔离墩、防撞墙、人行护栏等可移动隔离设施主要用于收费广场上下行方向、改造工程作业场地、机动车与非机动车的隔离。

(3)隔离墩、防撞墙、人行护栏等可移动隔离设施应符合《公路养护安全作用规程》(JTG H30—

2004)、《城市道路设计规范》(CJJ 37—90)等相应规范的要求,同时应在其上附以视线诱导设施。隔离墩、防撞墙示意图分别见图6.5-1和图6.5-2。

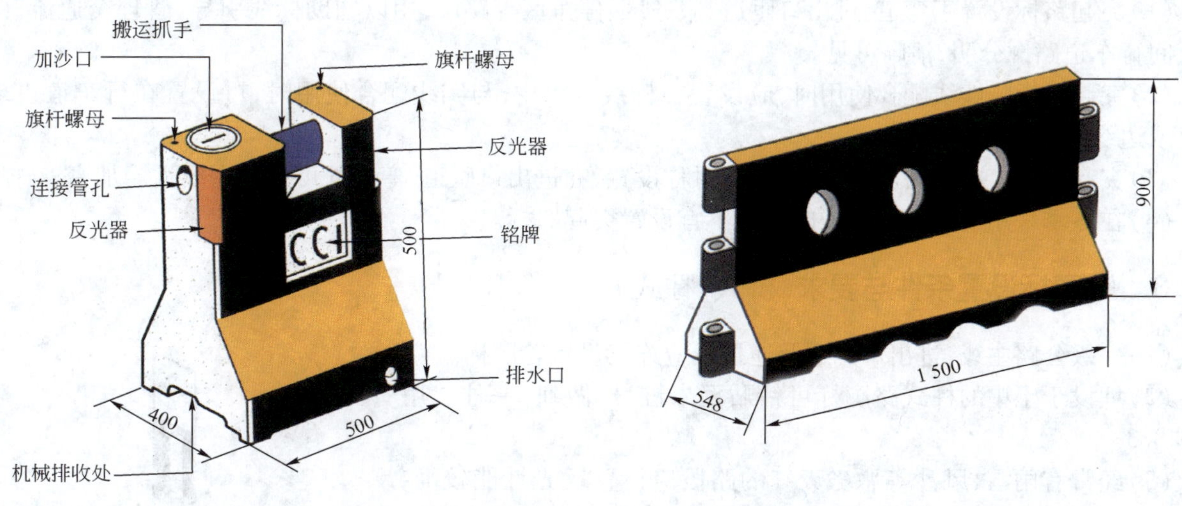

图6.5-1　隔离墩(尺寸单位:mm)　　图6.5-2　防撞墙(尺寸单位:mm)

(4)用于隔离机动车与非机动车的隔离墩用混凝土制成,悬以铁链或用钢管、钢筋等连接,可按需要移动位置。用以隔离收费岛前车道的隔离墩可采用施工隔离墩,采用线性低密度聚乙烯等高强合成材料,内部灌水或灌沙,并由连杆相连接。

7　防眩设施

7.1　一般规定

(1)防眩设施的设计应符合《公路交通安全设施设计规范》(JTG D81—2006)、《公路防眩设施技术条件》(JT/T 333—1997)等相关现行技术规范要求。

(2)防眩设施的设计应综合考虑眩光、气候条件、停车视距等多方面因素,灵活掌握防眩设施的设计原则。

7.2　设置原则的掌握

(1)在内蒙古自治区一级公路设置防眩设施应慎重考虑,在实际运行交通量远未达到一级公路适应交通量(四车道:15 000~30 000pcu,六车道:25 000~55 000pcu)且夜间交通量较小时,经技术论证可不设置防眩设施。

(2)平面交叉口、中央分隔带开口两侧一定范围内(60~100m)不宜设置防眩设施。

(3)在风吹积雪路段设置防眩设施,防眩设施形式的选择应考虑尽量减少对风吹积雪的影响。

(4)防眩设施的设置还应兼顾隔离功能,尽量不给人、畜横穿的可能。

8　视线诱导设施

8.1　视线诱导设施范围

视线诱导设施主要包括突起路标、轮廓标、线形诱导标以及道口标柱。

8.2 突起路标设置条件与要求

(1)突起路标设置于弯道、进出口匝道、服务区、停车区等路段,用以辅助标线引导、管理交通流,保证夜间行车道路廓分明,清晰可见。

(2)突起路标与虚线配合使用时,应设置在标线空当中;与实线配合使用时,可设置在行车道边缘线上或边缘线外侧20cm以内。

(3)突起路标应在公路前进方向左、右对称设置,在进出口匝道、弯道处可根据需要适当加密。

(4)在冬季采用机械扫雪养护的路段不宜设置突起路标。

8.3 轮廓标设置条件与要求(桥式、柱式)

(1)一级公路主线、进出口匝道及连接线应连续设置轮廓标。

(2)埋设于土中的柱式路廓标可粘贴百米桩号,做到"一柱二用",见图8.3。

(3)经常有雨雪、风沙等恶劣天气的路段应设置反光性能较高、反射体尺寸较大的轮廓标。

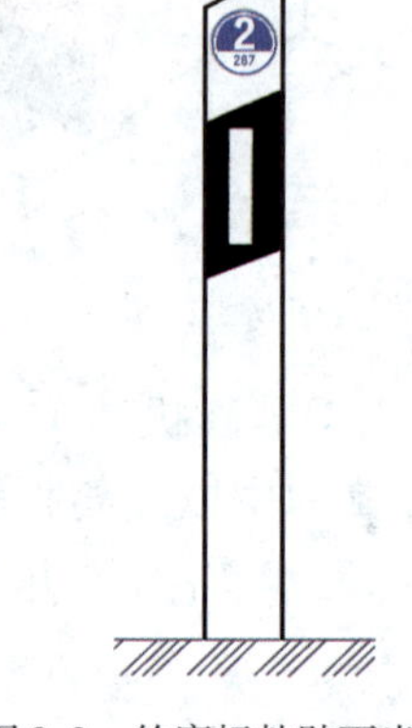

图8.3 轮廓标粘贴百米桩号

8.4 线形诱导标设置条件与要求

8.4.1 一般规定

(1)线形诱导标设置在易肇事的长直线接弯道路段、同向曲线、反向曲线线形设计采用极限值或接近极限值的路段。

(2)线形诱导标的设置数量,应根据曲线半径和偏角大小确定。偏角较小的曲线路段可在曲线中点位置设置一块;偏角较大、曲线较长的弯道,可根据需要设置若干块;在曲线半径较小的匝道上,应保证驾驶人员在曲线范围内连续看到不少于三块。

(3)对小半径匝道曲线段的线形诱导标前两处可采用双层设计,对于交通事故易发地段,也可全部采用双层线形诱导标设计。

8.4.2 线性诱导标设计尺寸

线形诱导标的基本单元设计尺寸可参见表8.4.2。

线性诱导标基本单元设计尺寸 表8.4.2

设计速度 v(km/h)	类别	尺寸(mm)					
		A	B	C	D	E	E'
$v \geqslant 100$	I	600	800	300	400	20	20
$100 > v \geqslant 80$	II	400	600	200	300	20	20
$80 > v \geqslant 60$	III	220	400	110	200	10	10

8.5 道口标柱设置要求

(1)在一级公路与二级及以下公路相交形成较小交叉路口的两侧,应设置道口标柱,突出勾勒接入口的具体位置,提醒主线驾驶员提高警惕。

(2)道口标柱的设置可参见图8.5,设置间距以5m为宜。

(3)道口标柱形状可采用圆柱体或长方体,材料可选取聚乙烯树脂、玻璃纤维增强塑料等强度高、耐候、耐温、耐蚀性好、加工成型方便的材料,也可采用钢筋混凝土材料。

图 8.5 道口桩设置效果图

9 里程标和百米牌

9.1 里程标

里程标用于指示一级公路里程，设置于一级公路公路两侧。规划将要实施“一改高”工程的干线一级公路里程标采用里程牌形式见图 9.1-1；其他一级公路里程标均采用里程牌形式见图 9.1-2。

图 9.1-1 规划“一改高”一级公路里程牌

图 9.1-2 其他一级公路里程牌

9.2 百米牌

百米牌采用直径 10cm 的圆形牌，百米数字高 5cm，绿底白字或蓝底白字（选取原则同里程标），公里数高1.8cm，白底绿字或白底蓝字（选取原则同里程标），如图9.2-1所示。设在一级公路两侧各里程牌之间，每 100m 设一个。

图 9.2-1 百米牌版面图

百米牌附设于路侧护栏上，或采用反光膜粘贴于路侧护栏和柱式轮廓标上，如图 9.2-2 所示。

10 桥梁护网

一级公路桥梁护网安装于上跨桥梁两侧、是用于阻止有人向公路内抛扔物品、杂物，或防止运输散落物等落到公路上的防护设施。

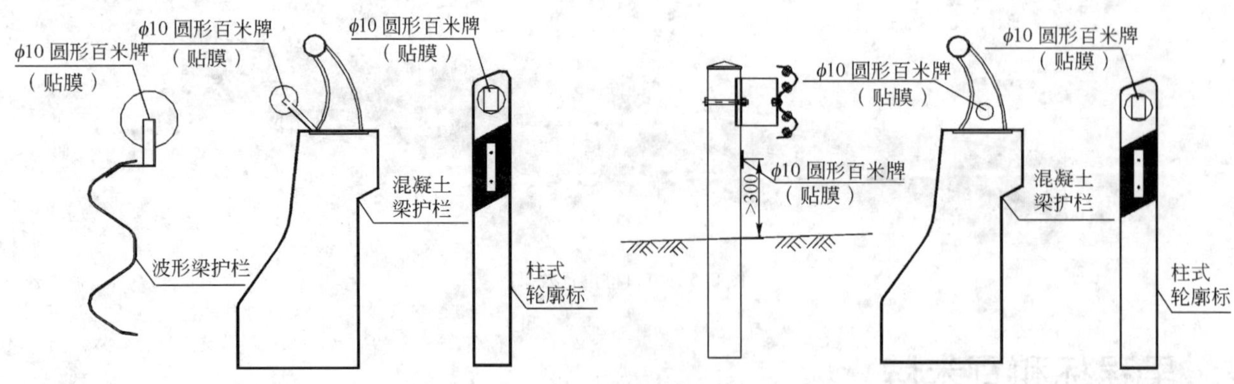

图 9.2-2　百米牌

一级公路桥梁护网的设置原则、形式选择及构造要求应符合《公路交通安全设施设计规范》(JTG D81—2006)、《公路交通安全设施设计细则》(JTG/T D81—2006)的相关规定。

11　设施配合与设计方案

11.1　一般规定

一级公路交通安全设施应相互配合，含义不得矛盾。

同一条一级公路的交通安全设施的设置原则、标准、风格及规格宜保持一致。

11.2　设施配合

(1)表 11.2 所示的标志和标线应成对设置，不宜单独设置。

配对使用的交通标志和标线　　表 11.2

序　号	标　志	标　线	序　号	标　志	标　线
1	停车让行标志	停车让行标线	5	注意行人	人行横道线
2	减速让行标志	减速让行标线	6	车距确认标志	车距确认标线
3	禁止超车标志	禁止变换车道线	7	注意障碍物标志	接近障碍物标线
4	禁止掉头标志	禁止掉头标记			

(2)在标志立柱位于路侧安全净区范围之内应根据本指南 6.3 节设置相应防撞等级护栏进行防护。

(3)百米牌附着于护栏、柱式轮廓标上。

11.3　不同路段设计方案

一级公路交通安全设施的设计方案应在全面分析不同路段交通安全隐患的基础上，综合运用处治措施，有针对性的制订技术方案。

11.3.1　平面交叉口路段

平面交叉口是内蒙古自治区一级公路交通事故的多发点，事故形态主要是侧碰、追尾和碰撞行人，主要的安全隐患一般是车速过快、争夺交叉口通行权、紧急制动以及行人不清楚交叉口通行规则。

平面交叉口路段的安全设施设计可从控制主、支路车速、合理分配通行权等角度出发，综合采用以下措施：

(1)根据不同平面交叉口类型与规模，按本章 4.6.1 节规定设置不同的指路标志系统。

(2)分析平面交叉口交通组织、各向交通量、交通组成等情况，按本章 4.6 节要求设置相应的渠化标线。

(3)根据标线渠化参照本章3.6.2节设置对应的路权分配标志。

(4)视实际需要,参照本章4.3.3节在主线(一级公路)设置振荡减速标线,并配合相应的限速标志,在支线(被交公路)设置减速带,并参照本章3.6.3节配合相应的减速设施预告、警告标志。

11.3.2 风吹雪、风吹沙路段

内蒙古自治区沙地较多、冬季时间长、降雪量大、多大风天气,风吹雪、风吹积沙是该区最为常见的影响交通安全的两种天气,保障风吹雪、风吹积沙天气下的行车安全也是交通安全设施设计中必须考虑的一个重要问题。

风吹雪、风吹沙降低了能见度,影响驾驶员的视线,降低了交通标志、标线等管理措施的视认效果和视认距离,容易造成驾驶员对前方路况反应不及而发生交通事故。同时风力吹动积雪表面、沙地表面分别扬起雪粒、沙粒,形成风雪流、风沙流。雪粒子、沙粒子在跃移、悬移的过程中遭遇路侧护栏、防眩设施等设施发生沉积,造成路面积雪、积沙,降低了路面附着力,容易导致车轮打滑发生交通事故。

风吹雪、风吹沙路段的安全设施设计可从设置防风吹雪设施、提高标志、标线的识认效果,增设视线诱导设施,减少护栏、防眩设施等风阻角度出发,综合采用以下设施:

(1)根据雪害程度,依据《内蒙古自治区公路风吹雪雪害防治技术》(DB15/T 435—2006)设置合理的防风吹雪设施。

(2)设置完善的轮廓标、线形诱导标,勾勒前方道路线形,采用主动发光标志代替反光标志,提高标志的静态、动态识认距离,并通过动态闪烁方式刺激驾驶员的视觉特性,提醒驾驶员注意设施上表达的信息以及道路的特性,提高驾驶员对于交通设施的敏感和警觉程度。

(3)路侧护栏设计时采用通透性好的缆索护栏代替波形梁护栏,桥梁护栏用金属梁柱式护栏、钢管护栏代替钢筋混凝土护栏,以尽量减少护栏的风阻效果。

11.3.3 长直线路段

直线是内蒙古自治区草原地区一级公路最常用的线形之一,但过长的直线设计(直线长度$L\geqslant 20$倍的设计速度v)容易造成驾驶员行车单调、反应能力降低、超速行驶、车距判断不准,在直线段的尽头有曲线半径较小路段或平面交叉口相接时,驾驶员未能及时减速、操控方向盘而容易造成交通事故。

长直线路段的交通安全设施设计可从控制车速、适当警示、加强诱导、提高防护角度出发,综合采用以下设施:

(1)长直线的中部设置公益标志、车距确认标志标线,提高驾驶员的注意力。

(2)由于超速而事故多发的长直线,在长直线末端设置视觉减速标线,参照本指南4.9.4节在长直线末端设置弯道警告标志和推荐限速标志。

(3)在曲线段设置线形诱导标,在硬路肩处施画黄色导流线,加强对驾驶员的视线诱导。

(4)防护方面,对于高填方等需要设置护栏的长直线路段,其末端护栏的防撞等级相应提高一个级别或对立柱进行加密处理。

11.3.4 整体式、分离式路基过渡段

目前,内蒙古自治区一级公路部分路段采用分离式路基。分离式路基的建设采用分期修建的方式,新建一幅,改建一幅,改建一幅多为二期工程。在改建之前,旧路仍执行原有功能,保持原有公路等级,整体式路基与旧路采用过渡段进行连接。过渡段与整体式路基、分离式路基容易造成交通组织混乱、通行权分配不合理、指示不清等问题。

整体式路基与分离式路基过渡段的交通安全设施设计可从提交预告、加强指示、合理渠化、规范引导角度出发,综合采用以下设施:

(1)设置适当的警告标志,提醒驾驶员道路等级的变化和行驶规则的变化。

(2)设置合理的渠化标线、导流线和导向箭头,在标线施画后观察一段时间后,根据车辆实际轨迹调整成实体交通岛。

11.3.5 附属设施路段

附属设施路段主要是指一级公路沿线设有加油站、收费站的路段。车辆经过此类路段时会受到场站主体设施的干扰，行驶状态发生变化。目前收费站进出口缺少必要的隔离，对减速带缺少提醒，车辆常绕行减速带，易发生车辆正碰和碰撞收费岛事故。加油站主要存在的安全隐患是进出口匝道与主路相交的夹角过大、出入行为随意、缺乏有效地组织和引导。

附属设施路段的交通安全设施的设计可从合理引导、安全防护、路站分离、适当隔离等角度出发，综合采用以下设施：

(1)收费站、加油站前设置规范的预告、指示标志，规范加油站进、出口，并设置出入口指引标志。

(2)收费广场设置清晰的车道分界线、车道边缘线，加油站进口之前道路应设置两组以上导向提示箭头，间距60~90m。

(3)在收费站前方设置规范的减速标线，在收费车道入口处设置减速带，并配合设置相应的预告、警告标志。

(4)在收费广场中间带设置隔离墩分离对向行驶车辆；在收费岛和隔离墩前设置防撞沙桶，缓冲车辆对收费岛的碰撞，降低发生事故的严重性；并在隔离墩和防撞沙桶上粘贴黄黑相间的高强级反光膜，警示驾驶人员。

条 文 说 明

1 总则

1.0.1 目前指导一级公路交通安全设施设计的技术标准规范主要有《道路交通标志和标线》(GB 5768—1999)、《公路交通安全设施设计规范》(JTG D81—2006)和《公路交通安全设施设计细则》(JTG/T D81—2006)、《公路交通标志板》(JT/T 279—2004)、《公路交通标志反光膜》(GB/T 18833—2002)、《路面标线涂料》(JT/T 280—2004)、《公路隧道交通工程设计规范》(JTG/T D71—2004)等。从一级公路的道路、交通、环境特征出发,专门针对一级公路特点的安全设施设计的规范性文件在现阶段尚属空白。根据《内蒙古自治区人民政府关于进一步深化公路交通改革的意见》(内政发〔2004〕30 号文),2010 年内蒙古自治区一级公路将达到 5 000km,首府、各盟市政府驻地等重要节点间公路将以一级公路标准建设为主。

根据"内蒙古自治区一级公路交通安全研究"项目研究成果,内蒙古自治区一级公路具有以下主要特点:

(1)工程技术标准高,均采用双向四车道,路线设计中长直线运用较多,路侧多为平坦草原、沙地地区,平面交叉口数量多,间距密,种类不一。

(2)交通量不大,全天交通流基本都处于自由流状态,交通组成中,长途交通以货车为主,短途交通则由沿线附近居民生活出行需要而产生,车辆类型以农用车、摩托车、畜牧车和自行车为主,车况较差。

(3)车辆运行速度与设计速度一致性良好,相邻路段运行速度的协调性良好;客货混行、机非混行严重,逆行情况时有发生。

(4)由于内蒙古自治区人口素质分布存在明显差异,各地区一级公路沿线居民素质不一。东部四盟市的平均文盲率为 9.31%,中部地区的五个盟市为 13.08%,而西部三盟为 15.79%。人口文盲率由低到高排列依次为东、中、西部,而西部地区的文盲率高于全区 11.58% 的水平。内蒙古自治区城镇文盲率均低于乡村和牧区,东部区城镇文盲率低于自治区水平,中部区基本持平,而西部区较高。从乡村文盲率比较来看,中、西部均明显高于东部区和全区的平均水平。沿线人口素质对一级公路的交通守法水平有着重要影响。

(5)目前内蒙古自治区已建的一级公路经过地区既有人烟稀少的草原地区,也有村镇密集的城镇路段,路线所经地区气候环境复杂,大风、沙尘、积雪、风吹积雪等恶劣气候时有发生。

随着内蒙古自治区一级公路建设的高速发展,在实践中积累了宝贵的经验和教训,本指南的制定旨在结合内蒙古自治区一级公路的特点和经济技术条件,合理规范统一区内一级公路交通安全设施设计,以使该区的一级公路交通安全设施的设计安全合理、规范先进、经济实用。

1.0.2 近年来,我国社会人文环境变化较大,包括公路使用者在内的社会公众法律意识日渐增强,交通安全设施的设计作为面向公众的服务性设计,影响公众出行,因此在设计中应严格遵守国家颁布实施的法律法规、标准规范,保护道路使用者,也避免产生不必要的诉讼。

1.0.3 本指南根据这些特点提出了**"安全、规范、适用、节约"**的设计思想。

安全——安全是公路设计和建设需考虑的首要因素,交通安全设施的设计应以保障公路安全行车为第一目标,通过主动引导、被动防护的安全设施的综合运用,尽量避免道路交通事故的发生或者降低事故发生的严重程度。以平面交叉口路段、风吹雪、风吹积沙路段、长直线路段、整体式与分离式路基过渡段、附属设施路段等内蒙古自治区一级公路典型路段为例,本指南从路段特征分析出发,分析各自可能发生事故的原因,从标志指引、速度控制、路权分配、设施合理选择与配合等多个方面出发,提出了不同的设计方案。

规范——规范包含两层含义，一层含义是内蒙古自治区一级公路的交通安全设施设计应符合现有的相关法律法规、标准规范的规定，另一层含义是在目前指导交通安全设施设计的标准规范众多，但系统的专门针对一级公路的尚未出现，一些标准未做规定但实际需要的交通安全设施应进行规范，以避免出现不同设计单位、管养单位设计的安全设施不统一现象。如以车速定义车道标志、减速设施警告标志、服务区标志颜色等。

适用——内蒙古自治区一级公路安全设施的设计应在充分分析对象公路特定的驾驶员特征、环境特征、交通特征、路线特征等的基础上，采用合乎实际条件的交通安全设施。以指路标志版面文字设计为例，内蒙古自治区作为蒙古族发祥地，也是我国蒙古族聚居最多的区域，居住着400多万蒙古族同胞，占全区人口的17.5%。蒙古文字作为内蒙古自治区少数民族的主体语言文字，是广大蒙古族群众从事生产、生活的交往工具。内蒙古自治区政府从战略高度出发，发布了蒙古语言文字工作条例和蒙汉两种文字管理办法，因此，在版面文字设计中应充分考虑当地政府对标志文字的管理规定。

节约——节约资源是实现内蒙古自治区公路可持续性发展和建立节约型社会的重要体现。交通安全设施的设计在保障道路交通安全的同时，也应考虑设施的经济性，花小钱、办大事，避免浪费。以标志反光膜为例，一级公路交通标志反光膜造价约占标志总造价的10%～16%，本指南根据一级公路的不同功能、标志结构和标志类型，对标志反光膜的选取进行了细致规定，避免了全路段所有标志均采用高等级反光膜的情况（字膜与底膜采用同一等级，有利于后期的管理与养护），这样在保障交通安全的同时，有效降低了标志投资。

以“降低速度差为目标、完善交叉口为重点、明确路权为主导”作为设计指导思想是基于内蒙古自治区一级公路车速快、车型复杂、车况差别大，交叉口众多、类型多样，沿线居民交通安全素质不高、部分现有一级公路路权分配不清等多个方面考虑。

1.0.5 改建公路工程完成后，道路、交通、环境往往发生很大变化，应结合改善后的公路交通条件进行交通安全设施的设计。

2 名词术语

2.0.1 该定义参考《公路工程技术标准》（JTG B01—2003）的定义。

2.0.2 该定义参考《公路工程技术标准》（JTG B01—2003）的定义。

2.0.3 该定义参考《公路项目安全性评价指南》（JTG/T B05—2004）的定义，运行速度常被用于描述道路某一区域车辆的实际行驶速度。

2.0.4 该定义参考《浙江省高速公路交通安全设施设计要点》（试行）。

2.0.5 该定义参考美国《NCHRP report 504》的定义。

2.0.6 《公路路线设计规范》（JTG D20—2006）中提到了发达国家长直线运用限制，《新理念公路设计指南》（2005版）认为半径超过7 000m的平曲线容易使驾驶员认为是直线，本定义参考以上论述内容。

2.0.7 该定义参考《公路交通安全设施设计规范》（JTG D81—2006）和《公路项目安全性评价指南》（JTG/T B05—2004）定义。

2.0.8 该定义参照《中华人民共和国道路交通安全法》及其实施条例制定。

2.0.9 该定义参照《公路交通安全设施设计规范》（JTG D81—2006）中的隔离栅制定。

2.0.10 该定义参照《交通工程手册》中的防撞垫制定。

2.0.11 该定义参照《道路交通标志和标线》（GB 5768—1999）中的线形诱导标、突起路标、轮廓标制定。

2.0.12 该定义参考《内蒙古自治区公路风吹雪雪害防治技术》（DB15/T 435—2006）制定。

3 设施规模的选用

3.1 一级公路的交通安全设施包含标志、标线、护栏、防眩等多种设施，设施种类的选取和设置规模是设计人员首先要考虑的问题。不同功能的一级公路、控制出入的不同以及建设资金的不同均影响着一级公路交通安全设施的设置规模。此外，一级公路交通安全设施的设置是一个动态过程，应根据实际情况的进行补充和完善。

《公路工程技术标准》(JTG B01—2003)第9章对交通工程及沿线设施等级进行了划分，见表3-1。由此可知，对于一级公路而言，交通安全设施分为B、C两个等级。

交通工程及沿线设施等级与适用范围 表3-1

交通工程及沿线设施等级	适用范围	交通工程及沿线设施等级	适用范围
A	高速公路	C	一级公路、二级公路作为集散公路时
B	一级公路、二级公路作为干线公路时	D	三级公路、四级公路

《公路工程技术标准》(JTG B01—2003)第9章还对B、C级交通安全设施的配置进行了如下规定：

B级 应配置完善的标志、标线、视线诱导标及必需的隔离栅、防护网；一级公路中间带必须连续设置中央分隔带护栏和必需的防眩设施；桥梁和高路堤路段必须设置路侧护栏；互通式立体交叉及其周边地区路网应连续设置预告、指路标志；平面交叉必须设置完善的预告、指路或警告、支线减速让行或停车让行等标志、反光突起路标和配套、完善的交通安全设施，并保证视距。

C级 应配置较完善的标志、标线及必需的视线诱导标、隔离设施；一级公路中间带必须设置隔离设施；桥梁与高路堤路段应设置路侧护栏；平面交叉口应设置预告、指路或警告、支线减速让行或停车让行等标志和配套、完善的交通安全设施，并保证视距。

3.2 本条在以上基础上，结合内蒙古自治区一级公路的现状和特点(不同一级公路在路线线形、平面交叉口密度、运行速度、填土高度、交通量、车辆构成、沿线人口文化水平、途径的气候条件等存在明显的不同)，在以功能划分的基础上，综合考虑，对B级和C级的安全设施具体配置均划分为I、II两类，其中II类(基准配置类)为《公路工程技术标准》(JTG B01—2003)规定的配置，I类是在II类的基础上，增加了部分安全设施，如缓冲设施等，严格了部分安全设施的执行程度。

对于I、II两类的选取，设计人员在参考本条的(4)、(5)、(6)条的基础上，还可以采用层次分析法对设计对象评分后，决定安全设施应配置的规模。参考样表见表3-2，其中各项影响因素的权重选取是一个重要环节，设计者可借鉴相关研究成果，采用层次分析法、专家经验值等确定。

安全设施配置规模评分参考表 表3-2

影响因素	权重	评价分数			备注
		1	0	-1	
		(偏安全)	(适中)	(偏不安全)	
平面交叉口密度					
全线路基平均填土高度					
公路线形					
运行速度与设计速度差值					
交通量					
车辆构成					
文化水平					
气候条件					

考虑到在实际设计过程中,设计人员对于"完善、较完善、必需、必要"等词语的理解、应用不尽相同,本指南给出了标志、标线、护栏、缓冲吸能设施、隔离设施、防眩设施、视线诱导设施、里程标、桥梁护网各规模的配置表,见附录D,供设计人员参考选取或查阅。

4 标志

4.2.1 本条在《道路交通标志和标线》(GB 5768—1999)的基础上,根据《公路工程技术标准》(JTG B01—2003)对我国道路等级的划分方法,对指路标志衬底颜色进行了修改,对于内蒙古自治区干线一级公路,且规划将要实施"一改高"的一级公路,规定其指路标志衬底颜色宜与高速公路相同,采用绿色,以避免浪费。

4.2.3 为促进蒙古语言文字的规范化、标准化和学习使用制度化及其繁荣发展,使蒙古语言文字在社会生活中更好地发挥作用,根据《中华人民共和国宪法》、《中华人民共和国民族区域自治法》和国家有关法律、法规,结合内蒙古自治区实际情况,内蒙古自治区制定了《内蒙古自治区蒙古语言文字工作条例》,其中第二十二、第二十三条规定:

> 第二十二条　自治区行政区域内的社会市面用文应当并用蒙汉两种文字。社会市面用文的具体管理办法由自治区人民政府制定。
>
> 第二十三条　公共服务行业向使用蒙古语言文字的公民提供服务时,应当使用蒙古语言文字。

《内蒙古自治区社会市面蒙汉两种文字并用管理办法》第二、第三条规定:

> 第二条　社会市面用文(字),是指自治区境内各级机关、人民团体、企事业单位(包括三资企业、集体企业和个体工商户)、武装力量和中央及外省区驻我区各单位的名称,需要社会公知并且用文字表示的标志,其中牌匾、公章、文件头、信封、信纸、会标、公告、票据、证件、须知、营业执照、奖状、锦旗、时刻表、机动车辆等必须用蒙汉两种文字并写;宣传栏、标语、广告、产品说明书、商标、装潢、表册、标价、界牌、指路标志、交通标记等,也要体现民族特点,逐步做到蒙汉两种文字并用。
>
> 第三条　社会市面用文(字)的书写、挂放按下列规定:
>
> (一)横写的蒙文在上、汉文在下,或蒙文在前、汉文在后;
>
> (二)竖写的蒙文在左、汉文在右;
>
> (三)环形写的从左向右,蒙文在外环、汉文在内环,或蒙文在上半环、汉文在下半环;
>
> (四)蒙汉文字分别写在两块牌匾上的,蒙文牌匾挂在左边、汉文牌匾挂在右边,或蒙文牌匾挂在上边、汉文牌匾挂在下边。
>
> 领导同志用汉文题字(词)的名牌,也要蒙汉两种文字并用,并按上述规定排列。
>
> 书写、刻字、制作所使用的蒙汉两种文字的字号、原材料必须相等和统一。

此外,内蒙古自治区各盟市地区根据实际情况制定了各自的社会市面蒙汉两种文字并用管理办法,以呼和浩特市和包头市为例,《呼和浩特市社会市面蒙汉两种文字并用管理办法》规定:

> 第二条　本市行政区域内社会市面蒙汉两种文字并用,必须遵守本办法。
>
> 第三条　本市行政区域内,下列社会市面用文,必须蒙汉两种文字并用:
>
> (一)重要会议、重大活动的会标、条幅、横幅;
>
> (二)单位名称、报刊名称、公章、文件头、牌匾、证件、奖状、锦旗及印有党政机关、大中型企业、事业单位名称的信封、信纸;
>
> (三)机场名称、车站站名、交通标志、机动车辆车门上的单位名称;
>
> (四)街道名称、路标、店牌、门牌、公共场所的设施名称、界牌。
>
> 第五条　社会市面并用的蒙汉两种文字应当使用规范用字,并按下列规定书写、制作、挂放:
>
> (一)横写的,蒙古文在上、汉文在下,或者蒙古文在前、汉文在后;

(二)竖写的,蒙古文在左、汉文在右;
(三)环形写的,从左向右蒙古文在外环、汉文在内环,或者蒙古文在左半环、汉文在右半环;
(四)蒙汉两种文字的字号规格协调,制作的材质一致;
(五)蒙汉两种文字分别写在两块牌匾上的,蒙文牌匾挂在左边、汉文牌匾挂在右边,或者蒙文牌匾挂在上边、汉文牌匾挂在下边。

但是,根据现行《道路交通标志和标线》(GB 5768—1999)8.1.4 条:

8.1.4 指路标志的阿拉伯数字和拼音字、拉丁字或少数民族文字的高度应根据汉字高度确定,他们与汉字高度的关系应符合表6的规定。

其他文字与汉字高度的关系 表6

其他文字		与汉字高度(h)的关系
拼音字、拉丁字或少数民族文字高	大写	$1/2h$
	小写	$1/3h$
阿拉伯数字	字高	h
	字宽	$0.6h$
	笔画粗	$1/6h$
公里符号高	k	$1/2h$
	m	$1/3h$

显然两者存在冲突,考虑法律法规与标准规范的强制力程度以及现实实际的合理性,本条对《道路交通标志和标线》(GB 5768—1999)对标志版面文字设计进行了相应修改。

《新理念公路设计指南》(2005 版)提出欧洲、澳大利亚等国采用运行速度作为设计要素,与道路几何线形相比,交通安全设施与道路实际运行速度相关性更强。采用运行速度作为主要指标,更能贴近交通运行的实际需求。本条考虑当前实际所限,仍采用设计速度作为设计指标,但对于有条件计算运行速度或实测运行速度的情况,建议采用运行速度代替设计速度作为设计指标。运行速度的实测或计算可参照《公路项目安全性评价指南》进行。

考虑内蒙古自治区地名的特点,地名语种是以蒙古语为主,很多翻译地名较长,如科尔沁右翼前旗、莫力达瓦达斡尔族自治旗、巴彦扎拉嘎等,考虑版面设计的经济、美观、实用性,本条参考浙江等省份的成熟经验,对地名较长(一般超过4个字)的汉字高宽比进行了补充;对于翻译地名过长的情况,在经过技术论证的条件下,可用地名缩写代替。

4.3 对于道路交通标志设计时采用的设计基本风速的选取问题,《高速公路交通工程及沿线设施设计通用规范》(JTG D80—2006)和《公路交通安全设施设计规范》(JTG D81—2006)给出了不同的答案。其中前者5.2.4条规定"设计风速采用标志所在地区离平坦空旷地面10m高,重现期为30年一遇10min的计算平均最大风速";后者6.6.1条规定"设计基本风速应采用当地平坦空旷地面,离地面10m高,重现期为50年10min平均最大风速值,并不得小于22m/s。"考虑内蒙古自治区风大且大风天气所占时间较长的特点,选择后者作为标准。

4.4.1 当前用于制作单柱式标志面板的低回收价值材料主要有玻璃钢、硬质聚乙烯材料、铝塑板等,设计者可根据实际情况进行比选。采用这些材料制成的标志板应符合《公路交通标志板》(JT/T 279—2004)的相关规定。

4.4.2 《道路交通标志和标线》(GB 5768—1999)和《公路交通安全设施设计细则》(JTG/T D81—2006)对一级公路的反光膜等级选取的规定见表4-1。反光膜造价大约占整个标志工程总造价的

10%以上，因此，本条从经济实用的角度对反光膜的等级选取进行了细化，以达到优化设计的目的。

当前标准规范对反光膜选取的有关规定 表4-1

规范名称	规范编号	反光膜选取原则
《道路交通标志和标线》	GB 5768—1999	一级公路宜采用一～三级反光膜； 一级公路曲线段标志宜采用三级以上反光材料
《公路交通安全设施设计细则》	JTG/T D81—2006	一级公路宜采用一、二级反光膜； 门架、悬臂型悬空类标志宜采用比路侧交通标志等级高的反光膜

此外，针对目前反光膜市场名称的不统一，本指南结合《公路交通标志反光膜》(GB/T 18833—2002)对反光膜等级划分情况进行梳理，见表4-2，以便于设计者的实际运用。

反光膜的等级划分 表4-2

等级	逆反射原理	结构	俗称
一级	棱镜型	棱镜型	钻石级、宝石级、星光级
二级	玻璃珠型	密封胶囊型	高强级
三级	玻璃珠型	透镜埋入型	超工程级

4.5 《道路交通标志和标线》(GB 5768—1999)仅规定悬臂、门架等悬空标志下缘离地面的高度至少按该道路规定的净空高度设置，未对施工误差、结构变形下垂、罩面、路面压实雪层厚度等因素进行有效规定，为此本条提出了相应的预留余量为20～50cm，供设计者参考。

现行《道路交通标志和标线》(GB 5768—1999)以及《公路交通安全设施设计细则》(JTG/T D81—2006)均未对交通标志相互遮挡、设施合建条件下的标志设置问题进行具体规定，不利于设计者实际操作。根据相关研究成果，标志设置的间距应大于该标志的认读距离，在行车速度≥70km/h时，两块标志间的推荐距离为90m以上(不能小于60m)，在速度<70km/h的情况下，两块标志间的距离可以为30m，在上述范围内，不得有其他干扰交通标志的信息。当需要在较短距离内设置两个或两个以上标志时，可将标志板设置在同一个立柱上。标志牌在一根支柱上并设时，应按警告、禁令、指示的顺序，先上后下，先左后右的排列。

在充分理解路侧安全净区的基础上，综合考虑经济性、可行性，本条对净区内的标志提出了相应的处理措施供设计者参考。

4.6 根据"内蒙古自治区一级公路交通安全研究"项目交通事故分析结论，无论一级公路是整体式路基还是分离式路基，平面交叉口都是事故多发点。根据专题报告一对依托工程所做的分析，内蒙古自治区一级公路平面交叉口的形式多种多样，平面交叉口事故占事故总数的60%以上。为改善平交口交通安全状况，根据不同平面交叉口类型，从改进指引系统、完善路权分配、增加速度控制三个方面对平面交叉口进行标志设计。

4.6.1 本条根据与一级公路相交公路的等级功能的不同，提出了不同的指引方案，在应用过程中，设计者可据实际情况灵活采用。

根据"内蒙古自治区一级公路交通事故分析研究"专题报告一的分析结果，在Ⅰ型平面交叉口，即被交公路为一、二级公路时，由于一级公路的车速快，按照现行《道路交通标志和标线》(GB 5768—1999)设置的单一指路标志已不符合驾驶员的行车心理，容易造成驾驶员为看清指路标志而紧急制动、错过标志而倒车，造成追尾事故的发生。为此，借鉴高速公路有关预告标志的设计思想，对一级公路与一、二级公路相交时，在相交道路上采用指路预告标志、指路告知标志、指路确认标志的三级指引体系。设置效果如图4-1所示。

一级公路与县、乡道路相交的平面交叉口。指路标志指引系统设置效果见图4-2。

一级公路与通村、厂矿道路相交的平面交叉口，其指引设置体系见图4-3。其中地名指示附着标志，指示支路到达的地点，标志设置在距离平面交叉口前200m处；同时为吸引驾驶员的注意，在主线的平面交叉口前后设置道口桩，对称各设置2个，间距2m，对事故多发的平面交叉口处可采用太阳能道口桩。

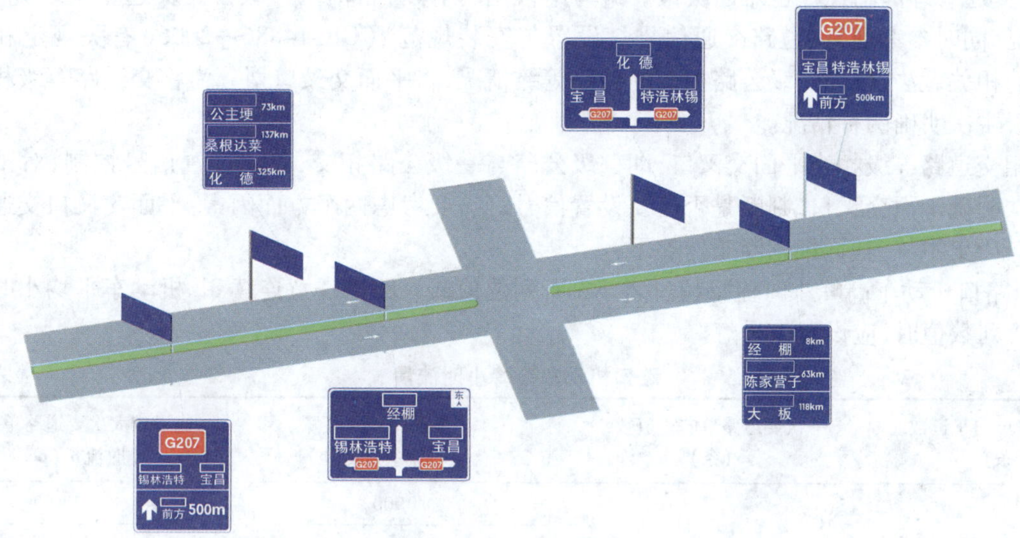

图 4-1　标志设置效果图 1

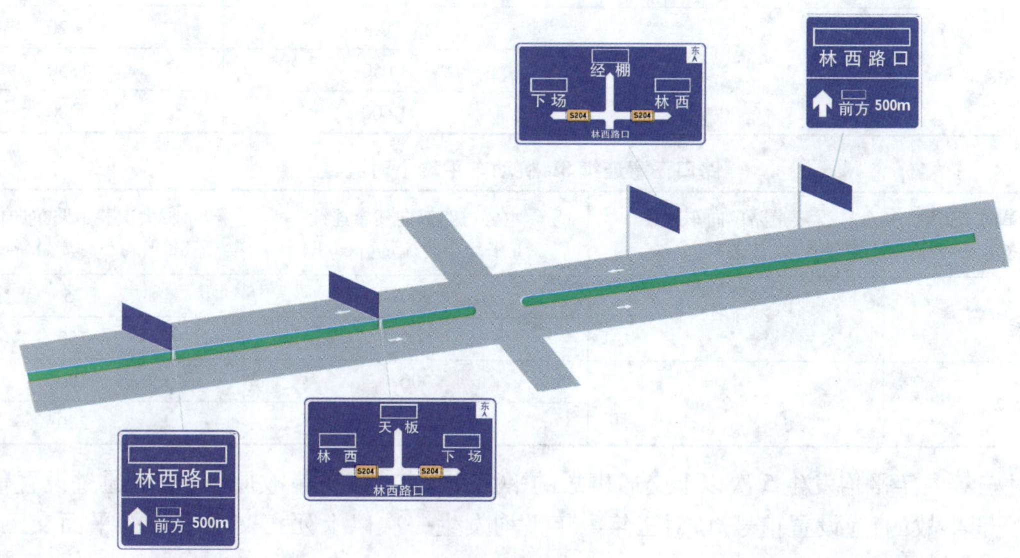

图 4-2　标志设置效果图 2

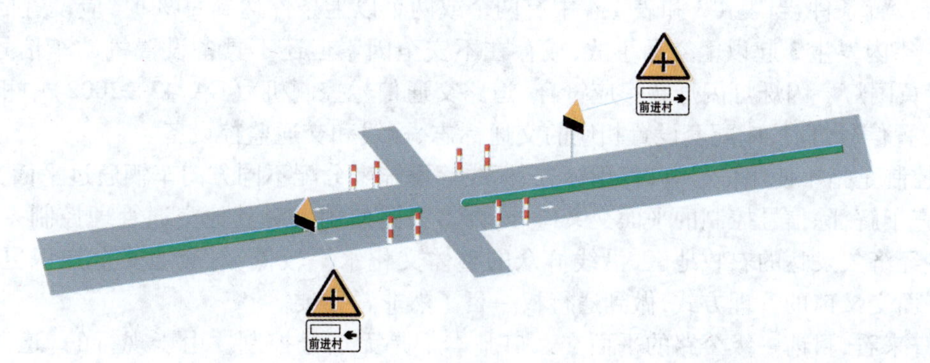

图 4-3　标志设置效果图 3

4.6.2 平面交叉口的路权分配是平面交叉口管理的主要内容，本条提出了平面交叉口路权分配的原则，并根据不同情况给出了相应的路权分配标志供设计者参考。

信号控制是指通过设置信号灯来控制分配平面交叉口的通行权。通常而言，何种情况下考虑设置信号控制，交通管理部门往往也难以决策。编写组根据“内蒙古自治区一级公路交通安全研究”项目实地调研情况，同时参考现行《道路交通信号灯设置与安装规范》（GB 14886—2006）有关规定和加拿大交通部门的相关做法，按与一级公路相交的公路等级情况，将平面交叉口划分为相交道路等级相当和相交道路等级主次明确两种情况。

对于相交道路等级相当平面交叉口，即一级公路与一级公路相交，建议设置信号控制；对于相交道路等级主次明确平面交叉口，判断是否需要设置信号灯需要考虑两个方面因素：平面交叉口交通流量和平面交叉口历史事故，其详细判断条件如下：

（1）当路口机动车高峰小时流量超过表4-3所列数值或者路口任意连续8h机动车平均小时流量超过表4-4所列数值时，应设置信号灯。

路口机动车高峰小时流量 表4-3

主要道路单向车道数（条）	次要道路单向车道数（条）	主要道路双向高峰小时流量（pcu/h）	流量较大次要道路单向高峰小时流量（pcu/h）
≥2	1	900	340
		1 050	280
		1 400	160
≥2	≥2	900	420
		1 050	350
		1 400	200

路口任意连续8h机动车平均小时流量 表4-4

主要道路单向车道数（条）	次要道路单向车道数（条）	主要道路双向任意连续8h平均小时流量（pcu/h）	流量较大次要道路单向任意连续8h平均小时流量（pcu/h）
≥2	1	900	75
		600	150
≥2	≥2	900	100
		600	200

（2）对三年内年平均发生5次以上交通事故的平面交叉口，分析事故原因，确定通过设置信号灯可避免发生交通事故的，应设置信号灯；对三年内年平均发生一次以上死亡交通事故的平面交叉口，应设置信号灯。

（3）综合设置条件，当表4-3和表4-4中有两个或两个以上条件达到80%时，应设置信号灯。

（4）在一年内发生3起以上交通事故，或存在不安全因素但还不具备设置机动车信号灯的平面交叉口，应设置黄闪灯。闪烁灯闪烁频率应符合《道路交通信号控制机》（GA 47—2002）中相关规定。

（5）在设置信号灯时，应配套设置相应的交通标志、标线和交通监控设备。

无信号控制是指不使用信号灯，仅用标志、标线等设施来分配不同方向车辆通过平面交叉口的通行权。根据调查了解，除信号控制的平面交叉口外，许多公路使用者对其他交通管理控制方式、规则尚不熟悉，尤其在经济欠发达的农牧地区，沿线群众的整体文化水平较低，对交通安全知识更是缺乏了解。因此，明确平面交叉口的管理方式，做到通行权一目了然非常重要。

根据调查来看，目前一级公路的平面交叉口基本都是无信号控制。由于现行的《道路交通标志和标线》（GB 5768—1999）对路权分配没有明确规定，在平面交叉口也没有规定采用哪些标志、标线来进行 路权分配。本条依据《中华人民共和国道路交通安全法》及其实施条例中“道路通行规定”中的有关要求，提出了“主路优先、直行优先”的原则，设置示例见图4-4。

图4-4　无信号控制平面交叉口路权分配标志设置示例

4.6.3　本条参照《公路安全保障工程实施技术指南》，对设置有物理减速设施的平面交叉口的警告标志进行了相关规定。

4.7　一级公路与高速公路设有相当的服务设施，但《道路交通标志和标线》(GB 5768—1999)等规范仅对高速公路服务区预告标志进行了规定，对一级公路未做要求。本条规定了一级公路服务区预告标志的颜色、版面、文字以及下一服务区预告等内容。

2007年9月发布实施的《国家高速公路网相关标志更换工作实施技术指南》对现行《道路交通标志和标线》(GB 5768—1999)中高速公路服务区预告标志进行了相应修订，本条参考最新修订成果，将服务区及其预告标志中图案部分的颜色由绿底白图案更改为白底绿图案，同时对图案的形式进行了美化设计。

4.8　以车速来定义快、慢车道，是贯彻执行《中华人民共和国道路交通安全法》第四十四条的要求，有利于发挥一级公路高效、快速的优点，对交通起到良好的组织作用。

> 第四十四条　在道路同方向划有2条以上机动车道的，左侧为快速车道，右侧为慢速车道。在快速车道行驶的机动车应当按照快速车道规定的速度行驶，未达到快速车道规定的行驶速度的，应当在慢速车道行驶。摩托车应当在最右侧车道行驶。有交通标志标明行驶速度的，按照标明的行驶速度行驶。慢速车道内的机动车超越前车时，可以借用快速车道行驶。

此外，对于一级公路路肩担任的功能问题，目前鲜有相关经验可供参考。本条从一级公路的路肩主要作用出发，探索路肩指示标志的设计。

一级公路路肩主要作用如下：

(1)保护行车道等主要结构的稳定。

(2)为发生机械故障或遇到紧急情况的车辆需要临时停车提供位置。

(3)提供侧向余宽，有利于安全，增加舒适感。

(4)可供行人、自行车通行。

(5)为设置路上设施提供位置。

(6)作为养护操作的工作场地。

(7)在不损坏公路构造的前提下，也可作为埋设地下设施的位置。

(8)改善挖方路段的弯道视距，增进交通安全。

(9)使雨水能够在远离行车道的位置排放，减少行车道雨水渗透，减少路面损坏。

因此,本条将右侧路肩作为紧急停靠和非机动车通行使用,不仅符合相关标准精神,同时还有利于解决现实存在的机非混行问题。

总之,本条对一级公路的车道管理标志的设置方式、要求及注意点进行了规定,供设计者参考。

4.9.1 本条参照美国 MUTCD 手册和国内最新研究成果《公路限速标志设置指南》等制定。

4.9.2 目前我国一级公路限速值的确定主要参考《中华人民共和国道路交通安全法》及其实施条例,但在实际限速设计中,这些并不能达到指导设计的需要。因此,本条对一级公路的限速值进行相关规定,其中一般路段的限速值应采用实际的运行速度,运行速度值通过实际测量或按《公路项目安全性评价指南》提供的模型进行计算,在条件不足的情况下,可采用设计速度代替。

事故多发平交口路段限速值是参考瑞典 Vision Zero 项目,根据人体最大承受能力,为了保证人员安全,当车辆与人可能发生碰撞时,车辆速度不得超过 30km/h;车辆与车辆侧碰时,车辆速度不得超过 50km/h;车辆与车辆正碰时车辆速度不得超过 70km/h;车辆与路侧设施碰撞时车辆速度不得超过 100km/h。

对于雾雪、沙尘天气造成的能见度降低情况,参照《中华人民共和国道路交通安全法实施条例》第八十一条规定,见表 4-5。

一级公路能见度于最高限速值情况　　表 4-5

能见度(m)	最高限速值(km/h)	能见度(m)	最高限速值(km/h)
<200	60	<50	20
<100	40		

4.9.3 限速标志间的限速值逐级平稳过渡对保障交通安全非常必要,过大的限速差容易造成驾驶员为减速而紧急制动发生追尾事故,人为地设置了一个不安全因素。本条参照《道路交通标志和标线》(GB 5768—1999)中收费广场前减速标线的规定,为使行驶速度逐步降下来,减速度约为 $1.8\mathrm{m/s^2}$,利用 $v_t^2 - v_0^2 = 2as$,计算不同速度平稳过渡需要的距离,同时考虑实际驾驶员的情况,对 s 值进行修正,修正系数取 1.1,由此计算得出最小间距。

4.9.4 本条参考美国 MUTCD 手册制定。

5　标线

5.2 目前一级公路整体式路基靠近中央分隔带一侧的车道边缘线均采用白色实线,用以指示车行道的边缘。施画于路段中的白色和黄色实线含义的比较见表 5-1。内蒙古自治区一级公路中央分隔带多未设置护栏和防眩设施,考虑夜间和雨雾天气等条件下的标线提示效果,本条采用黄色实线更有利于驾驶员安全行车。

白色实线与黄色实线含义比较　　表 5-1

类　型	含　义
白色实线	白色实线　画于路段中时,用以分隔同向行驶的机动车和非机动车,或指示车行道的边缘
黄色实线	黄色实线　画于路段中时,用以分隔对向行驶的交通流

本条根据路侧危险程度以及车辆驶出路外或进入对向车道可能造成的交通事故等级情况,提出了车道边缘线采用振荡标线几种条件,并针对目前市场不同类型的振荡标线繁多不一情况,参考相关研究成果,对振荡标线的结构设计、类型、各自优缺点、适用条件等进行了分析,见表 5-2,供设计者参考使用。

不同类型车道外侧边缘振荡标线比较 表 5-2

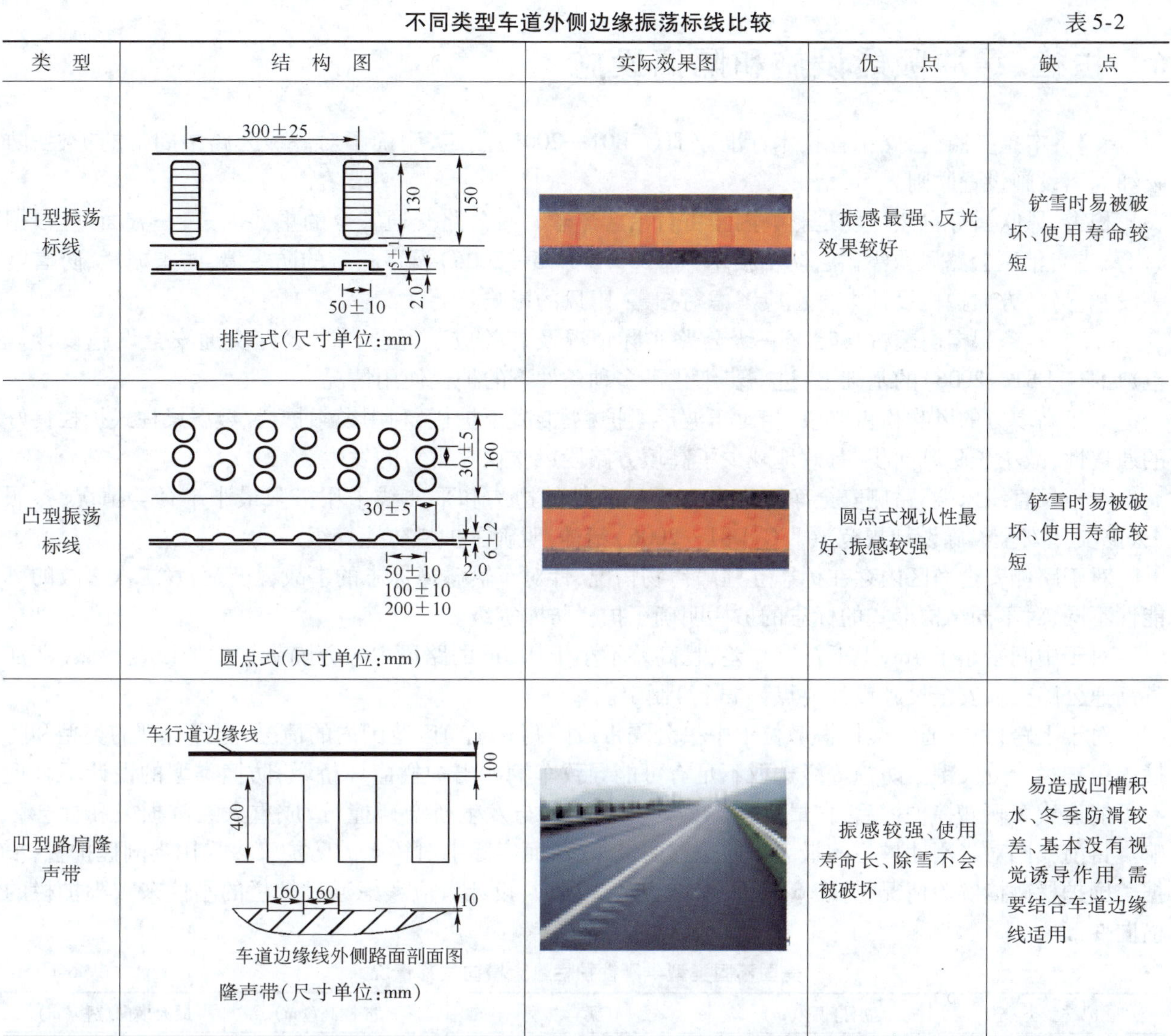

类型	结构图	实际效果图	优点	缺点
凸型振荡标线	300±25；130；150；6±1；2.0；50±10 排骨式(尺寸单位:mm)		振感最强、反光效果较好	铲雪时易被破坏、使用寿命较短
凸型振荡标线	30±5；160；30±5；6±2；2.0；50±10；100±10；200±10 圆点式(尺寸单位:mm)		圆点式视认性最好、振感较强	铲雪时易被破坏、使用寿命较短
凹型路肩隆声带	车行道边缘线；100；400；160；160；10 车道边缘线外侧路面剖面图 隆声带(尺寸单位:mm)		振感较强、使用寿命长、除雪不会被破坏	易造成凹槽积水、冬季防滑较差、基本没有视觉诱导作用，需要结合车道边缘线适用

5.3.1 减速振荡标线不同于车道边缘线的突起振荡标线，其性能主要体现为防止车辆打滑、增强车辆运行时的减速效果，振荡提醒只是其辅助功能。因此其材料的选择不同于普通的标线。目前作为减速振荡标线而在国内外被广泛应用的主要是彩色防滑标线(也称路面薄层铺装)，它是以防止打滑、增强车辆运行时的减速效果、路面的彩色化以及从视觉上提高安全性并以美化环境为目的开发的防滑铺路材料。它可以使车辆得到比普通柏油路面更好的制动性，从而有效地抑制交通事故。国外发达国家对减速振荡标线的防滑值有明确的要求，如欧盟和德国的技术标准中要求标线自身的防滑值(SRV)大于42，而我国目前的规范没有对标线提出防滑的要求。

目前常用的减速振荡标线有溶剂型、双组分、热溶型等，其中溶剂型和双组分防滑无方向性，防滑值最高，溶剂型无味无毒，而双组分有刺激性气味，热溶型防滑有方向性，只是在一个方向上提高了路面的防滑性能，防滑值不均匀。设计者应在考虑以上因素基础上，选择减速振荡标线材料。

5.3.3 本条中3·3·7拍振荡减速标线参考日本成功经验，3·3·3拍为浙江省相关成果，前者的振荡效果高于后者，但造价也高于后者，设计者可据实际情况，选择合适的施画类型。

5.5 车距确认标线占用车道面积大，在自治区冬季寒冷地区容易造成标线表面大面积结冰，引发车辆打滑发生交通事故。

5.6 交叉口的渠化设计内容有专门的书籍介绍，本指南难以全面的进行描述。本条在参考《公路平面交叉优化设计》等书籍基础上，只对一级公路平面交叉口渠化的几个共性问题进行了说明。

6 护栏、缓冲吸能设施和隔离设施

6.2 本条参照《公路工程技术标准》(JTG B01—2003)制定,明确了对一级公路中间带的护栏、防眩和隔离设施设置原则。

积雪、风吹雪等自然环境是影响内蒙古自治区冬季一级公路交通安全的重要因素,一方面,应根据《内蒙古自治区公路风吹雪雪害防治技术》(DB15/T 435—2006)设置相应的防雪墙、防雪栅栏、防雪网等设施,另一方面护栏设计本身也应考虑对扫雪、阻风的影响。

6.3 本条根据内蒙古自治区一级公路实际情况及有关成熟经验,在《公路交通安全设施设计规范》(JTG D81—2006)的基础上,进一步细化了多种条件下的护栏使用情况。

对于高填方的风吹积雪路段,相对于波形梁护栏、混凝土护栏,利用缆索护栏、金属梁柱式护栏良好的通透性,减小了阻风面积,有效地减少了高填方路段风吹积雪雪害的发生。

对于长直线末端、路侧安全净区内存在无法跨越的边沟和平曲线采用极限最小半径等情况,参照《公路交通安全设施设计规范》(JTG D81—2006)精神,明确了护栏防撞等级。

对于路侧安全净区内存在标志立柱障碍物情况,针对车辆碰撞标志的事故程度、引发二次事故的可能性不同,对不同结构形式的标志的护栏明确了护栏防撞等级。

对于中间带小于4m,上下行有高差,且高差不小于0.5m的路段中央分隔带护栏的设置参照《浙江省高速公路交通安全设施设计要点》(试行)制定。

对于上跨桥、互通立交桥桥墩位于中央分隔带或路侧安全净区范围内的情况,选择合理的类型和防撞等级护栏十分关键。防撞等级选取不足有可能导致车辆冲出护栏撞坏桥墩,防撞类型的设计不合理有可能造成车辆碰撞护栏后,在最大动态横向位移内仍与发生桥墩碰撞,造成重大经济损失和社会影响。目前我国对半刚性护栏的最大横向位移研究很少,而实际中对桥墩的防护又多采用半刚性护栏,根据美国护栏碰撞实验情况,见表6-1,因此,在设计过程中,设计者应考虑通过护栏的刚性来减小护栏的横向变形梁。

美国不同类型半刚性护栏最大横向位移情况 表6-1

护栏类型	立柱间距(m)	横梁类型	标准栏高(cm)	最大横向位移(m)
无防阻块W形弱柱护栏系统	3.66	规格为12的W型钢	76.2~83.82	约2.13
无防阻块三波梁弱柱护栏系统	3.81	S3×5.7型钢	83.82	约1.22
带防阻块W形强柱护栏系统	1.9	11.0cm×14.29cm×0.48cm 工字型钢	68.58	约0.91
带防阻块三波梁强柱护栏系统	1.9	规格为12的波纹钢	81.28~88.9	0.61

对于大型车辆所占比例很高的情况,本条提高了护栏的防撞等级。

6.4 《公路交通安全设施设计规范》(JTG D81—2006)未对缓冲吸能设施进行规定,设计者容易在设计过程中遗漏此项内容。因此,本条根据涉及缓冲吸能设施的相关规范,对缓冲吸能设施的设计原则、参考标准等进行了规定。

目前我国防撞垫的设计处在起步阶段,市场上防撞垫性能、使用寿命等参差不齐,在设计中应综合考虑成本、防撞能力、维修费用等因素,采用通过相关质量认证或经过论证的成熟产品。

6.5 本条根据《公路交通安全设施设计规范》(JTG D81—2006)、《内蒙古自治区公路风吹雪雪害防治技术》(DB15/T 435—2006)和《交通工程手册》制定。隔离设施产品多样,设计者应根据实际需求,灵活采用,图6-1为目前内蒙古自治区隔离设施的两种实例。

图 6-1　隔离设施设置实例

7　防眩设施

7.2　夜间交通量大、大型车混入率高是设置防眩设施的主要条件。在无封闭设施的一级公路路段如果设置防眩设施，在有人翻越防眩设施或从中央分隔带开口穿越时，由于侧向通视不好，容易让驾驶员对这些事件猝不及防。根据相关统计资料表明，在无封闭设施的路段设置防眩设施后，反而使该路段的事故率增加。根据目前自治区一级公路交通量的调查情况来看，绝大部分一级公路交通量还远未达到一级公路设计的适应交通量，夜间交通量也很小，同时一级公路沿线的平交口数量众多，间距过密。因此，对于此种情况，建议不设置防眩设施。

此外，设置防眩设施对于大风、多雪的路段来说，往往由于风吹雪雪害而造成能见度降低和在临近中央分隔带的内侧车道路面积雪，威胁行车安全，因此设计者对防眩设施的设计应慎重考虑。

8　视线诱导设施

8.1　本条从功能和作用上考虑，将突起路标、轮廓标、线形诱导标和道口标柱统一划入视线诱导实施范畴，以便于设计者的实际操作。

8.2　本条参考《道路交通标志和标线》(GB 5768—1999)和《公路交通安全设施设计规范》(JTG D81—2006)对突起路标的设置条件、主要事项进行了规定。

8.4　《道路交通标志和标线》(GB 5768—1999)中第 8.3.23 条对线形诱导标规定，线形诱导标的基本单元尺寸应符合图 8-1 和表 8-1 的规定。表中，I 型适用于计算行车速度大于 100km/h 的公路，II 型适用于计算行车速度在 100km/h 以下的公路。在实际中，II 型对于一级公路而言，尺寸明显偏小，本条借鉴公路安全保障工程设计经验，增加了一类线形诱导标规格。

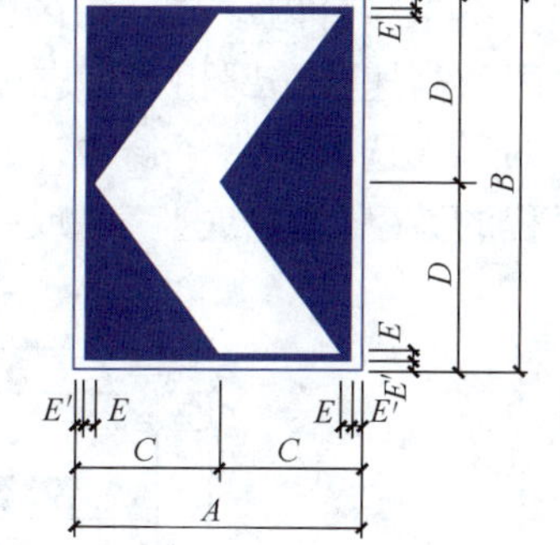

图 8-1　线形诱导标

线形诱导标的尺寸　　表 8-1

类　别	尺　寸　(mm)					
	A	B	C	D	E	E'
I	600	800	300	400	20	20
II	220	400	110	200	10	10

8.5 从有意注意和无意注意来看，内蒙古自治区一级公路很多都地处广阔草原，由于缺少丰富的中间物的重叠，受运动视差的影响，驾驶员无意注意的外界自然环境刺激不足，在通过平面交叉口时，驾驶员更多是依靠导向箭头标线和平面交叉口警告标志后才有所心理准备，对平面交叉口的具体位置仍然不明，导致无意注意下降。

从注意的分配和注意水平来看，在地势平坦环境单调的草原地区，小型平面交叉口的支路与周围环境"融为一体"，本应分配给支路的注意由于驾驶员几乎察觉不到在哪些地方有支路接入而没有分配，注意没有得到很好的转移，即由于环境的过分单调造成注意水平的不足。

因此，为充分吸引驾驶员注意力，清晰指明接入支路的具体位置，对于小型的接入支路，设置道口标柱。为保证夜间的指引效果，应在标柱上部设置与标志相同等级的反光膜，见图 8-2，对于事故多发路口可采用主动发光的太阳能道口标准等。

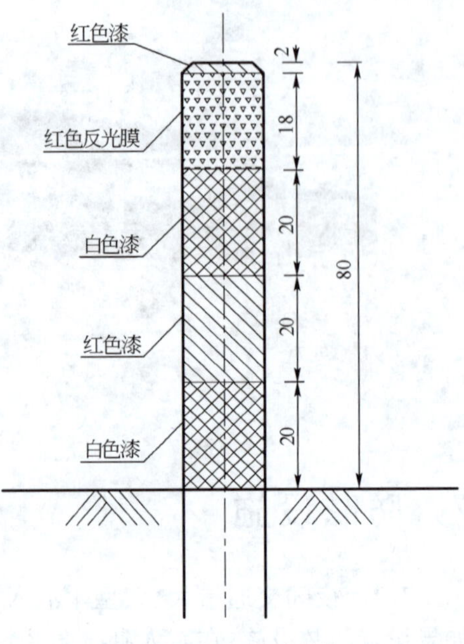

图 8-2　道口标柱（尺寸单位：cm）

9　里程标和百米牌

9.1 根据《道路交通标志和标线》（GB 5768—1999）对里程标的设计要求，一级公路应采用里程碑形式，里程碑柱体为白色，国道用红字，省道用蓝字，县道用黑字。设于公路前进方向的右侧，每隔 1km 设一块，见图 9-1。而从实际运营的效果和反响来看，无论是道路使用者还是管理者，都倾向于采用高速公路里程牌的形式，因此，本条在《道路交通标志和标线》（GB 5768—1999）和《国家高速公路网相关标志更换工作实施技术指南》的基础上，对一级公路里程标的形式选择进行了修改，里程牌版面上半部分为里程数，下半部分为一级公路的编号标志。

9.2 根据《道路交通标志和标线》（GB 5768—1999）对百米牌的设计要求，一级公路应采用百米桩的形式，百米桩柱体为白色，国道用红字，省道用蓝字，县道用黑字。设在公路右侧各里程碑之间，每 100m 设一个，见图 9-2。本条结合内蒙古自治区已建一级公路的成功经验，在《道路交通标志和标线》（GB 5768—1999）和《国家高速公路网相关标志更换工作实施技术指南》的基础上，借鉴高速公路的做法，对一级公路里程标的形式选择进行了修改。百米牌中上半部分为百米的数字，为蓝底（或绿底）白字；下半部分为所在里程的数字，为白底蓝字（或绿字）。

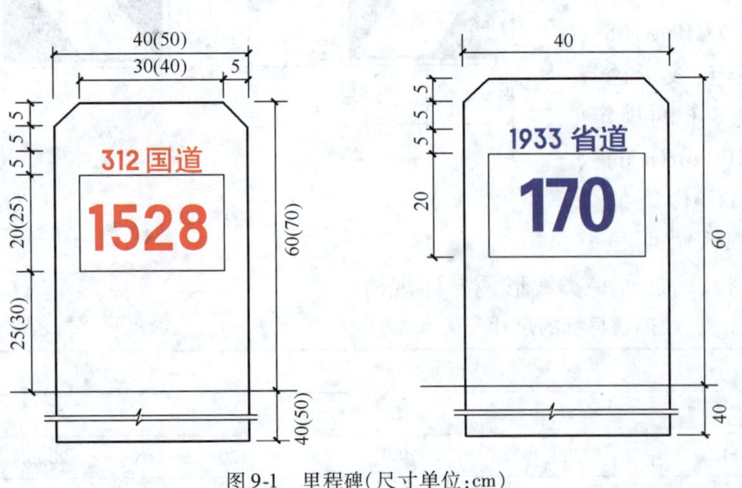

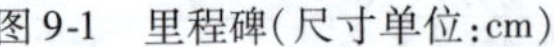

图 9-1　里程碑（尺寸单位：cm）

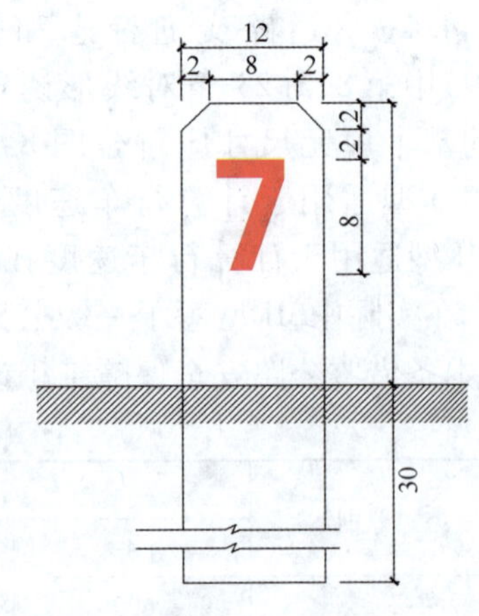

图 9-2　百米柱（尺寸单位：cm）

对于百米牌的设置方式，可采用附着圆形标志板形式或贴反光膜形式，在周边村镇较密集路段建议采用贴反光膜的形式，以防止标志的被盗。

11 设施配合与设计方案

11.1 目前内蒙古自治区一级公路多是分期、分路段进行设计与修建，不同设计单位在不同时期采用的安全设施的设计标准、风格等不尽相同，因此，对于同一条一级公路而言，不同路段的交通安全设施的设置原则、标准、风格和规格应进行统一。另外，在实际设计过程中，常存在不同的设计人员设计不同类型安全设施的情况，因此，对于一些需要配对使用的安全设施和需要进行综合处理的一些特殊路段，负责不同设施设计的设计人员应相互协调、互相补充，发挥交通安全设施的综合处理作用。

11.3 根据“内蒙古自治区一级公路交通安全研究”项目的现场调查和事故分析结果，内蒙古自治区一级公路存在交通安全隐患的路段主要有平面交叉口路段、风吹雪（或沙）路段、长直线路段、整体式、分离式路基过渡段、附属设施路段和季节性横向交通路段等。其中，存在大量季节性横向交通的路段主要是指草原地区打草季节拉草车的横向交通路段，这些横向交通的车辆车况较差，通常存在机械故障、车灯不全甚至没有等问题、同时驾驶员不按规定让行、超宽运输等违反行为较多，单从交通安全设施方面处治收效不大，需要多个部门从车辆运输管理、牧民安全意识教育、加强交通安全监督管等多方面进行系统处治。本条主要针对前5种路段，从内蒙古自治区一级公路中这些路段的分布情况入手、通过各路段安全隐患的深入分析，采用相关针对性处治策略，提出了相关的安全设施综合设计方案，具体见附录C，供设计人员参考。

附录A 指南与规范中内容比较表

序号	标准规范		指南条款	内容比较
	名称	条款		
1	JTG B01—2003	9.0.1条	1.0.4条	提出了一级公路交通安全设施具体包含的内容
2	JTG B01—2003	9.0.2条	3.2条	根据内蒙古自治区实际情况,细化了设施等级的规模
3	JTG B01—2003	9.0.4条	3.2条	完善各级配置规定,并对各分项设施要求进行了解释
4	GB 5768—1999	3.5条	4.2.1条	对规划将实施"一改高"工程一级干线公路,标志衬底采用绿色;里程碑、百米牌衬底采用蓝色
5	GB 5768—1999	8.1.4条	4.2.2条	修改对文字排列顺序、大小、高宽比要求
6	GB 5768—1999	15.1条	4.4.2条	细化反光膜选取条件
7	JTG/T D81—2006	6.5.1条		
8	—	—	4.5.1条	新增标志间距离要求;新增设施合建情况下标志合并要求
9	—	—	4.5.2条	新增路侧安全净区内标志处理原则
10	—	—	4.6.1条	新增不同平面交叉口指引体系
11	GB 5768—1999	6.4.34条 6.4.35条	4.6.2条	明确路权分配原则和标志含义,增加附着标志
12	—	—	4.6.3条	新增减速设施预告、警告标志
13	GB 5768—1999	8.3.15条	4.7.1条	增加"服务区"字样
14	—	—	4.8条	新增以车速定义车道标志
15	—	—	4.9.2条	新增限速参考值
16	—	—	4.9.3条	新增限速标志设置间距
17	—	—	4.9.4条	新增建议速度标志
18	GB 5768—1999	18.4条	5.2条	修改标线颜色
19	—	—	5.2条	新增标线排水要求
20	—	—	5.3.2条	新增视觉减速标线设置条件
21	—	—	5.3.3条	增加两种振荡减速标线设计方式,并明确设计原则
22	—	—	6.2条	增加积雪、风吹雪雪害路段护栏的设置原则
23	JTG/T D81—2006	4.2.2条	6.3条	新增对护栏碰撞后最大动态横向位移的考虑;增加护栏设置时车型混入比例的考虑
24	—	—	6.4条	增加防撞垫设计要求
25	JTG/T D81—2006	9.3.1条	7.2条	增加对实际交通量尤其是夜间交通量对防眩设施设置的考虑
26	JTG/T D81—2006	9.3.1条	7.2条	增加对风吹雪、平面交叉口、中分带开口等条件下的防眩设施设置的考虑
27	GB 5768—1999	8.3.23条	8.4.2条	新增400mm×600mm型线形诱导标
28	GB 5768—1999	10.4条	8.5条	增加道口标柱设置条件、细化设计要点
29	GB 5768—1999	8.2.10条	9.1、9.2条	修改一级公路里程标、百米牌的形式,并给出适应不同条件下的设置方式

附录 B 补充标志制作图示例

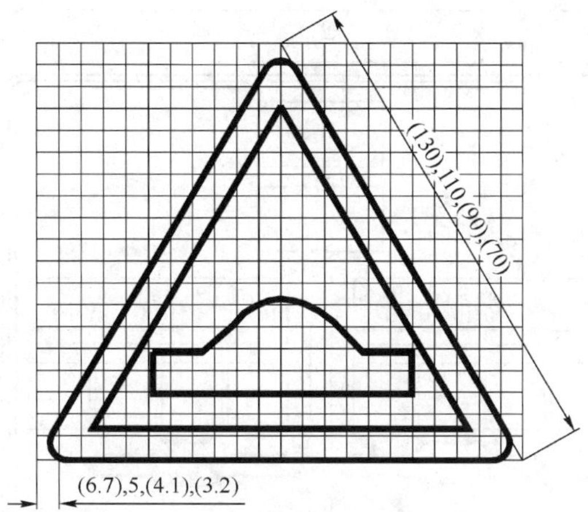

附图 1 减速带警告标志版面设计示例

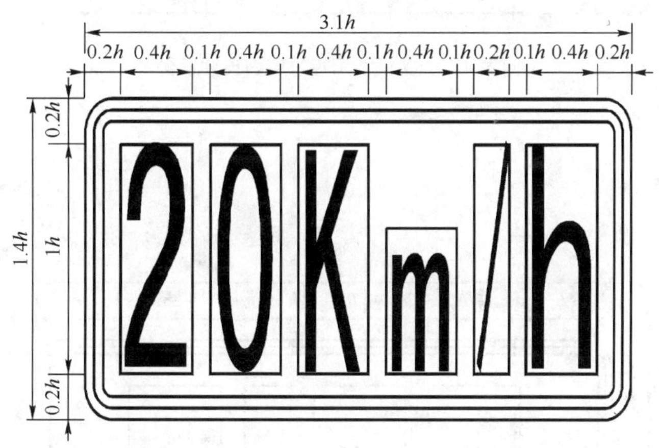

附图 2 推荐限速标志版面设计示例

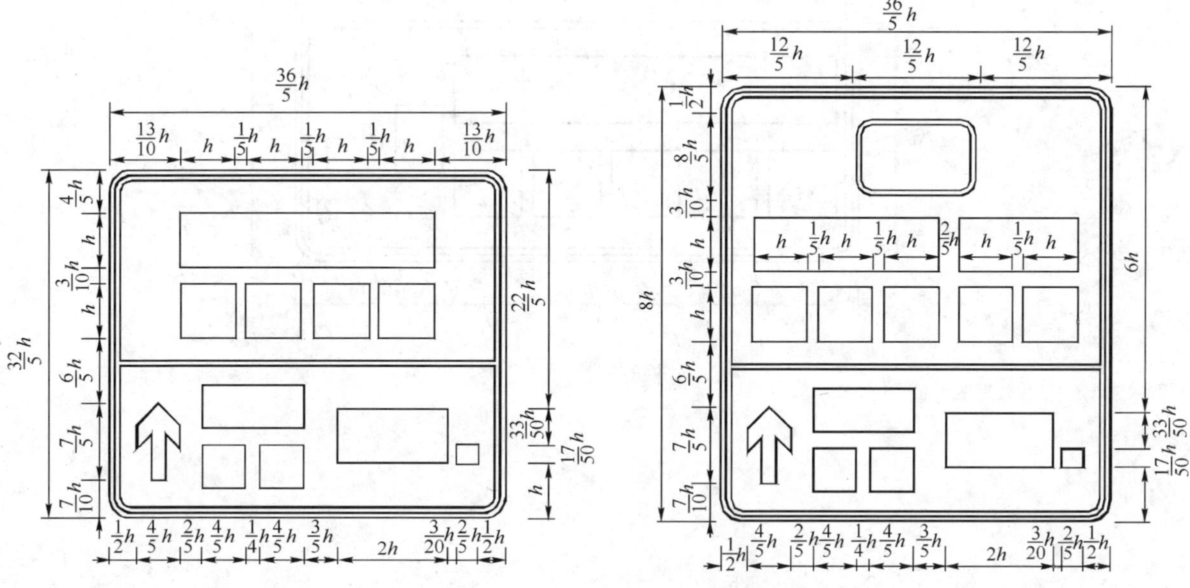

附图 3 交叉口预告标志版面设计示例

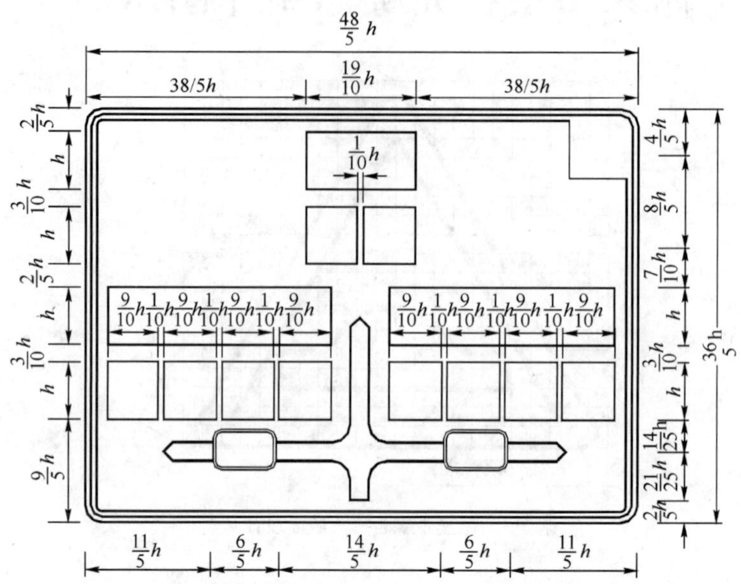

附图 4　交叉口指示标志版面设计示例

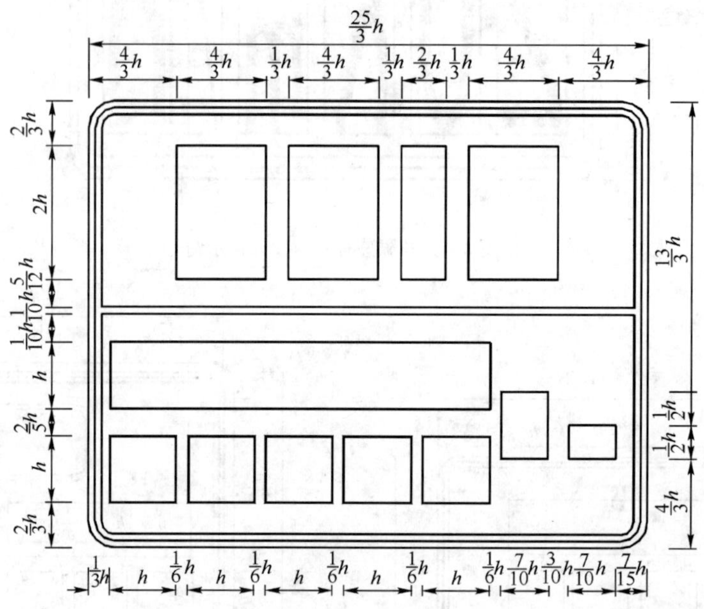

附图 5　服务区指示标志版面设计示例

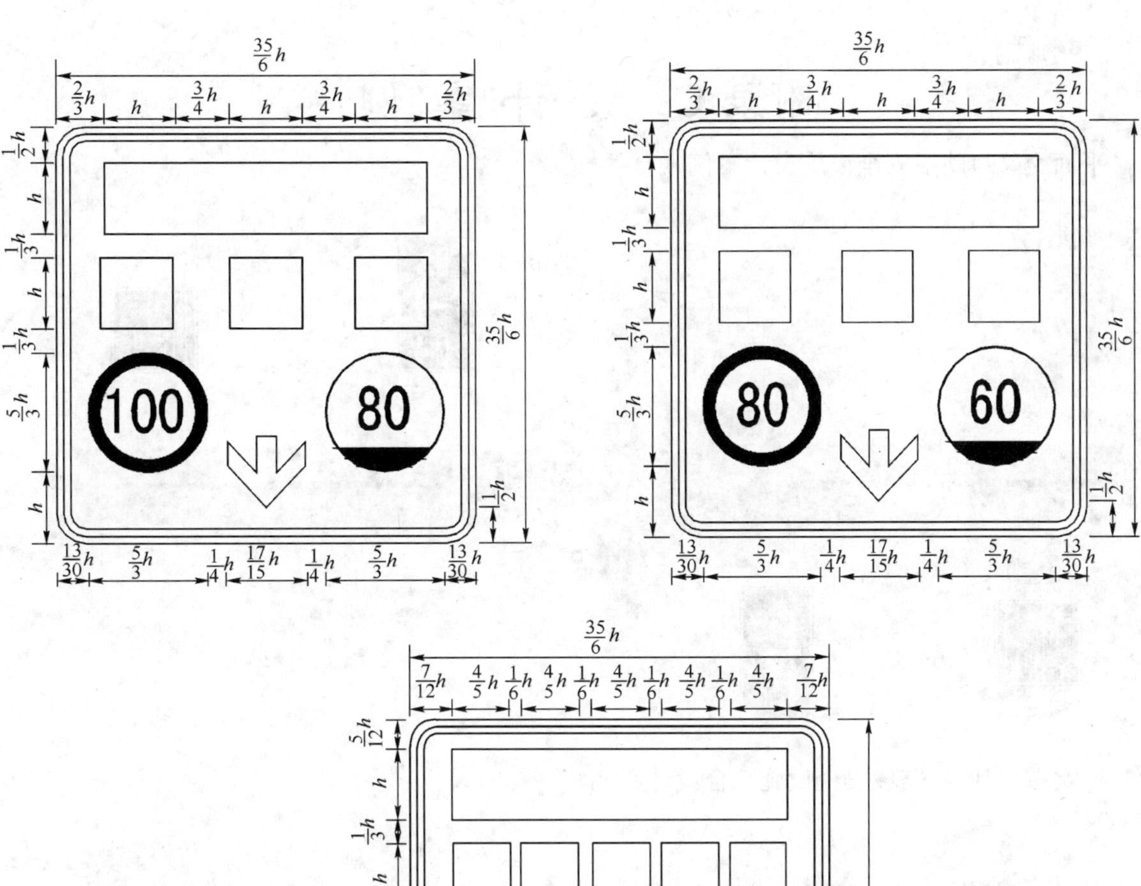

附图 6　以车速定义车道标志版面设计示例

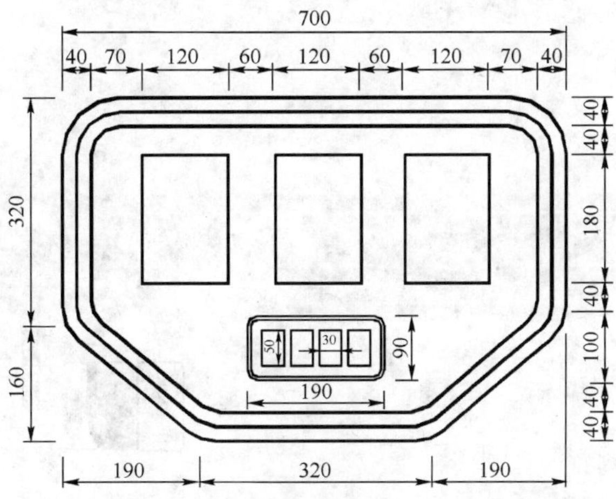

附图 7　里程标版面设计示例(尺寸单位:mm)

附录 C　设 计 案 例

1　平面交叉口路段安全设施设计案例

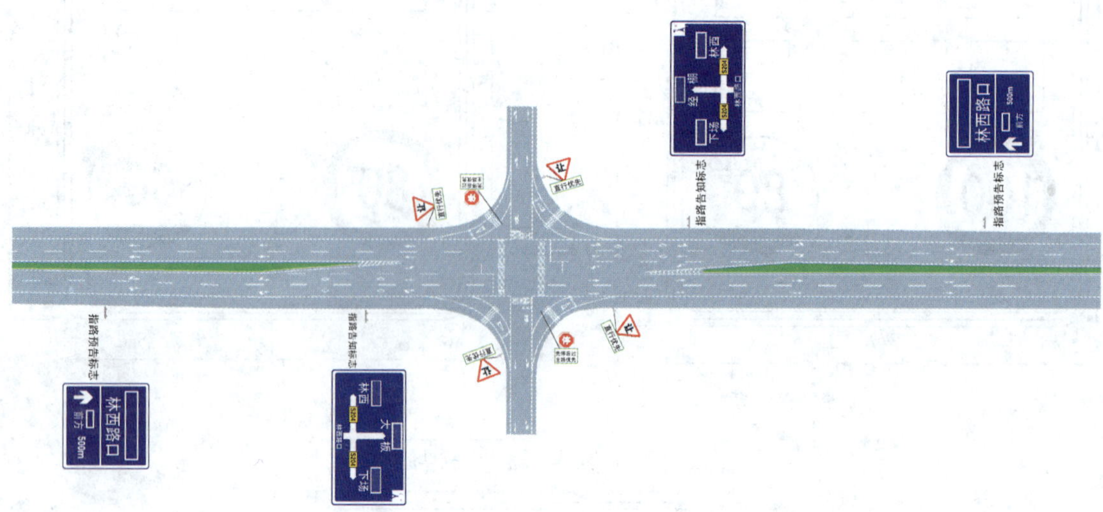

2　风吹雪、风吹沙路段安全设施综合设计案例

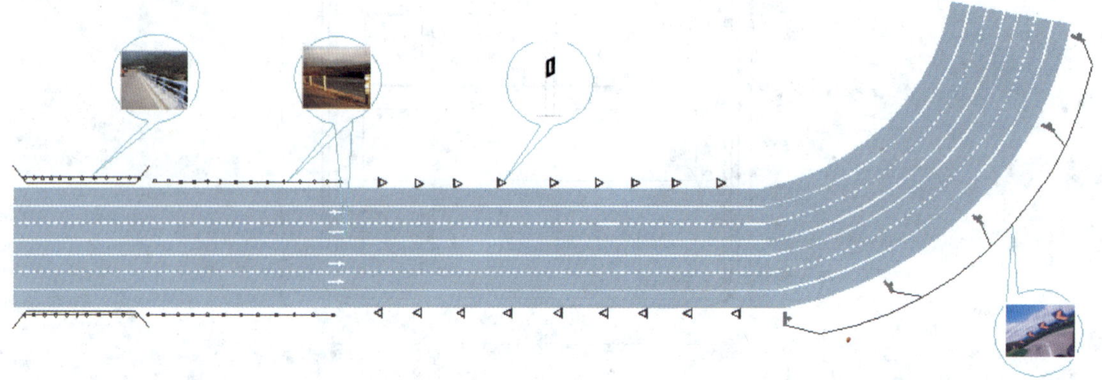

3　长直线路段安全设施设计案例

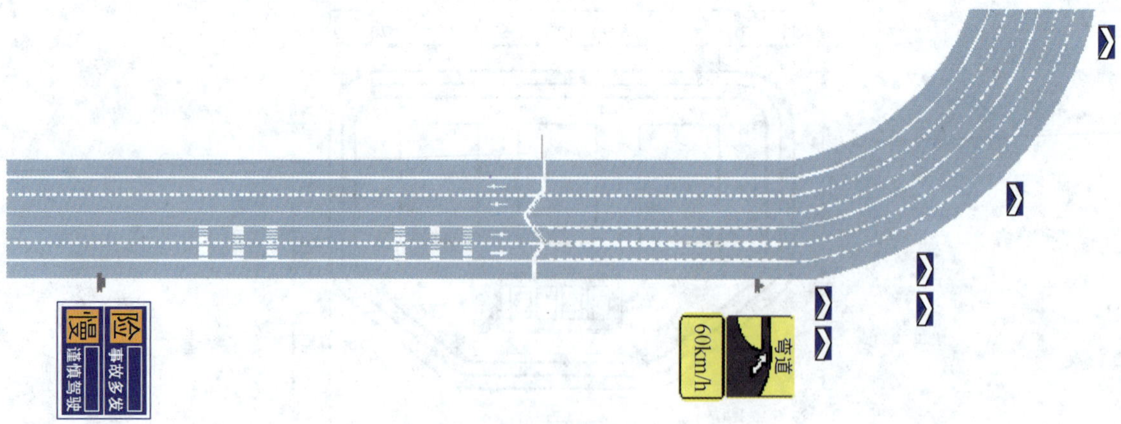

4　整体式、分离式路基过渡安全设施设计案例

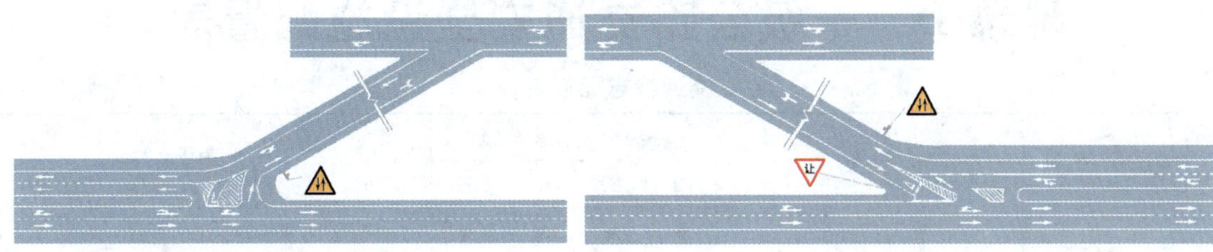

5　附属设施(加油站、收费站)路段安全设施设计案例

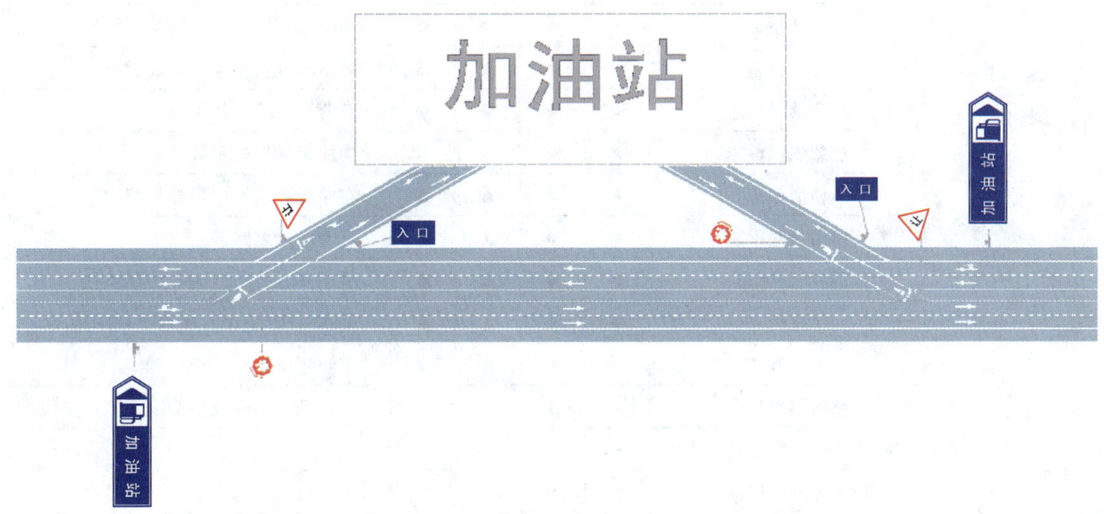

附录 D　一级公路交通安全设施配置表

交通标志配置表

序号	标志类别	标志种类	一级公路标志分级				适用条件
			B1	B2	C1	C2	
1	警告标志	交叉口标志	★	★	★	★	小型平面交叉口路段
2		陡坡标志	×	×	×	×	采用陡坡慢行告示牌
3		双向交通标志	◆	◆	—	—	整体式、分离式路基过渡段
4		注意行人标志	★	★	★	★	行人密集、设有人行横道线路段
5		注意儿童标志	★	★	◆	◆	小学、幼儿园、少年宫等儿童经常出入路段
6		注意牲畜	◆	◆	▲	▲	经常有牲畜横穿、出入的路段
7		注意落石标志	★	★	◆	◆	有落石危险的傍山路段
8		注意横风标志	×	×	×	×	用注意横风告示牌代替
9		易滑标志	◆	◆	▲	▲	在路滑容易发生事故的路段
10		傍山险路标志	◆	◆	▲	▲	在傍山险路路段
11		堤坝路标志	◆	◆	▲	▲	沿水库、湖泊、河流等堤坝路段
12		村庄标志	◆	◆	▲	▲	紧靠村庄、集镇且视线不良的路段
13		渡口标志	◆	◆	▲	▲	车辆渡口路段
14		路面不平标志	▲	▲	—	—	路面颠簸路段或桥头跳车较甚路段
15		过水路面(或漫水桥)标志	—	—	—	—	
16		事故易发路段标志	×	×	×	×	用交通事故易发告示牌代替
17		慢行标志	◆	◆	▲	▲	前方需要减速慢行的路段
18		注意障碍物标志	★	★	◆	◆	在道路有障碍物路段
19		施工标志	★	★	◆	◆	施工路段
20		注意危险标志	▲	▲	—	—	以上标志不能包括的其他危险路段
1	禁令标志	禁止通行标志	×	×	×	×	
2		禁止驶入标志	★	★	★	★	禁止驶入的路段
3		禁止向左(或向右)转弯标志	★	★	◆	◆	平面交叉口路段
4		禁止掉头标志	—	—	—	—	
5		禁止超车标志	◆	◆	▲	▲	禁止超车路段起点
6		解除禁止超车标志	◆	◆	▲	▲	禁止超车路段终点
7		限制高度标志	◆	◆	▲	▲	最大容许高度受限制路段
8		限制质量标志	◆	◆	▲	▲	需要限制车辆质量的桥梁两端
9		限制轴重标志	◆	◆	▲	▲	需要限制车辆轴重的桥梁两端
10		限制速度标志	★	★	★	★	需要限制车辆速度的路段
11		解除限制速度标志	★	★	★	★	限制车辆速度路段的终点
12		停车让行标志	★	★	★	★	与一级公路相交的次要道路路口
13		减速让行标志	★	★	★	★	平面交叉口加速车道路段
1	指示标志	最低限速标志	★	★	★	★	
2		人行横道标志	▲	▲	◆	◆	

续上表

序号	标志类别	标志种类	一级公路标志分级				适用条件
			B1	B2	C1	C2	
1	指路标志	分界标志	◆	◆	▲	▲	县级以上(含县级)行政区划的分界处
2		道路编号标志	★	◆	◆	◆	国道、省道起点及沿途的各交叉路口
3		交叉路口预告标志	★	★	★	★	平面交叉口路段,可参考本指南4.6节
4		十字交叉路口标志	★	★	★	★	平面交叉口路段,可参考本指南4.6节
5		丁字交叉路口标志	★	★	★	★	平面交叉口路段,可参考本指南4.6节
6		环形交叉路口标志	★	★	★	★	平面交叉口路段,可参考本指南4.6节
7		地点、距离标志	★	★	★	★	一般每经一个交叉路口应设置一块,交叉路口的间隔太长,也可根据需要适当加设
8		火车站标志	—	—	—	—	通往火车站的路口
9		飞机场标志	—	—	—	—	通往飞机场的路口
10		停车场标志	—	—	—	—	通往停车场的路口
11		长途汽车站标志	—	—	—	—	通往长途汽车站的路口
12		急救站标志	—	—	—	—	通往急救站的路口
13		名胜古迹和风景游览区标志	×	×	×	×	用旅游指示标志代替
14		加油站标志	—	—	—	—	通往加油站的路口
15		洗车服务标志	—	—	—	—	通往洗车服务的路口
16		路滑慢行告示牌	◆	◆	◆	◆	雨天路滑、路面磨光、泛油及路面结冰、积雪等路段
17		陡坡慢行告示牌	◆	◆	◆	◆	坡度较大,视线不良,宜提示驾驶人员谨慎慢行的路段
18		多雾路段告示牌	◆	◆	◆	◆	局部多雾路段
19		软基路段告示牌	◆	◆	◆	◆	路基局部下沉,路面平整度较差,宜提示驾驶人员谨慎慢行的路段
20		大型车靠右告示牌	◆	◆	◆	◆	
21		注意横风告示牌	★	★	◆	◆	在有较强侧向风的高架桥、哑口等路段
22		事故易发点告示牌	◆	◆	◆	◆	因道路几何线形、气象等因素造成交通事故易发的路段
23		连续下坡告示牌	◆	◆	◆	◆	设在连续多个下坡,宜提醒驾驶人员谨慎慢行的路段
24		隧道告示牌	◆	◆	◆	◆	提醒驾驶人员注意前方有隧道的路段
25		保护动物告示牌	◆	◆	▲	▲	提醒驾驶人员注意有动物出没的路段
26		百米桩	×	×	×	×	采用百米牌代替
27		里程碑	×	×	×	×	采用里程标代替
28		公路界碑	◆	◆	◆	◆	公路两侧用地范围分界线上
1	旅游区标志	指引标志	◆	◆	▲	▲	
1	新增标志	收费站预告及收费站标志	★	★	★	★	主线上距收费站2km、1km、500m位置
2		紧急停车带标志	◆	◆	▲	▲	紧急停车带的前端
3		服务区预告标志	★	★	★	★	距服务区2km、1km减速车道起点及服务区入口处
4		爬坡车道标志	◆	◆	▲	▲	爬坡车道渐变段起点以前200m处、渐变段起点附近、爬坡车道中间适当位置和爬坡车道结束前适当位置

续上表

序号	标志类别	标志种类	一级公路标志分级				适用条件
			B1	B2	C1	C2	
5	新增标志	车距确认标志	◆	◆	▲	▲	平直路段
6		里程标和百米牌	★	★	★	★	公路两侧
7		分流、合流诱导标	★	★	★	★	分流(合流)点前方主线上适当位置
8		线形诱导标	★	★	★	★	易肇事之弯道路段,小半径匝道曲线或中央隔离设施及渠化设施的端部
9		以车速定义车道标志	★	★	★	★	起点、国省道平面交叉口入口路段等
10		减速设施警告标志	◆	◆	▲	▲	设有减速带的路段
11		建议速度标志	▲	▲	×	×	长直线末端、减速丘处

交通标线配置表

序号	标线类别	标线种类	一级公路交通标线分级			
			B1	B2	C1	C2
1	指示标线	车行道分界线	★	★	★	★
2		人行横道线	★	★	★	★
3		高速公路车距确认标线	◆	◆	▲	▲
4		高速公路出入口标线	★	★	★	★
5		停车位标线	—	—	—	—
6		港湾式停靠站标线	★	★	◆	◆
7		收费岛标线	★	★	★	★
8		导向箭头	★	◆	◆	◆
9		路面文字标记	▲	▲	▲	▲
1	禁止标线	禁止超车线	—	—	—	—
2		禁止变换车道线	◆	◆	◆	◆
3		停止线	★	★	★	★
4		停车让行线	★	★	★	★
5		减速让行线	★	★	★	★
6		非机动车禁驶区标线	—	—	—	—
7		导流线	★	★	★	★
8		中心圈	—	—	—	—
9		网状线	—	—	—	—
10		车种专用车道线	—	—	—	—
11		禁止掉头标记	—	—	—	—
1	警告标线	车行道宽度渐变段标线	—	—	—	—
2		接近障碍物标线	★	★	◆	◆
3		减速标线	★	★	★	★
4		立面标记	◆	◆	▲	▲
5		轮廓标	见视线诱导设施			
6		突起路标	见视线诱导设施			

护栏配置表

序号	护栏类别	设置条件	一级公路护栏分级			
			B1	B2	C1	C2
1	路侧护栏	驶出路外可能造成二次特大事故路段	★	★	★	★
2		Ⅰ区(路堤高度≥4m且边坡坡度≤1:1路段)	★	★	◆	◆
3		路侧有江、河、湖、海、沼泽、航道等水域的路段	★	★	◆	◆
4		桥梁段	★	★	◆	◆
5		Ⅱ区	◆	◆	▲	▲
6		路侧安全净区内设有不能穿越的标志、照明灯、摄像机、声屏障等设施路段	◆	◆	▲	▲
7		上跨桥梁桥墩、桥台位于路侧安全净区内	◆	◆	▲	▲
8		路侧边沟无盖板、车辆无法安全穿越路段	◆	◆	▲	▲
9		Ⅲ区	▲	▲	—	—
10		纵坡采用极限值下坡路段和连续长下坡路段	▲	▲	—	—
11		平曲线半径小于现行《公路工程技术标准》(JTG B01—2003)一般最小半径路段外侧	▲	▲	—	—
12		用地范围内存在粗糙石方开挖断面、高出路面30cm以上的混凝土基础、挡土墙或大孤石等障碍物	▲	▲	—	—
13		互通立交出口匝道三角地带及匝道小半径圆曲线外侧	▲	▲	—	—
1	中央分隔带护栏	整体式断面中间带宽度≤12m	★	★	—	—

其他设施配置表

序号	设施类别	适用条件	一级公路视线诱导设施分级			
			B1	B2	C1	C2
1	轮廓标	全线	★	◆	▲	▲
2	线形诱导标	长直线末端	★	◆	◆	◆
3		匝道	★	◆	◆	◆
4	突起路标	平面交叉口	◆	◆	—	—
5		立交匝道车道	◆	◆	—	—
6		服务区、过渡段、弯道等	◆	◆	—	—
7	道口标柱	小型路口	★	★	★	★
8	防眩设施	夜间交通量大、圆曲线半径、凹形竖曲线半径小于一般值的路段、与相邻公路有严重眩光路段	◆	—	—	—
9	桥梁护网	上跨桥路段	★	★	◆	◆
10	路侧隔离设施	需要控制出入路段	◆	◆	▲	▲
11	中间带隔离设施		—	—	★	◆
12	机非隔离设施	村镇段	▲	▲	◆	◆
13	缓冲吸能设施	收费岛、三角端、桥墩等路段	▲	▲	—	—
14	里程标、百米牌	全线	★	★	★	★

主要参考文献

[1] 中华人民共和国国家标准. GB 5768—1999 道路交通标志和标线. 北京:中国标准出版社,1999.

[2] 中华人民共和国行业标准. JTG B01—2003 公路工程技术标准. 北京:人民交通出版社,2003.

[3] 中华人民共和国行业标准. JTG D81—2006 公路交通安全设施设计规范. 北京:人民交通出版社,2006.

[4] 中华人民共和国行业标准. JTG/T D81—2006 公路交通安全设施设计细则. 北京:人民交通出版社,2006.

[5] 中华人民共和国行业标准. JTG F71—2006 公路交通安全设施施工规范. 北京:人民交通出版社,2006.

[6] 中华人民共和国行业标准. JTG/T B05—2004 公路项目安全性评价指南. 北京:人民交通出版社,2004.

[7] 中华人民共和国行业标准. JTG D20—2006 公路路线设计规范. 北京:人民交通出版社,2006.

[8] 中华人民共和国国家标准. GB/T 18833—2002 公路交通标志反光膜. 北京:中国标准出版社,2002.

[9] 中华人民共和国国家标准. GB 14886—2006 道路交通信号灯设置与安装规范. 北京:中国标准出版社,2006.

[10] 中华人民共和国行业标准. JTG H30—2004 公路养护安全作用规程. 北京:人民交通出版社,2004.

[11] 中华人民共和国行业标准. CJJ 37—90 城市道路设计规范. 北京:中国建筑工业出版社,1990.

[12] 中华人民共和国国家标准. GA/T 416—2003 道路交通防撞墩. 北京:中国标准出版社,2003.

[13] 中华人民共和国国家标准. GB/T 19813—2005 太阳能突起路标. 北京:中国标准出版社,2005.

[14] 内蒙古自治区地方标准. DB15/T 435—2006 内蒙古自治区公路风吹雪雪害防治技术. 北京:人民交通出版社,2006.

[15] 交通部公路司. 新理念公路设计指南(2005 版). 北京:人民交通出版社,2005.

[16] 交部公路科学研究院. 公路安全保障工程实施技术指南(修订版). 北京:人民交通出版社,2006.

[17] 北京市路政局. 北京市公路交通标志指路系统设置指南(试行). 北京:人民交通出版社,2006.

[18] 浙江省交通厅. 浙江省高速公路交通安全设施设计要点(试行). 北京:人民交通出版社,2006.

[19] 交通部公路科学研究院. 公路交通标志和标线设置规范(报批稿).

[20] 周蔚吾,等. 道路交通标志标线设置技术手册. 北京:知识产权出版社,2007.

[21] 周蔚吾,等. 公路平面交叉口优化设计. 北京:知识产权出版社,2006.

[22] 中国公路学会. 交通工程手册. 北京:人民交通出版社,1995.

[23] Federal Highway Administration. Manual On Uniform Traffic Control Devices For Streets And Highways (MUTCD), 2003edition. Washington D. C, 2003.

[24] Transportation Research Board. Design Speed, Operating Speed, And Posted Speed Practices, NCHRP Report 504. Washington D. C 2003.

[25] AASHTO. Highway Safety Design And Operation Guide. Washington D. C.

[26] 中华人民共和国交通部. 国家高速公路网相关标志更换工作实施技术指南. 北京:人民交通出版社,2007.

脆弱生态环境区域公路建设
环境保护技术指南

主编单位：内蒙古自治区省际通道建设管理办公室

长安大学

主要编制人员：

张　广　邓顺熙　陈爱侠　贾廷跃　马骏原

刘金利　李俊梅　万　山　惠彦中　蔚　隽

蔡欣宇　郭彦军

编 制 说 明

《脆弱生态环境区域公路建设环境保护技术指南》是根据内蒙古自治区交通厅科技项目"不同脆弱生态地区公路建设环境保护技术研究"的要求,由项目承担单位内蒙古自治区省际通道建设管理办公室、长安大学共同编制。

本指南是在内蒙古自治区交通厅立项的科研项目"不同脆弱生态地区公路建设环境保护技术研究"的研究成果基础上,参考有关技术规范及资料编制而成。

内蒙古自治区地域辽阔,公路沿线地区环境、气象条件差异较大,生态环境类型多样。公路沿线地区生态环境总体脆弱。在编制本技术指南的过程中,充分考虑到内蒙古自治区不同脆弱环境下公路工程对环境的影响,主要考虑了在风积沙地区、荒漠化地区和砒砂岩地区进行公路建设时对生态环境的影响。

本指南制定了风积沙地区、荒漠化地区和砒砂岩地区公路建设防护的技术对策,提出在沙地修筑公路应采取的各种减缓措施和防风固沙措施,荒漠化区域公路建设扰动区植被恢复和局地生态修复的技术与方法,以及砒砂岩地区公路建设环保技术和方法,并建立一套适合在上述地区公路营运的防护技术。通过推广、应用本技术指南所介绍的技术与方法,不但可以对内蒙古自治区省际通道公路施工及运营期公路环境管理和养护工作起到指导作用,还可以为其他同类地区公路修建中的环境保护防治技术和措施的制定提供技术依据,同时对相关公路建设环境保护规范的制订提供技术支持。

本指南共分总则、名词术语、风积沙地区公路建设环保技术与方法、荒漠化地区公路建设环保技术与方法及砒砂岩地区公路建设环保技术与方法及附录共6部分。

为进一步提高本指南质量,请有关单位在执行过程中,注意积累资料,总结经验,将建议和有关资料反馈到科研课题组,以便再次修订时参考。

目　　录

1 总则

1.1 基本原则

1.1.1 贯彻科学发展观,坚持公路建设"三个服务"的理念,打造和谐公路、生态公路。

1.1.2 贯彻新时期公路建设与环境保护相互协调,树立人、车、路、环境和谐发展的新理念。

1.1.3 充分重视公路建设环境保护,贯彻在道路的设计、施工与养护各个环节中充分重视环境保护的原则。

1.1.4 本指南未涉及的内容,应遵循现行标准、规范的相应要求。

1.2 关键内容

1.2.1 风积沙地区公路建设环保技术与方法。

1.2.2 荒漠化地区公路建设环保技术与方法。

1.2.3 砒砂岩地区公路建设环保技术与方法。

1.3 适用范围

本指南适用于上述环境脆弱地区公路建设工程中的环境保护工作,在公路设计、施工和后期养护工作中 、可供参考。

2 名词术语

2.0.1 脆弱生态地区:有脆弱的生态环境,即抗外界干扰能力低,自身稳定性差的生态环境地区,其主要特征是对外界干扰的敏感性和内部结构的不稳定性。

2.0.2 沙地:在半湿润、半干旱地区,由于受自然及人为因素的综合影响和干扰,形成类似沙漠的地貌类型。

2.0.3 荒漠化:指由于人为和自然因素的综合作用,使得干旱、半干旱甚至半湿润地区自然环境退化(包括盐渍化、草场退化、水土流失、土壤沙化、狭义沙漠化、植被荒漠化、历史时期沙丘前移入侵等以某一环境因素为标志的具体的自然环境退化)的总过程。

2.0.4 砒砂岩:是一种由砂粒混合而成的岩石,多在高寒、极度缺水的地方存在,易侵蚀、遇水膨胀。

2.0.5 路基:按照路线位置和一定技术要求修筑的作为路面基础的带状构造物。

2.0.6 路堤:比原地面高出许多的堤岸式路面,即高于原地面的填方路基。

2.0.7 路堑:全部在原地面开挖而成的路基或低于原地面的挖方路基。

2.0.8 沙害:通过沙漠地区的路段,因风沙的作用造成大量积沙而阻碍交通的现象。

2.0.9 沙障:用柴草、秸秆、黏土、树枝、板条、卵石等物料在沙面上做成的障蔽物,是消减风速、固定沙表的有效的工程固沙措施。

2.0.10 边沟:为汇集和排除路面、路肩及边坡的流水,在路基两侧设置的水沟。

2.0.11 急流槽:在陡坡或深沟地段设置的坡度较陡、水流不离开槽底的沟槽。

2.0.12 挖方:路基表面低于原地面时,从原地面至路基表面挖去部分的土石体积。

2.0.13 填方:路基表面高于原地面时,从原地面填筑至路基表面部分的土石体积。

2.0.14 扰动:对环境系统的结构原状进行的人为破坏。

2.0.15 生态恢复:通过人工方法,按照自然规律,恢复天然的生态系统。

3 风积沙地区公路建设环保技术与方法

3.1 公路施工期扰动减缓与防护措施

3.1.1 路基工程减缓扰动措施

(1)取土场

风积沙地区公路取沙类型以高地取沙和坡面切坡取沙为主。取沙后形成的不稳定边坡,以及取沙坑底或平台均采取了工程和植物防护措施。工程措施包括:取土场削坡,平台平整及土地整治和覆土改造等;植物防护措施采用1m×1m或者行距为1m的植物方格沙障,沙障内种植耐风沙植物(柠条、沙打旺等)。

①施工原则如下:

A.公路施工对取沙位置应设立明显的标志,规定好允许的挖取深度、宽度及所供应的路基范围桩号,避免无规划的随意取沙。

B.沙区路基施工以沿线两侧就近取沙为宜,取沙以沙丘为主。路线两侧取沙时,其宽度一般控制在路基两侧20m范围内,当取沙坑较大时,其宽度可适当增加。

C.沙丘取沙部位的不同,风蚀状况也不同。因此,取沙点应选在沙丘的背风坡或是沙丘的坡脚,避免在沙丘的顶部或迎风坡面取沙。

②工程措施如下:

A.取沙前的表土收集。为了有利于取沙场植被恢复及生长,通常在取沙的坑底和边坡经平整后进行覆土改造。因此,在取沙前,对划定取沙范围内的沙丘进行表土收集。表土收集的厚度视具体沙地的土壤状况而定。

B.削坡处理。沙区公路的取土场在取沙后形成的取土边坡一般较陡,易产生滑坡。为了稳定边坡,结合公路沿线的风积沙特点与相关规范的要求,取土场的坡度应大于1:2。因此需要将边坡由1:0.5削成大于1:2的缓坡,削掉不稳定的沙体,减缓沙坡坡度,削减沙体失稳的助滑力,使其达到稳定状态。

图2.1.1-1为某段公路建设过程中取土场示意图,其采用直线削坡方式,半挖半填,削坡开挖土方用于回填边坡下部和坡脚。

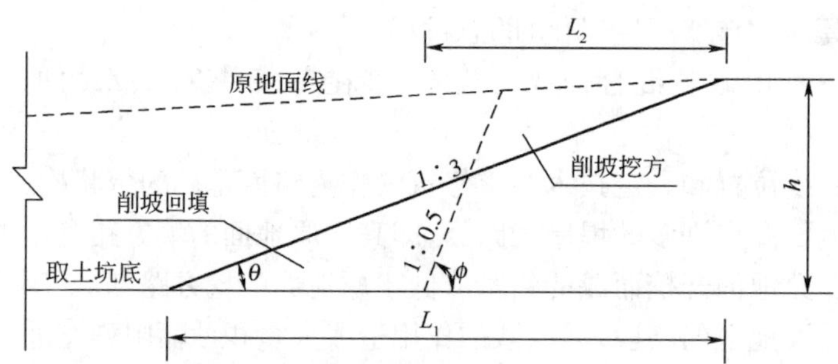

注:ϕ–取土场边坡坡度(°);θ–削坡边坡坡度(°);h–取土深度(m);
L_1–削坡后边坡长度(m);L_2–取土场原边坡长度(m)。

图2.1.1-1 取土场边坡削坡示意图

C.平台整修与覆土改造。取土场边坡削坡后,将削坡土体回填至取土场底部,采用施工机械碾压后人工修坡处理。取土平台平整后进行覆土改造,覆土土壤为取土场剥离的沙土,覆土厚度约30cm。

③为了固定取沙场边坡和坑底的沙土,加速植被恢复,避免沙丘的活化,工程施工中对取土场的迎风坡采取了植物网格沙障防护。

(2)弃土场

①由于弃土类型为风积沙,其结构松散,易发生滑坡和坍塌,工程施工中采取了一定的防护措施。主要有削坡工程、土地整治、覆土改造及植被防护等。

②弃土场边坡削坡采用直线型,将原边坡1∶0.5削成1∶3的缓坡,削坡采用半挖半填方式,挖方土均回填至下部边坡和坡脚。弃土边坡削坡后,为了防止边坡产生新的冲沟,整修了平台,采用机械碾压后覆土,覆土厚度在30cm,覆土土料来自施工便道剥离表土,覆土后提高了植被的成活率。

③弃土场多为沙质生土堆积而成,土壤养分含量低,水分条件差,草树种选择黄柳、沙生冰草和沙蒿。

(3)路基主体工程

公路防护带的基本模式如图3.1.1-2所示。

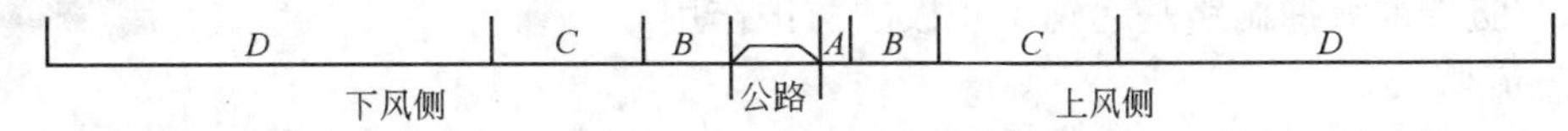

图3.1.1-2 公路防护带的基本模式图

A:整平硬化带——碎石、黏土平铺压实,宽10m;

B:固沙带——由低方格沙障与耐风沙植物构成,上风侧宽30m,下风侧宽30m;

C:阻沙带——由高立式沙障与耐风沙植物构成,上风侧宽50~80m,下风侧宽40~50m;

D:封育带——公路两侧500m宽,用网围栏封育保护。

①路堤边坡。沙区公路施工中,对于路堤高度小于3m的路段,采用15cm厚碎石土封闭边坡;对于路堤高度大于3m且小于8m路段,采用混凝土格状护坡与碎石土封闭边坡;路堤高度大于8m路段(路堤高度小于8m,填方边坡一般为1∶1.5;当高度超过8m时,每隔8m设置2m宽的平台,坡率以8m为界,分别为1∶1.5、1∶1.75、1∶2.0),边坡设台阶,台阶以上边坡采用混凝土格状护坡与碎石土封闭边坡,台阶以下边坡采用空心混凝土预制块与植草进行封闭,台阶平台用实体混凝土预制块封闭。

路堤边坡的防护形式评估比较见表3.1.1。对于碎石土封闭边坡的防护形式,其植被恢复过程为自然过程,而且植被生长良好,不需要采取其他的措施既可满足边坡的防护要求;路堤高度大于3m且小于8m路段,采用混凝土格状护坡与碎石土封闭边坡,网格内加固沙网,在保障固沙的同时有利于植物生长;对于路基高度大于8m的混凝土预制块网格护坡,由于网格的分隔作用,自然状态下植被恢复较难。在雨季水流作用下,网格内的碎石土易发生水力侵蚀,因此,需在网格内播种草种,进行人工植被防护措施,以便保障路堤边坡的稳定。

路堤边坡防护方法评价表 表3.1.1

方　法	成本(元/m²)	材料来源	施工速度	稳定性	备　注
弃土+碎石防护	2	就地取材	快	稳定	用于高度小于3m的路堤。碎石厚度10cm,可在其上播散当地固沙植物(沙蒿、沙蓬、沙打旺等),草种自然生长,且长势良好
混凝土预制块网格护坡	80	就地取材	慢	稳定	适用于不同高度的路堤边坡。工程造价高,且易受雨水和风力的侵蚀

②路堑边坡。路堑边坡防护形式多样,采用的护坡方式有:卵石护坡、尼纶防护网、椰壳生态垫、积沙平台和低立式网格沙障+固沙植物防护。通过对其防护效果、经济效益、环境生态效益综合评价后得出,低立式网格沙障+固沙植物的防护是较为理想的风积沙地公路边坡防护形式。

低立式网格沙障在防护类型上属固沙工程,通过在公路的边坡、取弃土场等设置低立网格来稳定坡体,固定流动沙丘表面,变动床为半定床和定床。

植物固沙是控制和固定流沙的一种最根本而经济、有效的措施。植物固沙包括种草和种植乔灌木。在沙丘上栽植固沙植物和乔木树种,能够长久固定流沙,防止风沙危害。在低立式网格沙障的网格内栽种固沙植物可以达到更好的效果。

③中央分隔带。工程施工结合当地环境特点，在隔离带内撒播小麦（4 排）和固沙草种（沙打旺、羊柴等），其作用是小麦生长快，高度为 30 ~ 40cm，短期内能有效防风固土，降低土壤的风蚀，其次还能固定草种。1 ~ 2 年后，待沙土固定后，可向隔离带内移栽沙榆、侧柏、山丹花等当地适生防沙植物，且具有观赏价值。

3.1.2 排水

（1）边沟

在公路挖方路段的路堑边坡下端以及在填高小于 60cm 的路段，路基两侧坡脚外均设置边沟，在边沟的出水口处，为防止冲刷沟道，均需采取消能措施。出水口转弯半径 $R = 300$cm，利用扩散段进行消能，扩散段沟底纵坡 1%，并在扩散段末段设置浆砌石隔水墙，隔水墙宽 40cm，长 380cm，深 120cm。边沟的消能措施对防止水流冲刷路基起到了积极的防护作用。

（2）边坡急流槽

边坡急流槽槽身采用矩形断面，断面宽 40cm，深 30cm，槽身采用混凝土预制块，槽壁厚 10cm，槽底厚 15cm，槽身下回填 10cm 厚沙砾垫层。急流槽进水口采用对称喇叭形，槽身与拦水带连接，出水口设置消力池扩大断面消能，消力池断面采用矩形，宽 200cm，长 130cm，深 50cm。

（3）拦水带

拦水带设置在路肩外侧的边缘，将路面雨水拦截后引入急流槽。拦水带的断面尺寸长 149.5cm，宽 20cm，外露高度 12cm。拦水带迎水面采用变径曲面。

3.2 公路运营期的风沙防治措施

风沙地区公路运营期间沙害类型主要有两种：路基和路面的风蚀；路基、路面和桥涵的沙埋。风蚀是地表松散物质被风吹扬或搬运的过程，以及地表受到风吹起颗粒的磨蚀作用。沙埋是以风沙流的方式造成农田、渠道、村舍、公路、铁路、草场等被大量流沙掩埋，尤其是对交通运输造成严重威胁。

在公路运营期间，在填方路段做好边坡防护的同时，采用挡沙墙和积沙平台的措施来阻止风沙流进入公路，在挖方路段的边坡防护中采用草方格沙障和低立网格沙障，坡顶采用高立式沙障来防治风沙流的入侵。

3.2.1 低立网格沙障

（1）低立网格沙障在防护类型上属固沙工程，通过在公路的边坡、取弃土场等设置低立网格来稳定坡体，固定流动沙丘表面，变动床为半定床和定床。

（2）沙地公路低立网格沙障技术方法如下：

①作用：减缓地表风速，固定流沙，保护网格内植物生长。

②材料：当地耐风沙植物小红柳枝条。

③格内植物：当地适生的耐风沙物种，黄柳、沙打旺、柠条、羊柴和沙蒿等。

④栽植方法：将小红柳枝条剪成 55 ~ 60cm 长，其中地面以下埋深 20cm，地表以上 38cm。枝条间的疏透度为 21 ~ 25 根/延长米，网格大小为 1.2m × 1.2m。扦插时在迎风坡的中、下部开始，划一条与主导风向垂直的线段，沿线段开挖沟槽，红柳插条后形成一条垂直主导风向的沙障，然后设置平行于主导风向的沙障，形成网格，设置时沙障的横格线与主轴线间的夹角在 90° ~ 100°之间。网格内种植一年生的草本植物（以小麦、裸麦为主），同时种植多年生草本植物（以沙蒿、沙打旺为主），一年生和多年生草本植物每方格内不少于 60 株，每方格栽植多年生灌木一穴（一穴 4 株），树种采用黄柳（优选黄柳为主）、小叶锦鸡儿、羊柴。

⑤栽种时间：在春季（4 月 5 日 ~ 5 月 5 日）、秋季（10 月 1 日 ~ 11 月 1 日）扦插红柳枝条，在夏季雨后（6 月 25 ~ 7 月 25）及时播种一年生和多年生草本植物，并植播灌木造林，以充分发挥各种生物优势互补的作用。

⑥抚育管理：造林后第一、二年注意修复沙障，对被沙埋及风蚀的林木进行培土或扒沙。干旱季节

用洒水车浇水，播种翌年，缺苗断垄处进行补播。

⑦成本：3.7 元/m^2。

3.2.2 高立式沙障

(1)作用：增大风沙流的运动阻力，阻滞消能，令其减速并促使沙粒的沉积。

(2)材料：当地耐风沙植物小红柳、黄柳枝条。

(3)格内植物：当地适生的耐风沙物种，黄柳、沙打旺、柠条、羊柴和沙蒿等。

(4)栽植方法：以小红柳、黄柳枝条为主，成行栽植，与主导风向垂直。最佳密度为 21～25 根/m，行间距为 4～5m，沙障高度为 1.5～1.7m。

(5)抚育管理：造林后第一、二年注意修复沙障，对被沙埋及风蚀的枝条进行培土或扒沙。干旱季节用洒水车浇水，播种翌年，缺苗断垄处进行补播。

3.2.3 高立式沙障与低网格沙障组合防护

(1)高立式沙障阻沙在风向较为单一的流沙地区应用效果最好。如果与固沙措施相结合，形成以固为主，固阻结合的防护体系，则能更有效地防止风沙危害。

(2)通过实地对组合沙障防沙效果的测试，地面 0.25m 处的风速由 9.5m/s 降低到 4.5m/s，最大防风效能达 74.6%。

3.3 公路防沙治沙其他技术方法

3.3.1 挡沙墙

在风沙区的公路建设中，公路沙害的防治措施中有时使用挡沙墙来治理沙害。

(1)挡沙墙高度对风速场的影响

为了分析墙高对风速场的影响，从而确定挡沙墙的合理位置，对墙高为 1m,2m 和 3m 的挡沙墙分析表明(表 3.3.1)：挡沙墙的积沙范围和墙高有着直接的关系，墙前的积沙范围为 $2H \sim 3H$，墙后的积沙范围为 $10H \sim 15H$。

挡沙墙高度与风速场变化关系 表 3.3.1

墙高 H(m)	墙前弱风区长度(m)	墙后弱风区长度(m)	漩涡长度(m)	漩涡后弱风区长度(m)
1.0	2～3	0.5～0.8	2～3	4～5
2.0	4～5	0.5～1.0	9～10	10～11
3.0	5～6	1.0～1.5	10～12	12～13

(2)挡沙墙位置与风向的关系

风向的改变、地形的变化都会引起风沙流方向的改变。对不同风向和地形情况分析表明，在风速不变的情况下，风向改变越大则风速场变化趋势越明显。

(3)操作性与适用性

挡沙墙方法在地面沙量较少，风沙流为不饱和风沙流的地方比较适宜。它的操作方法简单，在公路两侧流动沙丘前沿或公路一定距离，打一道土墙即可。

一般的挡沙墙为打垒或土坯垒砌而成，有时为了节省土石方，可以先推筑沙堤，然后再用一些固结材料覆盖，形成挡沙墙(沙堤虽然能起到一定阻沙作用，但效果不如挡沙墙)。由于挡沙墙在阻沙的同时阻断了气流，因此墙体的高度不宜过高，一般为 1～2m 左右，厚度为 35～50cm。

挡沙墙的距离视输沙量和道路的转弯情况而定，形成的墙体以不影响通视为准。对于一般平原区挡沙墙应设置在离开路基 $10H \sim 15H$ 左右的距离。挡沙墙设置应在和主导风向相垂直的位置。一般应该设置在离开路基 100m 以外的位置。对于主导风速较大的地区设置挡沙墙的高度应适当增大，同时可考虑设置双层挡沙墙。

(4)费用

由于挡沙墙操作简单,且不用耗费大量的材料,因此它的实施费用较低。

3.3.2 防沙网

(1)防沙网是近几十年栅栏材料革新,从栅栏发展起来的。一般将聚酰胺、聚丙烯纤维织成网挂起,设置成网栅栏,故也称尼龙网栅栏。

(2)通过风洞试验,防沙网附近形成了与栅栏相似的5~6个新能量区。防沙网顶部背风侧的气流加速闭合区随风速的变化区域范围有所变化。当风速 $v = 7.0$m/s 时,闭合区的范围为5H;当 $v = 10.0$m/s时,在10H处恢复正常;$v = 15.0$m/s 时,闭合区的范围能达到20H附近。尼龙网最大防风阻沙范围在10H左右,在10H处,风速比迎风侧降低30%左右,20H范围内平均降低20%左右。

(3)尼龙网栅栏作为一种新型的防沙材料,具有造价相对低廉、抗老化、防风沙,且可工业化生产、便于施工等优点。它是比木质栅栏更优良的防风沙材料。

3.3.3 黏土沙障

(1)一般的黏土沙障为多条土埂,高30~40cm,底座宽度为60~80cm,垄间间隔为1.5~2m,多设置在村庄附近平沙地向前推进的前沿。

(2)设置黏土沙障可使障内20cm高度上的风速削弱20%左右,还可使0~50cm沙层的含水率比流沙提高25%以上,干沙层厚度减少一半。因此,黏土沙障防风固沙和保水性能及对植物生长的影响均较好。

(3)黏土沙障是一种比较经济有效的固沙措施,由于其材质较硬,缺少柔性,埂形圆滑,不透风,故其固阻效果不及草方格沙障,但黏土沙障具有设置简便、省工耐用的优点,凡附近有黏土产源的地区,均可推广采用。

3.3.4 散撒沙障

(1)将树枝、秸秆或作物的根茎,整体或切成合适长度的段,均匀的撒在流沙上,这是散撒沙障。

(2)散撒沙障和其他各类沙障一样,有加大地面粗糙度,减小贴地层风速,阻滞蠕移沙和部分跃移沙运动的功能,散撒沙障密度较大时又有了隔离气流和流沙面的效能。

3.3.5 覆盖物封闭固沙

(1)覆盖物封闭固沙的覆盖物并不渗透到流沙的颗粒间,而是覆盖物单独形成一个层面,覆盖流沙,隔离气流和沙物质的接触。

(2)沙区公路常将这种方法用于边坡的覆盖,尤其是用砾卵石覆盖。

3.3.6 小结

除草方格沙障和高立式沙障,公路防沙常用的技术方法还有挡沙墙、防沙网、黏土沙障、散撒沙障和覆盖物封闭固沙等。

4 荒漠化地区公路建设环保技术与方法

4.1 公路施工期扰动减缓与防护措施

4.1.1 路基工程

(1)路基施工减缓措施

①公路建设中应尽量采用低路基或平路基工程,减小边坡坡度,采取收缩边坡设计法或设计边坡挡土墙,减少路基土方的动用量和对沿线旱作农田的占用。

②公路沿线地区土壤以沙性土壤为主,沙性土壤吸水性较强,在施工过程中采取多洒水等措施提高沙性土壤的含水率,减少施工期路基填土风蚀和扬尘的发生,同时提高路基填土的密实度。

③在路基填筑前对地表熟土层实施剥离。旱地路段熟土层取20cm左右,草地路段10~20cm之

间，荒山与荒地路段取10cm。将剥离的熟土集中堆放后用于路基边坡植被恢复，增加边坡植被的恢复效果，缩短边坡植被恢复周期，进而减少路基工程对沿线地区风蚀的影响。经计算，当边坡坡度为1∶1.5、边坡采用六边桶网格植草防护时，每公里路基工程地表收集2cm土层时就可以满足格室内填土10cm的用土量，因此，公路沿线地表熟土收集量比边坡回填土需用量多。若全线采取统一调度使用，可增加其他扰动区表层熟土的覆土厚度。

(2)路基边坡防护措施

①填方路基防护措施如下：

A. 路基边坡防护根据路基高度的不同采用不同的方式。

a. 路基高度≤4m，边坡采用植草防护，在坡脚至路界区种灌木、乔木；

b. 路基高度4～5m，边坡采用六边桶网格配以植草防护；

c. 路基高度5～6m，坡高的1/2或1/3以下坡面采用浆砌片石挡墙防护；

d. 路基高度>6m，在6m处变坡，在6m以下边坡采用浆砌片石护坡；

e. 路基边坡种植当地优势种群草种，在路堤1/3以下种植耐旱灌木，如花草、小叶锦鸡儿等。个别高路堤处修挡土墙，边坡防护采用工程防护与植物防护相结合，在采用石砌网格护坡的路基边坡段，石砌网格中间植草皮。

B. 根据以往工程施工实际情况来看，六边桶网格植草防护方式适用的边坡坡度为1∶1.5～1∶1.75之间，如果坡度太陡则不利于六边桶混凝土预制块的铺砌，并影响到此类边坡的力学稳定性，而且不利于网格内填土的保存和植物种子的保留。

C. 路基边坡铺砌的六边桶混凝土预制块主要包括两种，一种是正六边形桶，桶边长20cm、桶深10cm、桶厚5cm；另一种是梯形桶，桶上边长为20cm、下边长为40cm、桶深10cm、桶厚5cm。第一种六边形桶预制块主要用于坡面的铺砌，第二种梯形桶预制块主要用于坡面上边缘和下边缘处与路肩板和基础的衔接上。

D. 六边桶网格植草护坡施工工序为：

调查、调整边坡坡度→平整坡面→铺砌六边桶网格→回填客土→填压潮湿黏土并播种→盖无纺布或秸秆→前期养护。

a. 调查、调整边坡坡度。对公路沿线不同路段的土壤土质进行调查分析，在土力学性质差的路段，将原来的边坡比放缓至1∶1.5～1∶1.75之间，不但可以增加边坡的稳定性，还有利于六边桶网格内存土，减少土壤风蚀与径流冲刷作用，为植被恢复提供有利条件。

b. 平整坡面。坡面平整性关系到六边桶网格预制块铺砌的平整性和安全性，是六边桶网格边坡稳定的关键。坡面凹凸不平、整段坡度不一致会导致网格预制块铺砌时相互衔接不好，应力集中，使上部预制块的重力、压力完全作用于坡面或底部预制块处，导致路基边坡垮塌或铺砌好的预制块整体滑塌。

c. 铺砌六边桶网格。六边桶网格预制块铺砌前应在路基边坡底部用浆砌片石和砂砾垫层打好基础，防止造成格室坍塌，格室铺砌一般从下往上分段铺砌，在靠近路肩处要和混凝土路肩板密贴或用混凝土作压缝处理，防止漫流雨水的冲刷。在个别路基边坡坡度较陡或路基较高(大于4m)路段，六边桶网格混凝土预制块之间用混凝土砂浆粘结铺砌，这样既可保证预制块的稳定性，还能增加边坡的稳定性。

d. 回填熟土。六边桶网格铺砌好后向格室内填充改良土或地表收集的熟土，回填土的含水率不得低于5%。填充后用振动板夯实，在风蚀荒漠化地区回填熟土的密实性是影响格室填土抗风蚀的重要因素。

e. 填压潮湿黏土并播种。通常，熟土回填靠近表面时用潮湿黏土混合草种填压封盖，以提供边坡植物生长的立地条件，减缓植物恢复初期风力掏空格室的现象。草种选择当地适生草种，如羊草、沙蒿、小叶锦鸡儿、冰草和沙芦草等，并考虑增加一年生植物，如小麦等。

f. 盖无纺布或植物秸秆织席。在连续降雨或干旱季节施工时，为使草种和填土免受雨水冲刷和风蚀，并实现保温保湿，应加盖无纺布，促进草种的发芽生长，也可采用稻草、麦草等作物秸秆编制草席覆盖。但必须指出,草席效果相对较差。这项工艺可根据公路边坡施工的季节性和降雨情况而定。

g. 前期养护。公路沿线地区为干旱区,运水养护难度较大,应选择雨季来临前进行边坡植草防护施工,尽可能利用自然降水使边坡植被恢复。在个别有水泡子或季节性河流的路段可运水养护,此时需将养护水用高压喷雾器喷成雾状来湿润坡面。

②挖方边坡防护措施如下:

A. 挖方深度≤3m,原则上土质边坡采用植草防护。针对荒漠化环境特点,提出另外两种此类边坡的处理措施。

a. 采用碎石将整个坡面压盖,提高边坡的抗风蚀和水蚀强度,从而达到边坡防护的效果。此种边坡防护措施实施时应调整边坡坡度至1:1.5 ~1:1.75 之间,坡度太陡不利于碎石的压盖,会造成碎石滑坡,碎石粒径一般取1 ~5cm 左右,压盖厚度根据碎石粒径确定,为了节约资金压盖一层碎石即可。此类防护边坡在碎石压盖后几年内碎石缝隙中会有沉降细土出现,而且逐渐会有自然恢复植被生长

b. 采用碎石土压盖坡面,提高坡面土壤的抗风蚀和水蚀能力,而且还能保留住部分草籽,使坡面逐渐有恢复植被生长。此类防护措施采用"碎石 + 熟土"的混合土进行坡面防护,其实施费用也比第一种碎石压盖防护措施低。此类边坡在混合土填筑前同样需要调整坡面坡度至1:1.5 左右,碎石土中的碎石粒径在0.5 ~1cm 之间。碎石土在填筑前应人工调整其含水率达5% 左右,并播撒羊草、沙蒿、小叶锦鸡儿、沙芦草和冰草等草籽。现场调查发现,在干旱时节碎石下面的土壤还依然潮湿,表明碎石土中的碎石不但能起到抗风蚀的效果,而且还具有一定的保墒作用,有利于荒漠化干旱地区恢复植被的建植和生长。

B. 边坡高度3 ~5m,风化岩石边坡采用缓坡,防止碎石坠落,坡顶设置截水沟,防止雨水漫流冲刷风化坡面;土质边坡采用水泥骨架网格植草防护,网格内填筑熟土并作压实处理。针对荒漠化环境特点,提出另外3 种此类边坡的处理措施。

a. 鹅卵石铺砌防护。在拱形骨架内加铺一层鹅卵石,防止坡面继续发生风蚀和水蚀,减少坡面水土流失,鹅卵石压盖后能减少坡面水分蒸发,增加坡面土壤的含水率。同时,鹅卵石缝隙中还会逐渐出现沉降细土,有恢复植被生长,而鹅卵石能将有限的降雨重新分配至缝隙的沉降细土中,为缝隙中的恢复植被生长提供水分,保证了缝隙内植被的生长。反过来,缝隙内生长的植物又进一步稳固鹅卵石既提高了鹅卵石防护边坡的稳定性和抗风蚀、水蚀能力,又丰富了公路沿线的景观。

b. 采用干砌片石防护。从提高拱形骨架内坡面的抗风蚀、水蚀和提高边坡稳定性来考虑,用干砌片石重新铺砌此类边坡,达到稳定边坡和防止风蚀、水蚀的目的。

c. 是用碎石土压盖植草防护。针对荒漠化地区的土壤抗风蚀能力差,土壤有机质含量低的特点,在营运期要补救部分坡度较缓(约为1:1.5)但已发生水土流失的拱形骨架植草防护边坡时,需将原来拱形骨架内已风蚀的沙土换出,重新填筑"黏土 + 碎石 + 草籽"的碎石土层。碎石粒径为0.5 ~2cm,碎石土在填筑前应人工调整其含水率达5% 左右。表层碎石土中混播羊草、沙蒿、小叶锦鸡儿、沙芦草和冰草等草籽,也可加入一年生的植物,如小麦等,利用一年生植物的速生特点,播撒后能迅速在坡面建植,有效防止坡面的水蚀、风蚀和其他草种的流失,而且第二年秸秆腐烂后能补充坡面土壤中的有机质含量,为其他植物的生长提供营养。

C. 路堑高边坡防设计方法如下:

a. 全为土质的高路堑边坡,第一级坡面采用浆砌片石护面墙防护。

b. 对于上土下岩混合类边坡,为防止岩体的风化剥落,失稳坍塌,对各级岩质坡面均采用孔窗式护面墙予以防护。

c. 挖方边坡为强风化岩石时,采用锚喷护面或挂镀锌丝网防护,防止岩石坠落。

4.1.2 取、弃土场

(1)取、弃土场设置原则

在工程建设条件允许的情况下,荒漠化地区公路取、弃土场的位置应尽量设在背风坡的山腰或山脚下,这样既有利于取、弃土场场地的植被恢复,还可以降低植被恢复期间取、弃土场的局地风蚀荒漠化。

(2)取土场影响减缓措施

①取土时,应将地表层熟土单独铲出后就近堆放,用于植被恢复时表土回填整地。

②由于施工机械的采挖,取土后取土坑周围土壤松动,易引起局部取土边坡坍塌或滑坡,使侵蚀和扰动面积扩大。所以,取土时应该严格按照集中取土的原则,在设定的取土场占地范围内作业,严禁随意取土、乱挖。在取土工程结束后,要对取土场边坡进行削坡升级。针对沿线地区土壤稳定结构差,稳定角较小的特点,取土场边坡宜采用阶梯形,边坡坡度应大于1:1。

③路基工程施工完毕后应及早将残留的土石方用推土机推平,并用粒径约为0.5~2cm的碎石混合黏土铺在推平的场地上,然后施以一定强度的机械碾压,这样处理后不但增加了回填土的抗风蚀能力,而且混合碎石压盖后的土壤还有利于水分的保存,为后期自然恢复的植被的生长提供了更有利的条件。

④为了使取土后形成的新地形和周围环境景观协调。荒山处的取土场取土后应顺应坡形进行场地削坡整平处理,对于坡度太大的可采用分级削坡处理;荒地取土后尽量将附近的弃土回填并进行场地平整处理,处理后的场地用收集的熟土覆土后撒播草籽,进行植被恢复。

⑤取土场的平台采用小灌木和草本植物结合种植的原则,个别路段应根据周围环境状况栽植乔木,树种可结合周围环境需要,开挖坡面则主要采用草本植物恢复。

(3)弃土场影响减缓措施

①弃方为土方的弃土场:应做好土方压实工作,并做好坡面、顶面的排水工程设施,防止水流冲蚀坡面,增加后期植被恢复措施。

②弃方为石方的弃土场:植被恢复比较困难,此类弃土场边坡很难采取植物防护绿化措施,因此在边坡处设置挡土墙,确保弃方边坡的稳定性,弃土场顶部经过熟土覆盖、碾压后进行植草恢复。由于此类弃土场碎石堆放缝隙较大,为防止降雨后表层土壤沿弃石缝隙冲刷流失,熟土层填筑厚度应该适当增加,并在最初填筑时增加机械碾压强度。

③弃方以石方为主,土方为辅的弃土场:此类弃土场在堆放时先进行石方的堆砌,接近表层时以土方填筑为主兼有残留碎石,最后用熟土层覆盖后恢复植被,整个堆放过程中应注意提高土石方的压实度。此类弃土场应在边坡坡脚处设置边坡护脚,防止弃土垮塌,在弃土场土质边坡段采取植草恢复。

4.1.3 施工便道

(1)施工前,应将施工便道用地范围内的表土集中堆放,特别在旱地和荒地路段,待施工结束后将施工便道用地翻土、刨松、平整后,再将表土回填进行植被的恢复。

(2)施工便道占地植被恢复措施如下:

①施工便道占用旱地路段:施工结束后植被恢复主要采用乔、灌、草结合。植被恢复时乔木树种可选用杨树、槐树、沙枣等。

②施工便道占用草地路段:此类施工便道施工结束后采取松土、平整后恢复植被措施,植被恢复采用灌、草结合,以草为主的原则。植被恢复时可选用沙柳、红柳、紫花苜蓿等。

③施工便道占用荒山、荒地和荒坡路段:此类施工便道施工结束后首先进行松土,然后根据场地坡面和具体地形做好便道迹地的平整工作,平整后播撒草籽,草种主要参照周围未扰动区域的植物物种。

(3)施工便道的具体恢复步骤如下:

①用挖掘机挖除施工便道的填料,并用装载机清理填料直到原来土层高程,然后用拖拉机携带犁或松土器对压实的便道路面土层进行翻松处理。

②根据种植修复植被的根系厚度确定需要清理的高程及翻松的深度,一般生长初期的植物根系深度约为20~30cm 。清理填料后的地面高程应低于周边原始地面10~20cm,以利于地表收集的熟土回填后达到原来地面高程,使植被恢复后与周围环境协调一致。

③填料清理达到高程后,以机械或人工方式将上部10~20cm土层进行松土作业,在松土过程中拣除碎石等不利于草种生长的土壤组成。

④将堆放的地表熟土回填到已经修整好的施工便道迹地上,熟土层覆盖厚度约为 10~20cm。有条件的地方,可在地表熟土回填前向土层中增施有机肥料并喷洒少量的水,使土壤的结构、水分和养分条件得到一定的改良,这样对植草的成活及生长极为有利,尤其利于营运初期便道扰动区域植被的养护。

⑤表土回填完成后可按照后面章节中提供的草种选择和种植组合来进行便道扰动区植草修复和恢复。

⑥播种草种后用轻型压路机对回填的熟土层进行适当碾压。根据实际情况合理确定压路机的自重及碾压次数,既要使表土层有一定的密实度,使碾压土层起到保墒和抵抗风蚀的作用,又要避免由于过分碾压造成土层板结而不利于植物种子的发芽和苗期生长。

⑦恢复作业完成后,恢复区的地表层应与周边区域地面高程大体顺平。如不能顺平则调整上述①和②的作业。

⑧在营运期要对恢复区进行适当的人工养护并禁牧封育,促进便道扰动区内修复植被的有效恢复。

4.1.4 预制场和拌和站

(1)施工前,将预制场和拌和站场用地范围内的表土集中堆放。施工结束后,将施工营地和拌和站清理场地、松土、平整后恢复植被。

(2)预制场和拌和站场地内残存有大量影响植物生长的有害物质,如碎石、水泥残渣和残留或泄漏的沥青等。所以,在预制场和拌和站场地的恢复中,用挖掘机挖除场地废料残渣,清理填料至原来土层高程是很重要的,这也是此类临时站场扰动后进行植草修复能否成功的关键步骤之一。

(3)预制场和拌和站场地的恢复具体步骤:

运走剩余废料→挖出表层残留填料→平整场地→表层松土→回填收集的熟土→播撒草籽后镇压→场地围封、禁牧。

①运出剩余的废料。预制场和拌和站场地内剩余的粉煤灰、碎石等在施工结束后如果不及时运出,会发生严重的风蚀现象,扰动区周围土地上出现风蚀沉降的黑色粉煤灰,导致扰动区自然恢复缓慢,荒漠化程度加重。

②挖出表层残留填料。预制场和拌和站场地内地表层残存有大量影响植物生长的有害物质。在预制场和拌和站场地的恢复中,必须用挖掘机挖除场地地表废料、残渣。

③平整场地。预制场和拌和站扰动区地势平缓,施工结束后应平整场地,恢复原来地形地势。根据种植修复植被的根系深度确定需要清理的土层高程及翻松深度。一般生长初期的植物根系深度约为 20~30cm,清理填料后的地面高程应低于周边原始地面约 10cm,以便于熟土回填后达到原来地面高程,使植被恢复后与周围环境协调一致。

④表层松土。场地平整后,以机械或人工的方式将上部 10~20cm 土层进行松土作业,在松土过程中拣除碎石等不利于草种生长的土壤组成。

⑤回填收集的熟土。将施工前收集堆放的地表熟土回填到已经修整好的扰动迹地上,熟土层覆盖厚度约 10~20cm。有条件的地区,可在土层中增施有机肥料并喷洒少量的水,使土壤的结构、水分和养分条件得到一定的改良。回填表土在回填时可以适当喷洒水,使填土水分含量适合种子萌发。

⑥播撒草籽后镇压。表土回填后按照后面章节中设计的植物组合物种撒播草籽,并进行适当的碾压,以利于种子的萌发,同时减缓恢复初期回填表土土壤风蚀荒漠化。

⑦场地围封、禁牧。在营运期要对扰动区进行适当的人工养护并禁牧封育,促进预制场和拌和站扰动区内修复植被的有效恢复。

4.2 生态扰动植被恢复与修复技术

4.2.1 “生态恢复”指通过人工方法,按照自然规律,恢复天然的生态系统。“生态恢复”的含义远远超出以稳定水土流失地域为目的的植树,也不仅仅是种植多样的当地植物,而是试图重新创造、引导或加速自然演化的过程。

4.2.2 生态恢复植物种类的筛选

根据公路扰动区不同的地区环境，筛选出适宜扰动区植被恢复的当地物种，对其生长条件作以研究和分析，是扰动区植被恢复技术中首先要解决的问题。

荒漠化地区公路扰动区生态恢复植物种类见本指南附录。

4.2.3 植被恢复物种组合实验研究

(1)混播设计中播种量的计算

对于不同植物物种的混播量，应根据公路沿线地区环境中该种植物的自然植被盖度和扰动区附近未受影响区域中该物种的生物密度来确定混播所期望形成的植物株数，并根据式(4.2.3-1)设计混播植物物种的播种量。混播形成的植物株数中豆科植物物种一般应占25%～30%，禾本科及其他科占70%～75%。灌木的株数另计，一般应小于100株/m²。

$$W = \frac{A \times F}{1\,000 \times B \times C \times D \times E \times P} \tag{4.2.3-1}$$

式中：W——植物物种的播种量(g/m²)，指一定的设计厚度条件下，单位施工面积的播种量；

A——期望形成的株数(株/m²)，指实际目标群落必要的设计形成株数，表示播种后期望发芽成苗株数；

B——覆土厚度校正率，因为种子埋深深度影响着草种的发芽、成苗，在播种之前，应调查分析覆土厚度和发芽率、成苗之间的关系，确定校正率；

C——立地条件校正率，坡面和其他扰动区的土质、坡度、坡向等环境条件不同，会影响植物物种的发芽、成株数，根据山寺喜成的研究，立地条件校正率的大小见表4.2.3-1；

D——施工期校正率，植物种子发芽需要适宜的温度条件，不同的植物种子的适宜发芽温度条件会有所不同(见表4.2.3-2)，施工期校正率见表4.2.3-3；

E——种子发芽率(%)；

F——种子的千粒质量(g)；

P——种子的纯净度。

立地条件校正率(C) 表4.2.3-1

立地条件		校正率	
		草本植物	木本植物
坡度	>50°	1.0	0.9
	<50°	1.0	1.0
坡向	阳坡	1.0	0.8
	其他	1.0	1.0
土质	硬岩	1.0	0.9
	其他	1.0	1.0

一些植物种子的发芽适宜温度 表4.2.3-2

名　称	发芽适宜温度(℃)	名　称	发芽适宜温度(℃)
羊草	20～25	紫羊茅	20～25
沙蒿	20～25	沙生冰草	—
冷蒿	—	扁穗冰草	15～30
沙芦草	—	野苜蓿	—

施工期校正率(D) 表4.2.3-3

施工期	校正率	
	草本植物	木本植物
适宜	1.0	1.0
不适宜	0.9	0.6

对于式(4.2.3-1)中,参数 B、C、D、E、F 及 P 都可以通过试验或当地农林牧业部门的经验数据确定,因此,播种量设计的合理与否关键依赖于期望形成的株数 A 的选择。

期望形成株数 A 的确定必须遵循种群密度制约原理。比较合理的期望形成株数应根据混播植物各自正常生长时所需的单株营养面积来确定。

$$A = \frac{1}{S} \tag{4.2.3-2}$$

式中:S——植物的单株营养面积(m^2)。

如高羊茅的单株营养面积 $S = 8 \times 10^{-4} m^2$,则式(4.2.3-2)中得高羊茅的期望形成株数 $A = 1\,250$ 株/m^2。根据经验,一般草种的单株营养面积为 4 ~ 12cm^2,因此,可确定的期望形成株数一般为 833.33 ~ 2 500 株/m^2。

根据公路扰动区植被恢复的涵义,本专题中公路扰动区植被恢复期望形成株数 A 的确定应当根据非扰动区植被覆盖情况和各物种的形成株数调查情况,结合式(4.2.3-2)的计算结果来确定。

(2)混播植物物种组合方式

根据植物物种的多样性理论、种群的生态位原理和公路沿线地区土壤土质及气候条件的分析,在进行混播植物物种组合搭配时应考虑以下几个方面的因素:

①组合中要有禾本科的草本植物,禾本科的草本植物苗期生长速度比较快,对土壤营养的需求低,可以作为先锋物种迅速覆盖坡面,为其他植物生长创造条件。同时,为使坡面和其他公路扰动区防护更加完善,在禾本科植物选择中,既要有丛生型的也要有具有根状茎的物种,并注意浅根和深根的配合,尽量减少生存竞争的矛盾。

②组合中要加入木本植物,因其寿命长,护坡、防风固沙效果突出,可以作为目标物种,公路两侧不宜种植高大乔木,应选用小灌木。

③组合中加入豆科植物,豆科植物可以固定空气中的氮,从而补充植被恢复初期群落氮营养元素的供给。

④选用的植物种的发芽天数尽可能相近,防止发芽缓慢的植物物种很快被淘汰。

⑤选择的植物要适宜当地的干旱、寒冷的生态环境,并对盐碱有一定的抗性。

⑥选择的植物是本地的或在本地栽培过的,它的扩散不会对本地原有的群落造成破坏。

5 砒砂岩地区公路建设环保技术与方法

由砒砂岩的矿物组成可知,砒砂岩含有膨胀性矿物质:蒙脱石、伊利石及高岭石,因此砒砂岩遇水膨胀,使其边坡有不稳定因素存在;此外,砒砂岩具有其特有的易于侵蚀的性质,因此根据砒砂岩本身的特性进行针对性边坡防护是十分有必要的。

针对砒砂岩的不稳定因素,坚持以防为主的原则,并施以一定工程措施;针对砒砂岩的各种侵蚀危害性,采取因地制宜,多种防护技术相结合的原则,包括坡形优化、植物防护和植物与工程综合防护。

5.1 坡面生态综合防护

根据砒砂岩本身特有的性质及所处气候条件、地域的经济条件,筛选如下几种防护形式。

5.1.1 液压喷播。适合砒砂岩地区的液压喷播技术为:普通喷播、客土喷播。

(1)普通喷播

草坪绿化喷播技术是以水为载体,用水力实现喷敷式播种的过程。喷播施工时,按照一定的程序,将水、草种、肥料、天然木纤维、保水剂、黏合剂、染色剂等材料定量地加入喷播机的搅拌箱中,在搅拌器工作时,边加水边加料,待物料搅拌均匀后,通过机械的喷射系统,将均质黏稠的混合物喷敷在绿化施工的坡面上,形成覆盖草种养生的喷播层。

(2)客土喷播

客土喷播主要用于基岩坡面及硬质土砂地、贫瘠土地、酸性土壤等绿化困难地带,使其得以恢复自然生态、保护环境和景观美化为目的的绿化成为可能,并实现多样化。

工艺流程:清坡→排水处理→打锚、挂网施工→基层喷播→种子喷播或植生带铺植→养护。

5.1.2 改良喷播

(1)改良型普通喷播是在普通液压喷播的施工方法和施工工艺的基础上,专门针对风化及半风化的砒砂岩边坡,用湿法喷播很难成坪的立地条件而发展形成的防护草坪快速成坪的新型生物防护技术。主要是通过采用特殊的坡面处理技术,使之具有防护费用低(相对于挂网铺本地草皮及客土喷播防护而言),施工速度快,防护效果好等特点。

(2)工艺流程:坡面处理→施基肥→施营养土(种植土)→湿式喷播(液压喷播)→管理养护。

5.1.3 植生袋防护

(1)植生袋可分为植生袋客土防护与植生袋骨架整体防护,其适应于所有岩质边坡,坡比为1:0.5~1:1.5。其优点是便于机械化施工,施工速度较快,施工季节不受限制,特别适用坡度陡、表面不平整的坡面。对于坡度在1:0.75以下的低缓边坡,回填植生袋时通常可不用再加锚固。

(2)植生袋是用50%比例遮荫网缝制成30cm ×45cm的装土的袋子,袋内装入种植土、缓效复合肥、保水剂、当地适生混合草种。

(3)两者的主要区别是:植生袋客土防护为营养袋的铺放顺着坡面铺放,袋与袋之间相互接触;植生袋骨架整体防护为在坡面上砌水平骨架或种植槽并用电锤打孔,再将营养袋安装于水平骨架之间。

(4)工艺流程分别为:

植生袋客土防护:坡面清理→铺放营养袋→U形钉固定→喷播→盖无纺布→管理。

植生袋骨架整体防护:坡面清理→砌水平骨架或种植槽→电锤打孔→安装→固定→喷播→盖无纺布→养护管理。

植生袋客土防护:①将凹凸不平处稍加整平,同时清理碎石及易松落的石头,使坡面较平整,达到小平大不平;②铺放营养袋(种子量50%),顺着坡面铺放,袋与袋之间相互接触,尽量使植生袋与坡面贴紧;③表面用U形钉固定;④喷播(种子量50%)方法同普通喷播的施工;⑤盖无纺布以保持坡面水分,减少降雨对种子的冲刷,防止被鸟、虫的啄食;⑥养护管理适时浇水,保证苗木出苗前土壤湿润,出苗后当草长到2~4个叶时将无纺布部分揭布练苗,当草长到7~8个叶时将无纺布揭开,并注意适时施肥与灌溉。

植生袋骨架整体防护:①坡面清理;②砌水平骨架或种植槽:坡面上按照45cm的间隔砌筑水平混凝土架种植槽;③电锤打孔:坡面水平骨架之间按30cm×45cm的间距打孔,深度为15~25cm;④安装营养袋(种子量50%):将植生袋安装于水平骨架之间;⑤固定:用ϕ10mm钢筋插入电锤孔内出露10cm,并ϕ1.5mm钢丝绳网格拉紧固定;⑥喷播(种子量50%);⑦盖无纺布;⑧养护管理适时浇水,保证苗木出苗前土壤湿润,出苗后当草长到2~4叶时将无纺布部分揭布练苗,当草长到7~8叶时将无纺布揭开,并注意适时施肥与灌溉。

5.1.4 钢筋骨架整体生物防护

工艺流程为:边坡处理→沟花网铺设→钢丝绳铺设→钢筋安装→锚杆打孔→锚杆灌浆固定→喷注混凝土骨架→喷附基质→播种、养护。具体步骤如下:

(1)边坡处理。将开挖后的岩石坡面上松动的碎石等异物清理掉,以保证挂网施工作业的安全。

(2)沟花网铺设。沟花网采用14号镀锌铁丝网,每张网规格为宽2.0m,长10m,网洞尺寸为ϕ5cm。网与网之间采用平行对接方法,不重复搭接,网自上而下铺设,并用ϕ10mm锚杆固定。

(3)钢丝绳安装。采用ϕ15mm钢丝绳,其具有柔软性好,抗拉强度大等优点,先纵向铺装钢丝绳。并用ϕ10mm锚杆扣紧定位,然后根据设计要求按2m×2m的间距再横向铺装钢丝绳,同样用ϕ10mm锚杆扣紧定位。

(4)钢筋安装。将钢丝绳穿入 ϕ4mm 椭圆形钢筋内,均匀安放。

(5)打孔。按设计要求间距(2m×2m),用普通手持式凿岩机凿孔并清理孔内碎石、碎屑等杂物。孔深为0.45~2.0m左右(打孔深度应根据坡面稳定情况及业主要求而定),钻坡防护;孔径50mm左右,正负误差不大于5mm。

(6)插入锚杆、灌浆固定。将锚杆插入锚孔,弯头部分向上,并在锚杆尾部安装止浆塞、垫板等,然后通过快速注浆接头连接注浆机注入M20水泥砂浆。

(7)混凝土土喷注。用C30混凝土浇筑骨架,在浇筑时用无纺布盖住需进行客土喷播的沟花网。

(8)喷附泥浆。用泥浆泵(采用高压二级泥浆泵,水平扬程为170m)将土、腐殖质、水等经充分拌和制成的泥浆混合物喷注到已挂网的边坡上,喷附泥浆应完全覆盖住沟花网。

(9)养护。播草后及时护盖和揭开无纺布,适时修剪、除杂、抗旱、病虫害防治和施肥。

5.1.5 生态护坡技术经济比较见表5.1.5。

公路边坡生态防护经济技术比较 表5.1.5

序号	措施		价格(元/m²)	坡率	应用范围
1	液压喷播	普通喷播	8~10	1:1~1:2	边坡稳定、土质边坡
		客土喷播	90~110	1:1~1:2	边坡稳定、中强风化岩质边坡及贫瘠的土质边坡
2	改良喷播		10~15	1:1~1:1.25	边坡稳定、风化、半风化岩质边坡
3	植生袋骨架整体防护		40~60	1:0.75~1:1.25	稳定岩质边坡
4	钢筋骨架整体生物防护		110~130	1:0.75~1:1.25	风化、半风化及各种不稳定性边坡

5.2 取土场生态防护技术

对于砒砂岩区取土场的生态恢复可采取堑顶截流引排、坡面削坡开级、取土场底面滞流消能的综合防护技术。

5.2.1 堑顶截流引排

为了减少雨水对坡面造成面蚀和沟蚀,同时减少坡面积水对取土场的冲刷,在距离开采边界线5.0m处,设截流排水沟,将坡顶以上来水引至两侧,再顺坡排至蓄水窖中。截流沟采用半填半挖断面,水沟截面用开挖出的草皮回铺护壁。

5.2.2 坡面削坡开级

根据不同砒砂岩区取土场的高度,进行削坡。小于8m的可以不进行削坡,大于8m的要设平台,宜设宽为3~4m,平台设排水沟,坡度为2%。取土场坡度不宜大于45°,否则砂岩易发生滑塌等重力侵蚀危害。

5.2.3 取土场底面滞流消能

取土场底面平整形成3%的坡,保证表面水的畅流,防止地表积水加速冻融侵蚀;其次,将整个底面分成两部分,靠近正面坡面的一方,表面覆盖碎石,石料可利用路基产生的弃渣,以及废弃的石料。如此,则形成了一片平铺沙障,极大地增加了地面的粗糙度,在有效防止裸露面产生风蚀的同时,使坡面径流的集水受到阻滞,消耗了动能,从而有效地降低了水蚀。此外,与之相接的另一部分,采用草皮回铺的绿化带,草皮来源于取土场开挖时“假植”保护的草皮,对水土流失起了进一步的控制作用。

5.3 蓄排水技术

水是砒砂岩边坡失稳的一大因素,而水又是植被恢复的限制因素,因此做好蓄排水不仅可以保障边坡防护的安全性,又可以保障水土流失区植被的建立和恢复。

5.3.1 排水

(1)坡顶排水设计原则——以“截、排”措施为主,避免坡体以外地表水渗入

砒砂岩边坡应在进行详细调查地形地貌的基础上进行坡顶排水设计。一般在坡顶以外3~5m设置第一道截水沟,在坡顶和第一道截水沟之间采用浆砌片石或砂浆抹面封闭。对于自然状态下不稳定的边坡,应考虑在15~20m范围内设置第二道截水沟。

(2)坡体设置排水、骨架支撑体系——支撑渗沟

砒砂岩的土壤膨胀性较强,可设置支撑渗沟。支撑渗沟可在砒砂岩边坡内形成一个排水骨架支撑体系,起到对边坡排水固结作用。可根据实际情况每隔一段距离(一般间距为10~15m)沿边坡纵向设置一道0.8m宽、1.2m深的“无砂大孔混凝土+碎石”支撑渗沟。无砂大孔混凝土自坡脚每间隔2m设置,即作为骨架支撑,同时又能排水。

(3)坡面设置纵向排水沟

在两个支撑渗沟之间的路堤边坡坡面采用综合防护,防护之间设置纵向排水沟,保证雨季的及时排水。

(4)坡体坡面形成一个通畅的排水系统

各排水工程措施不应是单一存在的,应形成通畅的排水系统,例如,坡面排水系统要注意衔接,保证大雨天气坡面雨水流通通畅并及时排出。

5.3.2 蓄水

(1)在干旱、半干旱的黄土区和砒砂岩区,水是排土场生态恢复的限制性因子,排水造成排土场水大量损失,不利于排土场植被的建立和恢复,因此,必须进行蓄水措施,保证公路路域内植被的建立和恢复。

(2)坡面形成一个通畅的排水系统后,可将水引至小型蓄水保土工程进行储存,作为绿化用水。

(3)小型蓄水保土工程是指为拦截降雨径流、地表天然来水、增加水资源利用率和防止沟头、沟岸扩张而修建的具有防治水土流失作用的小型蓄水保土工程(除淤地坝、坡面水系外),包括水窖(旱井)、山塘(堰塘、陂塘、池塘)、沉沙池、涝池(蓄水池)、沟道人字闸等蓄水工程,以及沟头防护、沟边埂、谷坊等保土工程等。

(4)小型蓄水工程的作用在于将坡地径流及地下潜流拦蓄起来,减少水土流失危害,灌溉农田,提高作物产量。保土工程主要有沉沙凼、竹节沟等,其作用是防止径流冲刷造成土、肥等的流失而降低土地生产力。

附录　荒漠化地区公路扰动区生态恢复植物种类

1　羊草

又名碱草，蒙名黑雅嘎。羊草为赖草属多年生根茎性旱生—中旱生禾草，地下横走根茎发达，根茎叶上可生出不定根，茎秆单生或呈疏丛、直立，株高30~90cm。

其生态幅限宽广，为喜温、耐寒、耐旱型牧草，能忍耐-42℃低温。在年降雨量为300mm的草原地区能生长良好。羊草对土壤条件要求低，除低洼内涝地外，各种土壤都能种植。羊草还具有极强的抗碱性，故又称为碱草。

2　沙蒿

沙蒿是菊科蒿属植物，表皮被覆一层蜡状胶质，遇水后胶质迅速溶胀，形成蛋清样黏稠而滑腻的胶凝体。沙蒿胶化学性质稳定，有利于在荒漠化草地恢复初期用来固定地表松散的土壤颗粒。

3　冷蒿

冷蒿是小半灌木菊科植物，生态幅度很广，高为10~50cm，根状茎横走，不定根发达，茎基部木质。广泛分布于草原带和荒漠草原带，多生长在沙质、沙砾质或砾石质土壤中，是荒漠化草原区小半灌木的主要组成部分。

4　小叶锦鸡儿

别名：小叶金雀花，黑柠条，猴獠刺。落叶灌木，高达3m。其生态习性为喜光，抗寒性强，在-32.7℃，冻土层达1.28m条件下，生长良好。耐瘠薄土壤，耐旱性强，喜生于通气良好的沙地、沙丘及干燥山坡地，根系发达，有根瘤，萌芽力强，是干旱草原、荒漠草原地带的先锋树种。

小叶锦鸡儿是很好的固土植物，在风蚀地区小叶锦鸡儿周围可形成丘状土堆，聚集着大量表土，因而防止风蚀效果很好。

5　紫羊茅

紫羊茅是多年生根茎性中生禾草，具地下根状茎。秆疏丛生，高30~60cm，耐旱、抗寒性极强，耐瘠薄，分蘖能力极强，再生性好。

6　扁穗冰草

别名：冰草、麦穗草。禾本科冰草属多年生草本植物。茎秆直立、丛生，株高60~80cm，是高寒、干旱、半干旱地区优良草种。在年降水量为230~380mm的地区生长良好。可与紫花苜蓿、结三叶、红豆草和沙打旺等豆科牧草以及燕麦等禾本科牧草混播。扁穗冰草的根系具有沙套，入土较深，因此它是一种良好的水土保持植物和固沙植物。

7　沙生冰草

禾本科冰草属多年生草本。茎杆直立，丛生，高30~50cm。沙生冰草和扁穗冰草形态上相似。沙生冰草耐旱和耐寒性极强，耐瘠薄，在年降水量为150~400mm的地区生长良好，是典型的旱生植物。沙生冰草可生于沙质土壤，沙地、沙质坡地。

8　沙芦草

别名沙箬把，蒙名额乐仔乃—化日呼格，为冰草属、禾本科多年生植物。野生于半固定沙地，耐寒旱,抗风沙,根丝状,具砂套及根状茎,是荒漠草原和典型草原地带沙地植被的主要植物之一。

9 紫花苜蓿

豆科苜蓿属中的一个种,为多年生草本植物,又名野苜蓿。根系发达,但主根弱而多侧根,株高30~60cm,匍匐或半匍匐,植株抗寒、抗旱性很强,病虫害少且耐盐碱。

以上9种物种对恶劣的气候条件有较强的适应性,且都具有抗逆性(包括抗寒性、抗旱性、抗热性、抗贫瘠性、抗病虫害等)强,地上部较矮,根系发达,生长迅速,能在短期内覆盖扰动区的裸露地面,越年生或者多年生,种子较易得到,成本低等多个适合在荒漠化地区公路扰动区大规模种植的优点。

钢筋混凝土梁桥运营阶段无损检测评价指标应用指南

主编单位：内蒙古自治区省际通道建设管理办公室

中交桥梁技术有限公司

主要编制人员：

张　广　崔玉萍　贾廷跃　杨书仁　马骏原

万　山　刘金利　周明珲　叶　毅　李俊梅

张　锐　王　超　田春燕　刘海龙

前　言

随着国民经济建设的不断发展，道路、桥梁等交通设施作为连接城市间经济贸易往来的纽带作用日趋显著。近年来，我国桥梁建设取得了举世公认的成就，但随着我国国民经济的迅猛发展，对交通运输提出了更高的要求，反映在公路运输交通量猛增，运输车辆载重量加大等方面。因此，公路运输对公路桥梁的通行能力和承载能力的要求越来越高。另外，随着时间的推移，现役桥梁也势必进入老龄化阶段，劣化、破损现象日趋严重，以至于难以继续适应日趋增长的交通量需要。所以，在交通设施服务过程中，桥梁起着咽喉的作用，直接关系到整条线路的营运表现。

桥梁的这种状况已引起各级公路管理部门的重视，对桥梁的管理、养护、维修以及加固工作已越来越尖锐地提到各级公路管理部门的议事日程上来，我国的桥梁建设已经进入新建和改造维修并举的过渡期。因此，必须进一步加强对桥梁检测评定中各个环节的质量控制，提高检测技术水平，为桥梁营造一个安全、舒适的行车环境，使桥梁工程的整体管理水平得到提高。

为达到保障桥梁运营安全，延长桥梁使用寿命，对桥梁进行合理管理养护，降低桥梁能耗和投资的目的，完善桥梁检测评价方法，内蒙古自治区省际通道办公室、中交桥梁技术有限公司联合编制了《钢筋混凝土梁桥运营阶段无损检测评价指标应用指南》，旨在进一步提高内蒙古自治区混凝土梁桥的养护管理工作水平，规范桥梁检测内容和检测方法，从而为桥梁管养部门了解桥梁实际工作状态提供更为准确的数据资料。

目　录

1 总则

1.0.1 为了进一步提高内蒙古自治区混凝土梁式桥的养护管理工作水平，规范桥梁检测内容和检测方法，正确评价桥梁结构健康状况，确保行车畅通和安全运行，在专项研究成果的基础上制定本指南。本指南适用于已竣工验收后交付使用的内蒙古自治区范围内的混凝土梁式桥。对于特殊桥梁，可遵循本成果的原则，针对不同情况与要求采用相应的养护管理规程。

1.0.2 内蒙古自治区混凝土梁式桥的养护，除执行《公路桥涵养护技术规范》(JTG H11—2004)以及《城市桥梁养护技术规范》(CJJ 99—2003)外，尚应符合国家现行有关强制性标准的规定。

1.0.3 现有公路及城市桥梁有下列情况之一时，须按本指南进行结构健康状况评价。

(1)新建桥梁交付使用一年之内。

(2)公路桥梁在经常性检查中发现重要部(构)件的明显缺损变异或损坏，桥梁技术状况等级达到Ⅳ、Ⅴ级的桥梁。

(3)Ⅰ类养护的城市桥梁在经常性检查中发现重要部(构)件出现明显缺损变异或损坏，桥梁完好状态评估结果达到不合格级的桥梁。

(4)Ⅱ~Ⅴ类养护的城市桥梁在经常性检查中发现重要部(构)件出现明显缺损变异或损坏，桥梁完好状态评估结果达到D、E级的桥梁。

2 名词术语、符号

2.1 名词术语

2.1.1 层次分析法(Analytial Hierarchy Process，简称AHP)

层次分析法是一种能将定性分析与定量分析相结合的系统分析方法。

2.1.2 专家咨询法(Delphi法)

Delphi法主要依靠人的经验和综合知识进行评测，具有匿名性、反复性、统计性三大特征，因而能较好地克服主观因素的影响。

2.1.3 动态权重值法

动态权重值法是用于建立各种缺陷的评价值与其权重值之间的动态关系，使其权重随着缺陷的要重程度而进行相应调整。

2.1.4 结构承载能力影响因素

对桥梁结构承载能力产生直接影响各种损伤或缺陷。

2.1.5 耐久性能影响因素

对桥梁结构耐久性能产生直接影响各种损伤或缺陷。

2.1.6 使用功能完整性影响因素

对桥梁结构使用功能完整性产生直接影响各种损伤或缺陷。

2.1.7 结构承载能力影响因素评价 $E(CC)$

对桥梁结构承载能力影响因素进行相应评价。

2.1.8 耐久性能影响因素评价 $E(DC)$

对桥梁结构耐久性能影响因素进行相应评价。

2.1.9 使用功能完整性影响因素评价 $E(OP)$

对桥梁结构使用功能完整性影响因素进行相应评价。

2.1.10 桥址环境恶化情况

桥梁所在位置周围环境恶化程度。

2.1.11 上部结构

桥梁支座以上(无铰拱起拱线或框架底线以上)跨越桥孔部分的总称。

2.1.12 下部结构

支承桥梁上部结构并将其荷载传递至地基的桥墩、桥台和基础的总称。

2.1.13 上部结构评价

按照桥梁结构健康状况评价体系对上部结构进行承载能力影响因素、耐久性能影响因素进行评价的总称。

2.1.14 下部结构

按照桥梁结构健康状况评价体系对下部结构进行承载能力影响因素、耐久性能影响因素进行评价的总称。

2.1.15 桥梁结构健康状况

桥梁整体结构的承载能力、耐久性能和使用功能三方面要素所提供服务的程度。

2.1.16 桥梁结构健康状况评价

按照桥梁结构健康状况评价体系对桥梁整体结构的承载能力、耐久性能和使用功能三方面要素的服务水平进行综合评价。

2.1.17 桥梁结构损伤状况等级

桥梁结构损伤程度级别,表示结构健康状况评价等级。

2.2 符号

2.2.1 桥梁结构混凝土表面裂缝评价有关符号

$W(LC)_i^{Ma}$ ——第 i 跨(或桥墩、台)主要承重构件实测脆性(或塑性)破坏型结构性裂缝开展宽度代表值;

$W(LC)_i^{Mi}$ ——第 i 跨(或桥墩、台)一般承重构件实测脆性(或塑性)破坏型结构性裂缝开展宽度代表值;

$D(C,LCB)_i^{Ma}$ ——第 i 跨(或桥墩、台)主要承重构件脆性破坏型结构性裂缝损伤值;

$D(C,LCB)_i^{Mi}$ ——第 i 跨(或桥墩、台)一般承重构件脆性破坏型结构性裂缝损伤值;

$D(C,LCP)_i^{Ma}$ ——第 i 跨(或桥墩、台)主要承重构件塑性破坏型结构性裂缝损伤值;

$D(C,LCP)_i^{Mi}$ ——第 i 跨(或桥墩、台)一般承重构件塑性破坏型结构性裂缝损伤值;

ξ_e ——各实测脆性(或塑性)破坏型结构性裂缝开展程度系数;

$E(C,LCB)_i^{Ma}$ ——第 i 跨(或桥墩、台)主要承重构件脆性破坏型结构性裂缝评价值;

$E(C,LCB)_i^{Mi}$ ——第 i 跨(或桥墩、台)一般承重构件脆性破坏型结构性裂缝评价值;

$E(C,LCP)_i^{Ma}$ ——第 i 跨(或桥墩、台)主要承重构件塑性破坏型结构性裂缝评价值;

$E(C,LCP)_i^{Mi}$ ——第 i 跨(或桥墩、台)一般承重构件塑性破坏型结构性裂缝评价值;

$E(C,LC)_i^{Ma}$ ——第 i 跨(或桥墩、台)主要承重构件的结构性裂缝评价值;

$E(C,LC)_i^{Mi}$ ——第 i 跨(或桥墩、台)一般承重构件的结构性裂缝评价值;

$E(C,LC)_i$ ——第 i 跨(桥墩、台)结构性裂缝评价值;

$W(SS)_i^{Ma}$ ——第 i 跨(或桥墩、台)主要承重构件实测条状开展型裂缝开展宽度代表值;

$W(SS)_i^{Mi}$ ——第 i 跨(或桥墩、台)一般承重构件实测条状开展型裂缝开展宽度代表值;

$P(SS)_i^{Ma}$ ——第 i 跨(或桥墩、台)主要承重构件实测网状开展型裂缝面积百分率;

$P(SS)_i^{Mi}$ ——第 i 跨(或桥墩、台)一般承重构件实测网状开展型裂缝面积百分率;

$D(C,SSS)_i^{Ma}$ ——第 i 跨(或桥墩、台)主要承重构件条状开展型非结构性裂缝损伤值;
$D(C,SSS)_i^{Mi}$ ——第 i 跨(或桥墩、台)一般承重构件条状开展型非结构性裂缝损伤值;
$D(C,SSR)_i^{Ma}$ ——第 i 跨(或桥墩、台)主要承重构件网状开展型非结构性裂缝损伤值;
$D(C,SSR)_i^{Mi}$ ——第 i 跨(或桥墩、台)一般承重构件网状开展型非结构性裂缝损伤值;
$E(C,SSS)_i^{Ma}$ ——第 i 跨(或桥墩、台)主要承重构件条状开展型非结构性裂缝评价值;
$E(C,SSS)_i^{Mi}$ ——第 i 跨(或桥墩、台)一般承重构件条状开展型非结构性裂缝评价值;
$E(C,SSR)_i^{Ma}$ ——第 i 跨(或桥墩、台)主要承重构件网状开展型非结构性裂缝评价值;
$E(C,SSR)_i^{Mi}$ ——第 i 跨(或桥墩、台)一般承重构件网状开展型非结构性裂缝评价值;
$E(C,SS)_i^{Ma}$ ——第 i 跨(或桥墩、台)主要承重构件的非结构性裂缝评价值;
$E(C,SS)_i^{Mi}$ ——第 i 跨(或桥墩、台)一般承重构件的非结构性裂缝评价值;
$E(C,SS)_i$ ——第 i 跨(或桥墩、台)非结构性裂缝评价值;
$K_{\omega_i^S}$ ——第 i 跨(或桥墩、台)主要(或一般)承重构件条状开展型非结构性裂缝评价权重调整系数;
$K_{\omega_i^R}$ ——第 i 跨(或桥墩、台)主要(或一般)承重构件网状开展型非结构性裂缝评价权重调整系数;
ω_i^S ——第 i 跨(或桥墩、台)主要(或一般)承重构件条状开展型非结构性裂缝评价权重;
ω_i^R ——第 i 跨(或桥墩、台)主要(或一般)承重构件网状开展型非结构性裂缝评价权重。

2.2.2 桥梁结构混凝土强度评价有关符号

$S(E)_{i,j}^{Ma}$ ——第 i 跨(或桥墩、台)主要承重构件第 j 测区混凝土强度测区实测强度推定值;
$S(E)_{i,j}^{Mi}$ ——第 i 跨(或桥墩、台)一般承重构件第 j 测区混凝土强度测区实测强度推定值;
$S(U)_{i,j}^{Ma}$ ——第 i 跨(或桥墩、台)主要承重构件第 j 测区混凝土强度测区极限抗压强度值;
$S(U)_{i,j}^{Mi}$ ——第 i 跨(或桥墩、台)一般承重构件第 j 测区混凝土强度测区极限抗压强度值;
$K(S)_{i,j}^{Ma}$ ——第 i 跨(或桥墩、台)主要承重构件第 j 测区混凝土强度测区推定强度系数;
$K(S)_{i,j}^{Mi}$ ——第 i 跨(或桥墩、台)一般承重构件第 j 测区混凝土强度测区推定强度系数;
$E(S)_{i,j}^{Ma}$ ——第 i 跨(或桥墩、台)主要承重构件第 j 测区混凝土强度指标评价值;
$E(S)_{i,j}^{Mi}$ ——第 i 跨(或桥墩、台)一般承重构件第 j 测区混凝土强度指标评价值;
$E(S)_i^{Ma}$ ——第 i 跨(或桥墩、台)主要承重构件的混凝土强度指标评价值;
$E(S)_i^{Mi}$ ——第 i 跨(或桥墩、台)一般承重构件的混凝土强度指标评价值;
$E(S)_i$ ——第 i 跨(或桥墩、台)混凝土强度评价值。

2.2.3 桥梁结构混凝土破损评价有关符号

$P(D)_i^{Ma}$ ——第 i 跨(或桥墩、台)主要承重构件实测混凝土破损面积占被测部位或构件相应面积的百分率(%);
$P(D)_i^{Mi}$ ——第 i 跨(或桥墩、台)一般承重构件实测混凝土破损面积占被测部位或构件相应面积的百分率(%);
$E(D)_i^{Ma}$ ——第 i 跨(或桥墩、台)主要承重构件混凝土破损指标评价值;
$E(D)_i^{Mi}$ ——第 i 跨(或桥墩、台)一般承重构件混凝土破损指标评价值;
$E(D)_i$ ——第 i 跨(或桥墩、台)混凝土破损指标评价值。

2.2.4 桥梁结构钢筋锈蚀状况评价有关符号

CP_i^{Ma} ——第 i 跨(或桥墩、台)主要承重构件钢筋锈蚀电位法中的实测电位水平;
CP_i^{Mi} ——第 i 跨(或桥墩、台)一般承重构件钢筋锈蚀电位法中的实测电位水平;
$E(SC,CP)_i^{Ma}$ ——第 i 跨(或桥墩、台)主要承重构件电位水平评价值;

$E(SC,CP)_i^{Mi}$——第 i 跨(或桥墩、台)一般承重构件电位水平评价值;

CC_i^{Ma}——第 i 跨(或桥墩、台)主要承重构件混凝土中氯离子含量法中实测氯离子含量;

CC_i^{Mi}——第 i 跨(或桥墩、台)一般承重构件混凝土中氯离子含量法中实测氯离子含量;

CR_i^{Ma}——第 i 跨(或桥墩、台)主要承重构件混凝土电阻法中实测电阻率;

CR_i^{Mi}——第 i 跨(或桥墩、台)一般承重构件混凝土电阻法中实测电阻率;

$E(SC)_i^{Ma}$——第 i 跨(或桥墩、台)主要承重构件钢筋锈蚀状况指标评价值;

$E(SC)_i^{Mi}$——第 i 跨(或桥墩、台)一般承重构件钢筋锈蚀状况指标评价值;

$E(SC)_i$——第 i 跨(或桥墩、台)钢筋锈蚀状况指标评价值。

2.2.5 桥梁结构钢筋保护层厚度指标评价有关符号

$PC(M)_i^{Ma}$——第 i 跨(或桥墩、台)主要承重构件钢筋保护层厚度实测值;

$PC(M)_i^{Mi}$——第 i 跨(或桥墩、台)一般承重构件钢筋保护层厚度实测值;

$PC(D)_i^{Ma}$——第 i 跨(或桥墩、台)主要承重构件钢筋保护层厚度设计值;

$PC(D)_i^{Mi}$——第 i 跨(或桥墩、台)一般承重构件钢筋保护层厚度设计值;

$K(PC)_i^{Ma}$——第 i 跨(或桥墩、台)主要承重构件钢筋保护厚度评判系数;

$K(PC)_i^{Mi}$——第 i 跨(或桥墩、台)一般承重构件钢筋保护厚度评判系数;

$E(PC)_i^{Ma}$——第 i 跨(或桥墩、台)主要承重构件钢筋保护层厚度指标评价值;

$E(PC)_i^{Mi}$——第 i 跨(或桥墩、台)一般承重构件钢筋保护层厚度指标评价值;

$\overline{E(PC)_{i,j}^{Ma}}$——第 i 跨(或桥墩、台)主要承重构件所有钢筋保护层厚度指标评价值均值;

$\overline{E(PC)_{i,j}^{Mi}}$——第 i 跨(或桥墩、台)一般承重构件所有钢筋保护层厚度指标评价值均值;

$S(PC)_i^{Ma}$——第 i 跨(或桥墩、台)主要承重构件所有钢筋保护层厚度指标评价值标准差;

$S(PC)_i^{Mi}$——第 i 跨(或桥墩、台)一般承重构件所有钢筋保护层厚度指标评价值标准差;

K——第 i 跨(或桥墩、台)主要(或一般)承重构件所有钢筋保护层厚度指标的统计系数;

$E(PC)_i^{Ma}$——第 i 跨(或桥墩、台)主要承重构件钢筋保护层厚度指标评价值;

$E(PC)_i^{Mi}$——第 i 跨(或桥墩、台)一般承重构件钢筋保护层厚度指标评价值;

$E(PC)_i$——第 i 跨(或桥墩、台)钢筋保护层厚度指标评价值。

2.2.6 桥梁结构钢筋保护层厚度指标评价有关符号

$PC(M)_i^{Ma}$——第 i 跨(或桥墩、台)主要承重构件钢筋保护层厚度实测值;

$PC(M)_i^{Mi}$——第 i 跨(或桥墩、台)一般承重构件钢筋保护层厚度实测值;

$PC(D)_i^{Ma}$——第 i 跨(或桥墩、台)主要承重构件钢筋保护层厚度设计值;

$PC(D)_i^{Mi}$——第 i 跨(或桥墩、台)一般承重构件钢筋保护层厚度设计值;

$K(PC)_i^{Ma}$——第 i 跨(或桥墩、台)主要承重构件钢筋保护厚度评判系数;

$K(PC)_i^{Mi}$——第 i 跨(或桥墩、台)一般承重构件钢筋保护厚度评判系数;

$E(PC)_i^{Ma}$——第 i 跨(或桥墩、台)主要承重构件钢筋保护层厚度指标评价值;

$E(PC)_i^{Mi}$——第 i 跨(或桥墩、台)一般承重构件钢筋保护层厚度指标评价值;

$\overline{E(PC)_{i,j}^{Ma}}$——第 i 跨(或桥墩、台)主要承重构件所有钢筋保护层厚度指标评价值均值;

$\overline{E(PC)_{i,j}^{Mi}}$——第 i 跨(或桥墩、台)一般承重构件所有钢筋保护层厚度指标评价值均值;

$S(PC)_i^{Ma}$——第 i 跨(或桥墩、台)主要承重构件所有钢筋保护层厚度指标评价值标准差;

$S(PC)_i^{Mi}$——第 i 跨(或桥墩、台)一般承重构件所有钢筋保护层厚度指标评价值标准差;

K——第 i 跨(或桥墩、台)主要(或一般)承重构件所有钢筋保护层厚度指标的统计系数;

$E(PC)_i^{Ma}$——第 i 跨(或桥墩、台)主要承重构件钢筋保护层厚度指标评价值;

$E(PC)_i^{Mi}$ ——第 i 跨（或桥墩、台）一般承重构件钢筋保护层厚度指标评价值；

$E(PC)_i$ ——第 i 跨（或桥墩、台）钢筋保护层厚度指标评价值。

2.2.7 桥梁结构混凝土碳化深度指标评价有关符号

$CD(M)_{i,j}^{Ma}$ ——第 i 跨（或桥墩、台）主要承重构件第 j 测区碳化深度实测值；

$CD(M)_{i,j}^{Mi}$ ——第 i 跨（或桥墩、台）一般承重构件第 j 测区碳化深度实测值；

$PC(M)_{i,j}^{Ma}$ ——第 i 跨（或桥墩、台）主要承重构件第 j 测区钢筋保护层厚度实测值；

$PC(M)_{i,j}^{Mi}$ ——第 i 跨（或桥墩、台）一般承重构件第 j 测区钢筋保护层厚度实测值；

$K(CD)_i^{Ma}$ ——第 i 跨（或桥墩、台）主要承重构件第 j 测区碳化深度评判系数；

$K(CD)_i^{Mi}$ ——第 i 跨（或桥墩、台）一般承重构件第 j 测区碳化深度评判系数；

$E(CD)_{i,j}^{Ma}$ ——第 i 跨（或桥墩、台）主要承重构件第 j 测区碳化深度指标评价值；

$E(CD)_{i,j}^{Mi}$ ——第 i 跨（或桥墩、台）一般承重构件第 j 测区碳化深度指标评价值；

$E(CD)_i^{Ma}$ ——第 i 跨（桥墩、台）主要承重构件碳化深度指标评价值；

$E(CD)_i^{Mi}$ ——第 i 跨（桥墩、台）一般承重构件碳化深度指标评价值；

$E(CD)_i$ ——第 i 跨（桥墩、台）碳化深度指标评价值。

2.2.8 桥梁结构承载能力影响因素评价有关符号

$\omega(C,LC)_i^{Sup}$ ——第 i 跨上部结构结构性裂缝评价指标 $E(C,LC)_i^{Sup}$ 的权重；

$\omega(S)_i^{Sup}$ ——第 i 跨上部结构混凝土强度评价指标 $E(S)_i^{Sup}$ 的权重；

$\omega(D)_i^{Sup}$ ——第 i 跨上部结构混凝土破损评价指标 $E(D)_i^{Sup}$ 的权重；

$\omega(SC)_i^{Sup}$ ——第 i 跨上部结构钢筋锈蚀状况评价指标 $E(SC)_i^{Sup}$ 的权重；

$E(CC)_i^{Sup}$ ——第 i 跨上部结构承载能力影响因素指标评价值；

$\omega(C,LC)_i^{Sub}$ ——第 i 跨下部结构结构性裂缝评价指标 $E(C,LC)_i^{Sub}$ 的权重；

$\omega(S)_i^{Sub}$ ——第 i 跨下部结构混凝土强度评价指标 $E(S)_i^{Sub}$ 的权重；

$\omega(D)_i^{Sub}$ ——第 i 跨下部结构混凝土破损评价指标 $E(D)_i^{Sub}$ 的权重；

$\omega(SC)_i^{Sub}$ ——第 i 跨下部结构钢筋锈蚀状况评价指标 $E(SC)_i^{Sub}$ 的权重；

$E(CC)_i^{Sub}$ ——第 i 跨下部结构承载能力影响因素指标评价值；

$\omega(CC)_i^{Sup}$ ——第 i 跨上部结构承载能力影响因素指标评价值 $E(CC)_i^{Sup}$ 的权重；

$E(CC)^{Sup}$ ——全桥上部结构承载能力影响因素指标评价值；

$\omega(CC)_i^{Sub}$ ——第 i 跨下部结构承载能力影响因素指标评价值 $E(CC)_i^{Sub}$ 的权重；

$E(CC)^{Sub}$ ——全桥下部结构承载能力影响因素指标评价值；

$E(CC)$ ——全桥结构承载能力影响因素指标评价值。

2.2.9 桥梁结构耐久性能影响因素评价有关符号

$\overline{E(Obj)_i^{Sup}}$ ——第 i 跨上部结构各分项指标评价值均值；

$s(Obj)_i^{Sup}$ ——第 i 跨上部结构各分项指标评价值标准差；

$\omega(Obj)_i^{e-Sup}$ ——第 i 跨上部结构分项指标评价值均匀性权重；

$\omega(Obj)_i^{d-Sup}$ ——第 i 跨上部结构分项指标评价值离散性权重；

ω_i^{Sup} ——第 i 跨上部结构耐久性能影响因素评价值权重；

$E(DC)_i^{Sup}$ ——第 i 跨上部结构耐久性能影响因素评价值；

$\overline{E(Obj)_i^{Sub}}$ ——第 i 跨下部结构各分项指标评价值均值；

$s(Obj)_i^{Sub}$ ——第 i 跨下部结构各分项指标评价值标准差；

$\omega(Obj)_i^{e-Sub}$ ——第 i 跨下部结构分项指标评价值均匀性权重；

$\omega(Obj)_i^{d-Sub}$ ——第 i 跨下部结构分项指标评价值离散性权重；

ω_i^{Sub} ——第 i 跨下部结构耐久性能影响因素评价值权重；

$E(DC)_i^{Sub}$ ——第 i 跨下部结构耐久性能影响因素评价值；

$\omega(DC)_i^{Sup}$ ——第 i 跨上部结构耐久性能影响因素指标评价值 $E(DC)_i^{Sup}$ 的权重；

$E(DC)^{Sup}$ ——全桥上部结构耐久性能影响因素指标评价值；

$\omega(DC)_i^{Sub}$ ——第 i 跨下部结构耐久性能影响因素指标评价值 $E(DC)_i^{Sub}$ 的权重；

$E(DC)^{Sub}$ ——全桥下部结构耐久性能影响因素指标评价值；

$E(DC)$ ——全桥结构耐久性能影响因素指标评价值。

2.2.10 桥梁结构使用功能完整性影响因素评价有关符号

BCI_m ——按《城市桥梁养护技术规范》(CJJ 93—2003)计算的桥面系技术状况指标；

R_i ——按《公路桥涵养护规范》(JTG H11—2004)对桥面系各部件确定的标度；

W_i ——按《公路桥涵养护规范》(JTG H11—2004)对桥面系各部件确定权重；

$E(OP)$ ——全桥使用功能完整性影响因素指标评价值。

2.2.11 桥梁结构健康状况以及损伤分级的有关符号

ξ_m ——第 i 跨(桥墩、台)主要(一般)承重构件重要性修正系数；

ξ_{sd} ——桥址环境特征恶化系数；

$\omega(CC)$ ——全桥结构承载能力影响因素指标评价权重；

$\omega(DC)$ ——全桥结构耐久性能影响因素指标评价权重；

$\omega(OP)$ ——全桥结构使用功能完整性影响因素指标评价权重；

$E(HC)$ ——桥梁结构健康状况评价值；

CC ——桥梁结构承载能力影响因素损伤等级；

DC ——桥梁结构耐久性能损伤等级；

OP ——桥结构使用功能完整性损伤等级；

BC ——桥梁结构损伤等级。

3 桥梁检查与检测

3.1 一般规定及要求

3.1.1 桥梁检查、检测可按下列分类进行：经常性检查、常规定期检测、结构定期检测、特殊检测。桥梁检查、检测和养护层次关系如图 3.1.1 所示。

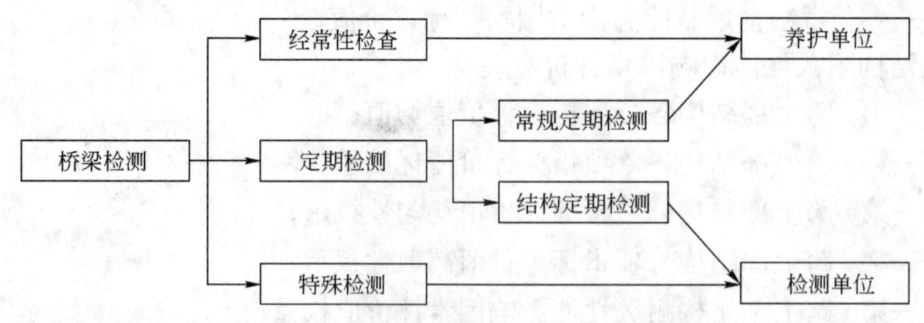

图 3.1.1 桥梁检查、检测和养护层次关系

条文说明

《公路桥涵养护规范》(JTG H11—2004)根据桥梁检查的方法、检查的重要性、检查的目的及时间间隔分类，可分为经常检查、定期检查和特殊检查，其中特殊检查又分为专门检查和应急检查两项；《公路桥梁承载能力检测评定规程》(送审稿)中桥梁检测分为一般检查和详细检查两部分；《城市桥梁检测

和养护维修管理办法》第二十条规定：城市桥梁的检测评估分为经常性检查、定期检测、特殊检测；《城市桥梁养护技术规范》(CJJ 93—2003)中对城市桥梁检测评估按内容、周期、评估要求分为经常性检查、定期检测、特殊检测。

3.1.2 桥梁检查、检测业务流程关系宜按照如图3.1.2所示流程进行。

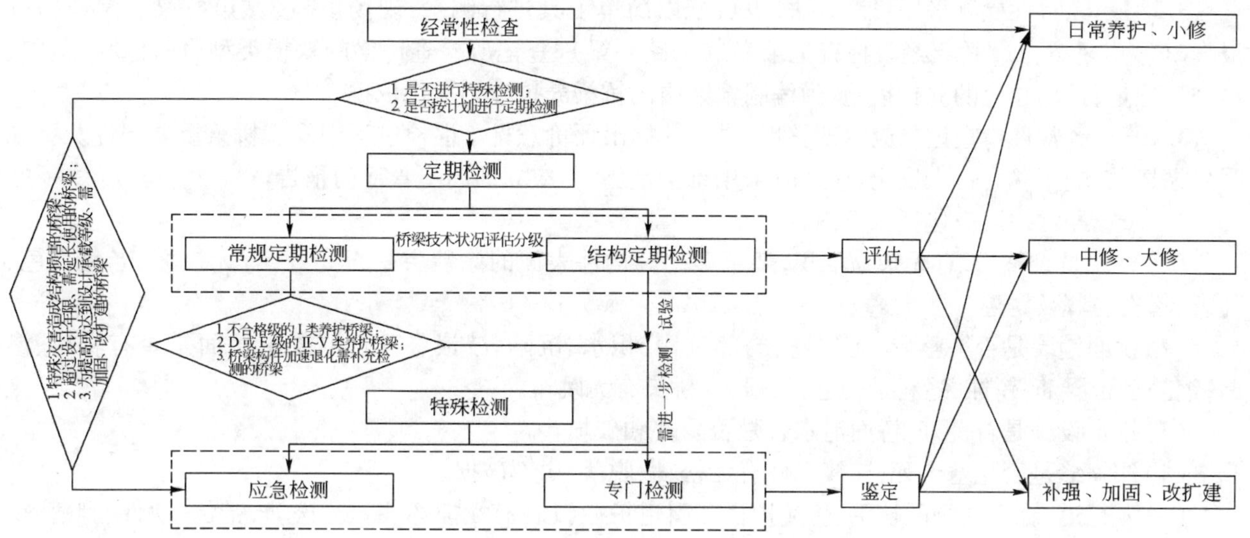

图3.1.2 桥梁检查、检测业务流程关系

3.1.3 桥梁检测的责任和义务

(1)桥梁检测及检测人员责任

①维护公共安全。

②确保公共设施投资。

③提供正确的桥梁记录。

(2)检测人员义务

①制订检测计划。

②准备工作。

③执行检测工作。

④编写检测报告。

⑤确定需要维护保养及维修的项目。

3.1.4 桥梁检测周期、频次

(1)我市桥梁结构定期检测应根据桥梁类别、级别、技术状况以及实际运行状况和周边环境等因素制定合理检测周期。

(2)新建桥梁交付使用一年之内，进行第一次全面检查。

(3)I类养护的城市桥梁检测周期为1~2年，II~V类养护的城市桥梁间隔宜为1~3年，最长不得超过6年；公路桥梁检测周期一般为3年，最长不得超过6年；根据桥梁的具体技术状况可对其检测周期进行调整。

(4)I类养护的城市桥梁在经常性检查中发现重要部(构)件的明显缺损变异或损坏，桥梁完好状态等级达到不合格级的桥梁，II~V类养护的城市桥梁达到D、E级的桥梁，公路桥梁在进行一般评定时桥梁技术状况评定等级为IV、V级的桥梁，都应立即安排一次结构检测。

3.2 经常性检测

3.2.1 经常性检测应按桥梁的类别、级别、技术等级分别制定巡检周期。对重要桥梁，或遭遇恶劣天气、汛期、雨季、冰冻等特殊情况，周期宜短。特殊情况可设专人看护。

3.2.2 经常性检测应由经过培训的专职桥梁管理人员或有一定经验的工程技术人员负责。

3.2.3 经常性检测应对结构变异、桥及桥区施工作业情况的检查和桥面系、限载标志、交通标志及其他附属设施等状况进行日常巡检。

3.2.4 经常性检测采用目测方法，也可配以简单工具进行测量，现场填写《城市桥梁日常巡检日报表》（城市桥梁）或《桥梁经常检查记录表》（公路桥梁），登记所检查桥梁的缺损类型、估计缺损范围、养护工程量，提出相应的养护措施，为编制辖区内的桥梁养护计划提供依据。

3.2.5 经常性检查记录应定期整理归档，并提出评价意见。巡检过程中发现桥梁重要部件及设施明显损坏，影响车辆和行人安全，应及时采用维护措施，并应立即向主管部门报告。

3.2.6 经常检测应包括以下内容：

(1)外观是否整洁，有无杂物堆积，杂草蔓生。构件表面的涂装层是否完好，有无损坏、老化变色、开裂、起皮、剥落、锈迹。

(2)桥面铺装是否平整，有无裂缝、局部坑槽、积水、沉陷、波浪、碎边；混凝土桥面是否有剥离、渗漏，钢筋是否露筋、锈蚀，缝料是否老化、损坏，桥头有无跳车。

(3)排水设施是否良好，桥面泄水管是否阻塞和破损。

(4)伸缩缝是否阻塞卡死，连接部件有无松动、脱落、局部破损。

(5)人行道、缘石、栏杆、扶手、防撞护栏和引道护栏（柱）有无撞坏、断裂、松动、错位、缺件、剥落、锈蚀等。

(6)观察桥梁结构有无异常变形，异常的竖向振动、横向摆动等情况，然后检查各部件的技术状况，查找异常原因。

(7)支座是否有明显缺陷，活动支座是否灵活，位移量是否正常。支座的检查一般每季度一次。

(8)桥位区段河床冲淤变化情况。

(9)基础是否受到冲刷损坏、外露、悬空、下沉，墩台及基础是否受到生物腐蚀。

(10)墩台是否受到船只或漂流物撞击而受损。

(11)翼墙（侧墙、耳墙）有无开裂、倾斜、滑移、沉降、风化剥落和异常变形。

(12)锥坡、护坡、调治构造物有无塌陷、铺砌面有无缺损、勾缝有无脱落、灌木杂草丛生。

(13)交通信号、标志、标线、照明设施以及桥梁其他附属设施是否完好。

(14)其他显而易见的损坏或病害。

(15)按城市道路管理条例规定，对城市桥梁还应检查有无各类违章现象。

3.3 定期检查

3.3.1 定期检测分为常规检测和结构定期检测。

3.3.2 常规定期检测由专职桥梁养护工程技术人员或实践经验丰富的桥梁工程技术人员负责，并应对每座桥梁制订相应的定期检测计划和实施方案。常规定期检测应每年一次，可根据城市桥梁实际运行状况和结构类型、周边环境等适当增加检测次数。常规定期检测宜以目测为主，并应配备如照相机、裂缝观测仪、探查工具及现场的辅助器材与设备等必要的量测仪器。常规定期检测的情况记录、评分基对养护维修管理措施的建议，均应及时整理、归档；已建立信息管理系统的，应及时纳入城市桥梁管理系统数据库。

3.3.3 结构定期检测应由相应资质的专业单位承担，并由具有城市桥梁养护、管理、设计、施工经验的人员参加。检测负责人应具有5年以上城市桥梁专业工作经验。结构定期检测应以规定的时间间隔进行，I类养护的城市桥梁宜为1~2年，关键部位可设一起监控测试；II~V类养护的城市桥梁间隔宜为6~10年。I类养护的城市桥梁，结构定期检测应根据桥梁检测技术方案和细节分组，并加以标识，确定相应的检测频率；II~V类养护的城市桥梁结构定期检测应包括桥梁结构中所有的构件。

结构定期检测应根据桥龄、交通量、车辆载重、桥梁使用历史、已有技术评定、自然环境以及桥梁临时封闭的社会影响制订详细计划。计划应包括采用的测试技术与组织方案并提交主管部门批准。

3.3.4 根据桥梁检测内容，定期检测中现场检测所采用方法应主要以无损检测为主，必要时采取有损或对桥梁结构损伤相对较小的检测方法。桥梁检查与检测工作流程如图 3.3.4 所示。

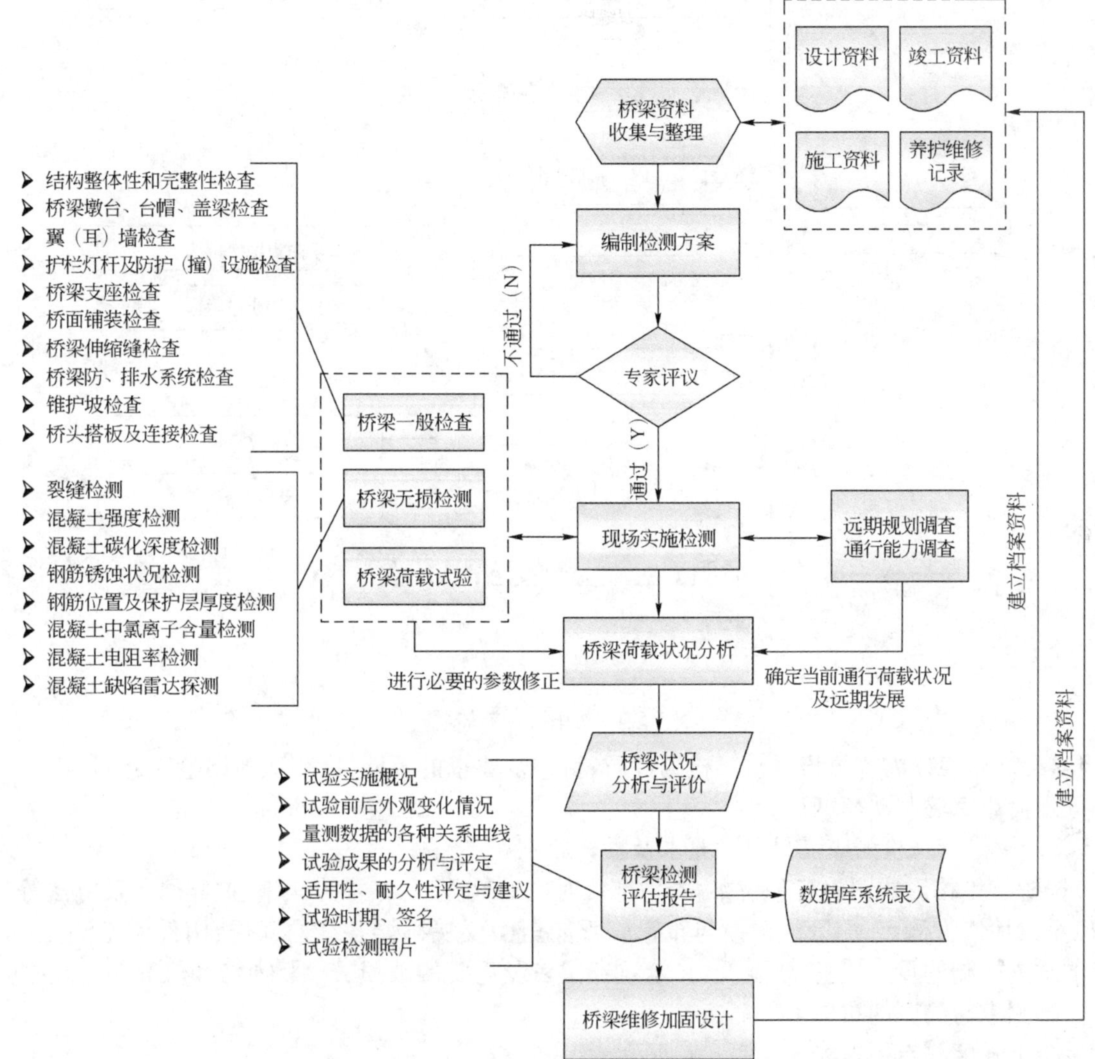

图 3.3.4 桥梁检查与检测工作流程顺序图

3.4 特殊检查(特殊检测)

3.4.1 特殊检测应由相应资质的专业单位承担，主要检测人员应具有 5 年以上城市桥梁专业工程师资格。特殊检测应由专业人员采用专门技术手段，并辅以现场和实验室测试等特殊手段进行详细检测和综合测试分析，检测结果应提交书面报告。

3.4.2 在定期检测工作项目基础上，根据受检桥梁具体情况确定特殊检测内容。

3.5 检测方法

3.5.1 在对内蒙古自治区内城市及公路混凝土梁式桥梁进行结构检测时，检测工作内容应包括：混凝土裂缝检测、混凝土破损状况调查、混凝土强度测定、混凝土碳化状况检测、钢筋锈蚀状况测定、钢筋分布状况探查以及索结构索力测量，如图3.5.1所示。

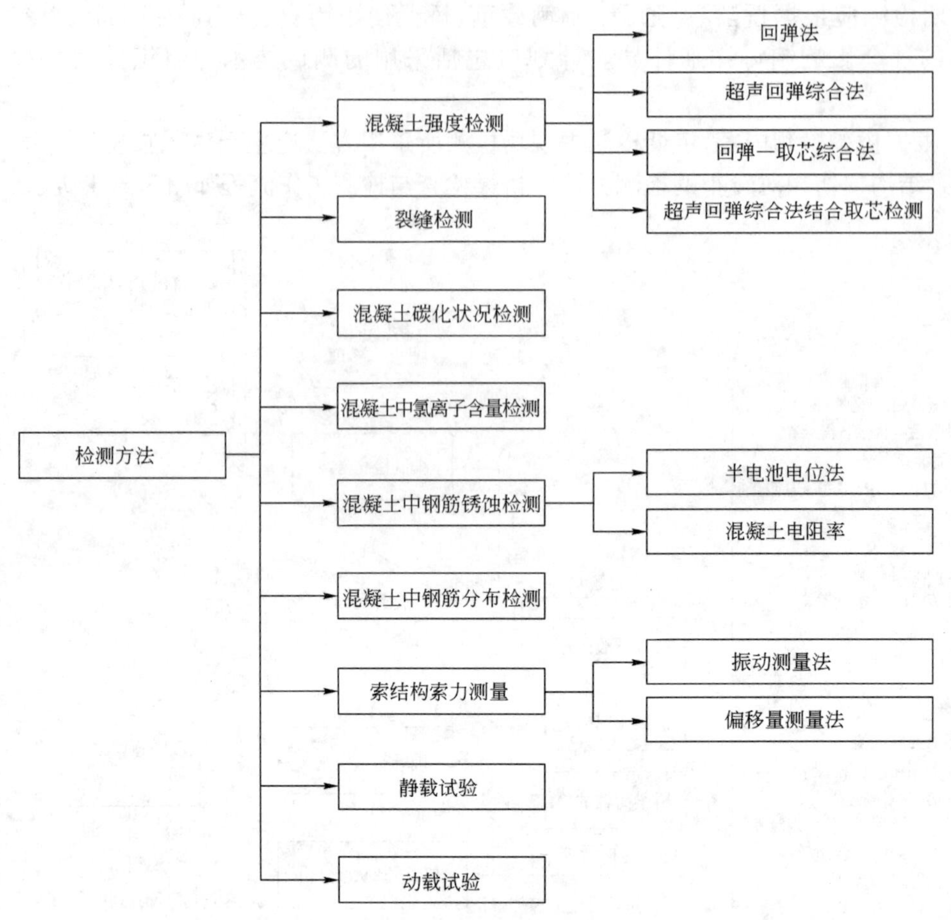

图3.5.1 桥梁检测方法框图

3.5.2 检测工作内容可根据桥梁检测性质、目的及要求的不同，进行适当调整，必要时还应包括对桥梁进行静荷载实验和动荷载试验。

3.5.3 桥梁特殊检测应满足以下要求及抽样原则：

(1)按桥梁结构形式明确各种桥梁、各种部位对应的检测项目、检测频率、抽样原则及方法等。

(2)桥梁检测中测点、测区的选择与布置应既能全面反映桥梁各结构部位、构件的检测参数指标，又需突出桥梁检测的重点，包括主要受力、承重部位以及重要的破损、开裂、损伤部位等。在此原则下进行桥梁检测测点与测区的布置。

①混凝土强度测点要求如表3.5.3-1所示。

常规结构混凝土强度检测测区 表3.5.3-1

桥梁面积(m^2)	桥梁结构形式	测区总数(个)	备注
≤1 000	预制安装简支T梁、(板)桥	140	规定测区数量为实际检测测区的低限值，同时各结构部位构件受检数量不少于该类构件的35%
	现浇连续梁(板)桥	50	
1 000～5 000	预制安装简支T梁、(板)桥	140～600	
	现浇连续梁(板)桥	50～185	
≥5 000	预制安装简支T梁、(板)桥	600	
	现浇连续梁(板)桥	185	

②混凝土碳化情况测点要求如表3.5.3-2所示。

常规结构混凝土碳化检测测区 表3.5.3-2

桥梁面积(m^2)	桥梁结构形式	测区总数(个)	备注
≤1 000	预制安装简支T梁、(板)桥	45	规定测区数量为实际检测测区的低限值,同时各结构部位构件受检数量不少于该类构件的35%
	现浇连续梁(板)桥	15	
1 000~5 000	预制安装简支T梁、(板)桥	45~200	
	现浇连续梁(板)桥	15~60	
≥5 000	预制安装简支T梁、(板)桥	200	
	现浇连续梁(板)桥	60	

③混凝土中钢筋锈蚀测点要求如表3.5.3-3所示。

常规结构混凝土中钢筋锈蚀检测测区 表3.5.3-3

桥梁面积(m^2)	桥梁结构形式	测区总数(个)	备注
≤1 000	预制安装简支T梁、(板)桥	56	规定测区数量为实际检测测区的低限值,同时各结构部位构件受检数量不少于该类构件的35%
	现浇连续梁(板)桥	20	
1 000~5 000	预制安装简支T梁、(板)桥	56~240	
	现浇连续梁(板)桥	20~75	
≥5 000	预制安装简支T梁、(板)桥	240	
	现浇连续梁(板)桥	75	

④混凝土中钢筋位置、保护层检测测点要求如表3.5.3-4所示。

常规结构混凝土中钢筋位置、保护层检测测区 表3.5.3-4

桥梁面积(m^2)	桥梁结构形式	测区总数(个)	备注
≤1 000	预制安装简支T梁、(板)桥	56	规定测区数量为实际检测测区的低限值,同时各结构部位构件受检数量不少于该类构件的35%
	现浇连续梁(板)桥	20	
1 000~5 000	预制安装简支T梁、(板)桥	56~240	
	现浇连续梁(板)桥	20~75	
≥5 000	预制安装简支T梁、(板)桥	240	
	现浇连续梁(板)桥	75	

⑤混凝土裂缝检测。裂缝的检测,首先需现场确定裂缝的性质、发展趋势,确定其为非结构性裂缝(条状、网状)或结构性裂缝(导致延性破坏、导致脆性破坏)。以结构性裂缝以及影响桥梁结构耐久性能的非结构性裂缝为主要对象,确定裂缝检测的区域与测点。

4 桥梁结构健康状况评价

4.1 桥梁技术状况(完好状态)评价

4.1.1 公路桥梁应按照《公路桥涵养护规范》(JTG H11—2004)中桥梁评定有关规定执行,其中包括一般评定和适应性评定。

(1)一般评定

①一般评定是依据桥梁定期检查资料,通过对桥梁各部件技术状况的综合评定,确定桥梁的技术状况等级,提出各类桥梁的养护措施。

②一般评定由负责定期检查者进行。

③对于全桥总体技术状况等级评定,宜采用考虑桥梁各部件权重的综合评定方法,亦可按重要部件最差的缺损状况评定,或对照桥梁技术状况评定标准进行评定,具体实施办法参见《公路桥涵养护规范》(JTG H11—2004)中3.5.2相关规定。

(2)适应性评定

①桥梁适应性评定包括以及桥梁定期及特殊检查资料,结合试验与结构受力分析,评定桥梁的实际承载能力、通行能力、抗洪能力,提出桥梁养护、改造方案。

②适应性评定应委托有相应资质及能力的单位进行。

4.1.2 城市桥梁应按照《城市桥梁养护技术规范》(CJJ 99—2003)中桥梁技术状况评估方法有关规定执行。

(1)Ⅱ~Ⅴ养护的城市桥梁技术状况的评估包括:桥面系、上部结构、下部结构及全桥评估,应采用先分部位再综合的办法评估。

(2)Ⅱ~Ⅴ养护的城市桥梁的完好程度,应以桥梁状况指数BCI确定桥梁技术状况的评估指标,按分层加权法根据定期检查的桥梁技术状况记录,对桥梁面系、上部结构和下部结构分别进行评估,再综合得出整个桥梁技术状况的评估,具体实施办法参见《城市桥梁养护技术规范》(CJJ 99—2003)中4.5相关规定。

4.2 桥梁结构健康状况评价的基本要求

4.2.1 桥梁结构健康状况评价是对桥梁总体技术状况的描述,评价宜逐跨进行。

4.2.2 各跨结构健康状况评价宜分上下部结构,针对构件进行。

4.2.3 结构损伤状况等级 BC 是根据桥梁结构承载能力影响因素损伤等级 CC,桥梁结构耐久性能影响因素损伤等级 DC 以及桥结构使用功能完整性影响因素损伤等级 OP 进行综合评判进行划分的,并应符合以下规定:

(1)桥梁结构承载能力影响因素损伤等级 CC 是根据其评价指标 $E(CC)$ 的评价值确定的。

(2)桥梁结构耐久性能影响因素损伤等级 DC 是根据其评价指标的评价值确定的。

(3)桥结构使用功能完整性影响因素损伤等级 OP 是根据其评价指标 $E(OP)$ 的评价值确定的。

(4)在进行桥梁结构承载能力影响因素 $E(CC)$ 以及桥梁结构耐久性能影响因素 $E(DC)$ 评价时,尚应考虑桥址环境恶化情况,按照桥址所在环境对其进行修正,修正系数如表4.2.3-1所示。

桥址环境特征恶化系数 ξ_{sd} 表4.2.3-1

序　号	环境条件	桥址环境特征恶化系数 ξ_{sd}
1	干燥、不冻、无侵蚀性介质	1.00
2	干、湿交替、不冻、无侵蚀性介质	1.05
3	干、湿交替、冻、无侵蚀性介质	1.08
4	干、湿交替、冻、有侵蚀性介质	1.10

(5)桥梁结构构件评价指标包括对混凝土裂缝的评价 $E(C)$,对混凝土强度的评价 $E(S)$,对混凝土碳化状况的评价 $E(CD)$,对混凝土破损状况的评价 $E(D)$,对钢筋锈蚀状况的评价 $E(SC)$ 以及对钢筋分布状况的评价 $E(PC)$ 等六方面内容。

(6)对桥梁上、下部结构构件(或部位)评价时,应根据构件(或部位)的重要性,按主要承重构件 $E(Obj)_i^{Ma}$ 和一般承重构件 $E(Obj)_i^{Mi}$ 对其指标评价值分别进行修正,修正系数如表4.2.3-2所示。

部位分类及其修正系数 ξ_m 取值 表4.2.3-2

桥梁形式及部件			裂缝开展部位	开展部位修正系数 ξ_m
上部结构	梁桥	主梁	主要承重构件	1.00
		横向联系	一般承重构件	0.70
	悬臂+挂孔	悬臂梁	主要承重构件	1.00
		挂梁	主要承重构件	1.00
		牛腿	主要承重构件	1.00
		防落梁装置	一般承重构件	0.50
	刚构桥	主梁	主要承重构件	1.00
		横向联系	一般承重构件	0.50
下部结构	桥墩	盖梁	主要承重构件	1.00
		桥墩	主要承重构件	1.00
	桥台	盖梁	主要承重构件	1.00
		桥台	主要承重构件	1.00

(7)对于各项指标的评价,上部结构以跨作为基本评价单位进行各跨的 $E(Obj)_i^{Sup}$ 评价,下部结构以各桥墩、桥台(包括盖梁部分)为基本评价单位进行 $E(Obj)_i^{Sub}$ 的评价。

4.3 混凝土表面裂缝评价指标 $E(C)$ 的确定方法

4.3.1 混凝土表面裂缝评价时,上部结构以跨为基本评价单位逐跨进行评价,下部结构以各桥墩、桥台(包括盖梁部分)为基本评价单位逐个评价。

4.3.2 根据混凝土结构或构件开裂的成因和危害程度的不同,将混凝土表面裂缝划分为结构性裂缝损伤和非结构性裂缝损伤两大类分别进行评价。

4.3.3 结构性裂缝评价 $E(C,LC)$ 按如下方法确定。

(1)结构性裂缝评价 $E(C,LC)$ 是以裂缝开展宽度 $W(LC)$ 作为损伤程度标度,并应考虑裂缝开展的间距和长度对其评价进行相应的程度修正。

条文说明

结构性裂缝(又称荷载裂缝)是指由外荷载产生的应力超标以及差异沉降、冲剪破坏和预应力局部应力等因素而形成的裂缝。

(2)结构性裂缝按产生的受力性质及其破坏形式分为脆性破坏型结构裂缝 $E(C,LCB)$ 和塑性破坏型结构裂缝 $E(C,LCP)$ 两大类分别计算评价值。

①脆性破坏型结构裂缝 $E(C,LCB)$:

$$E(C,LCB) = D(C,LCB) \times \xi_e \tag{4.3.3-1}$$

②塑性破坏型结构裂缝 $E(C,LCP)$:

$$E(C,LCP) = D(C,LCP) \times \xi_e \tag{4.3.3-2}$$

③钢筋混凝土或B类预应力混凝土结构,结构性裂缝损伤值计算方法如下:

$$D(C,LCB)=-2\,490.6\times W(LC)^3+1\,704.6\times W(LC)^2-17.8\times W(LC) \tag{4.3.3-3}$$

$$D(C,LCP)=-2\,913.4\times W(LC)^3+2\,165.8\times W(LC)^2-142.2\times W(LC) \tag{4.3.3-4}$$

④全预应力混凝土或A类预应力混凝土结构,结构性裂缝损伤值计算方法如下:

$$D(C,LCB)=2\,043.8\times W(LC)^3-2\,380.6\times W(LC)^2+875.5\times W(LC) \tag{4.3.3-5}$$

$$D(C,LCP)=217.6\times W(LC)^3-802.9\times W(LC)^2+549.5\times W(LC) \tag{4.3.3-6}$$

式中:$W(LC)$——实测脆性(塑性)破坏型裂缝开展宽度代表值(mm);

$D(C,LCB)$——脆性破坏型裂缝损伤值,计算精确到1分;

$D(C,LCP)$——塑性破坏型裂缝损伤值,计算精确到1分;

$E(C,LCB)$——脆性破坏型裂缝评价值,当 $E(C,LCB)>100$ 时 $E(C,LCB)=100$,$E(C,LCB)<0$ 时 $E(C,LCB)=0$,计算精确到1分;

$E(C,LCP)$——塑性破坏型裂缝评价值,当 $E(C,LCP)>100$ 时 $E(C,LCP)=100$,$E(C,LCP)<0$ 时 $E(C,LCP)=0$,计算精确到1分;

ξ_e——各实测脆性(塑性)破坏型裂缝开展程度系数,按表4.3.3取值。

裂缝开展程度系数取值 表4.3.3

序　号	技术状况	开展程度修正系数 ξ_e	说　明
1	良好状态	1.00	裂缝间距大于50cm,缝长不足截面尺寸的1/3
2	较好状态	1.25	裂缝间距大于30cm,缝长为截面尺寸的1/3~1/2
3	较差状态	1.50	裂缝间距大于20cm,缝长为截面尺寸的1/2~2/3
4	坏的状态	1.70	裂缝间距小于20cm,缝长大于截面尺寸的2/3
5	危险状态	1.85	裂缝间距小于10cm,裂缝多数贯通

(3)为提高评价系统的可操作性,上式中实测脆性(塑性)破坏型裂缝开展宽度代表值 $W(LC)$ 可按如下方法确定:

①将所要评价的脆性结构性裂缝根据其开展宽度,按0.00~0.10mm、0.10~0.15mm、0.15~0.20mm、0.20~0.25mm、0.25~0.30mm以及大于0.30mm六个宽度区段分别统计各区段内的包含裂缝条数,并由此计算各区段裂缝数量所占百分率 p_1 、p_2 、…、p_6 。

②当存在任意 $p_i>40\%$ 时,以最大百分率区段内实测裂缝宽度平均值作为构件的宽度代表值 $W(LC)$,即 $W(LC)=\overline{W(LC)_i}$ 。

③当所有 $p_i<40\%$ 时,以所有实测裂缝宽度的平均值作为构件的宽度代表值 $W(LC)$,即 $W(LC)=\dfrac{\sum\overline{W(LC)_i}}{6}$ 。

(4)桥梁上(下)部结构按主要承重构件结构性裂缝评价值计算方法如下:

$$E(C,LC)_i^{Ma}=\mathrm{Max}[E(C,LCB)_i^{Ma},E(C,LCP)_i^{Ma}]\times\xi_m \tag{4.3.3-7}$$

(5)桥梁部结构按一般承重构件结构性裂缝评价值计算方法如下:

$$E(C,LC)_i^{Mi}=\mathrm{Max}[E(C,LCB)_i^{Mi},E(C,LCP)_i^{Mi}]\times\xi_m \tag{4.3.3-8}$$

(6)桥梁上(下)部结构各跨结构性裂缝评价值 $E(C,LC)_i$,按下式方法计算:

$$E(C,LC)_i=\mathrm{Max}[E(C,LC)_i^{Ma},E(C,LC)_i^{Mi}] \tag{4.3.3-9}$$

式中:$E(C,LCB)_i^{Ma}$——第 i 跨(或桥墩、台)主要承重构件脆性破坏型结构性裂缝评价值;

$E(C,LCP)_i^{Ma}$ ——第 i 跨(或桥墩、台)主要承重构件塑性破坏型结构性裂缝评价值;

$E(C,LCB)_i^{Mi}$ ——第 i 跨(或桥墩、台)一般承重构件脆性破坏型结构性裂缝评价值;

$E(C,LCP)_i^{Mi}$ ——第 i 跨(或桥墩、台)一般承重构件塑性破坏型结构性裂缝评价值;

ξ_m ——第 i 跨(桥墩、台)主要(一般)承重构件修正系数,按表 4.2.3-2 取值;

$E(C,LC)_i^{Ma}$ ——第 i 跨(或桥墩、台)主要承重构件的结构性裂缝评价值;

$E(C,LC)_i^{Mi}$ ——第 i 跨(或桥墩、台)一般承重构件的结构性裂缝评价值;

$E(C,LC)_i$ ——第 i 跨(或桥墩、台)结构性裂缝评价值。

4.3.4 非结构性裂缝评价 $E(C,SS)$ 按如下方法确定。

(1)非结构性裂缝根据开展形态的不同,将裂缝按条状开展型和网状开展型两大类分别评价。

(2)条状开展型非结构性裂缝评价 $E(C,SSS)$ 以裂缝开展宽度 $W(SS)$ 作为损伤程度标度,网状开展型非结构性裂缝评价 $E(C,SSR)$ 是以网状裂缝在评价区域的面积百分率 $P(SS)$ 作为损伤程度标度。

①条状开展型非结构性裂缝评价 $E(C,SSS)$:

$$E(C,SSS) = D(C,SSS) \times \xi_e \tag{4.3.4-1}$$

②网状开展型非结构性裂缝评价 $E(C,SSR)$:

$$E(C,SSR) = D(C,SSS) \times \xi_e \tag{4.3.4-2}$$

③钢筋混凝土或 B 类预应力混凝土结构,非结构性裂缝评价值计算方法如下:

$$D(C,SSS) = -858.0 \times W(SS)^3 + 797.4 \times W(SS)^2 + 6.9 \times W(SS) \tag{4.3.4-3}$$

$$D(C,SSR) = 104\,474.7 \times P(SS)^3 - 17\,140.7 \times P(SS)^2 + 1\,526.7 \times P(SS) \tag{4.3.4-4}$$

④全预应力混凝土或 A 类预应力混凝土结构,结构性裂缝损伤值计算方法如下:

$$E(C,SSS) = -2\,201.8 \times W(SS)^3 + 1\,340.4 \times W(SS)^2 + 91.2 \times W(SS) \tag{4.3.4-5}$$

$$E(C,SSR) = 104\,474.7 \times P(SS)^3 - 17\,140.7 \times P(SS)^2 + 1\,526.7 \times P(SS) \tag{4.3.4-6}$$

式中:$W(SS)$ ——实测条状开展型裂缝开展宽度代表值,取所有实测裂缝宽度的平均值 $W(SS) = \frac{\sum W(SS)}{n}$(mm);

$P(SS)$ ——实测网状开展型裂缝面积百分率(%);

$D(C,SSS)$ ——条状开展型非结构性裂缝损伤值,计算精确到 1 分;

$D(C,SSR)$ ——网状开展型非结构性裂缝损伤值,计算精确到 1 分;

$E(C,SSS)$ ——条状开展型裂缝评价值,当 $E(C,SSS) > 100$ 时,$E(C,SSS) = 100$,$E(C,SSS) < 0$ 时,$E(C,SSS) = 0$,计算精确到 1 分;

$E(C,SSR)$ ——网状开展型裂缝评价值,当 $E(C,SSR) > 100$ 时,$E(C,SSR) = 100$,$E(C,SSR) < 0$ 时,$E(C,SSR) = 0$,计算精确到 1 分;

ξ_e ——各实测脆性(塑性)破坏型裂缝开展程度系数,按表 4.3.3 取值。

(3)桥梁上(下)部结构按主要承重构件非结构性裂缝评价值计算方法如下:

$$E(C,SS)_i^{Ma} = [E(C,SSS)_i^{Ma} \times \omega_i^S + E(C,SSR)_i^{Ma} \times \omega_i^R] \times \xi_m \tag{4.3.4-7}$$

(4)桥梁上(下)部结构按一般承重构件非结构性裂缝评价值计算方法如下:

$$E(C,SS)_i^{Mi} = [E(C,SSS)_i^{Mi} \times \omega_i^S + E(C,SSR)_i^{Mi} \times \omega_i^R] \times \xi_m \tag{4.3.4-8}$$

式中:$E(C,SSS)_i^{Ma}$ ——第 i 跨(桥墩、台)主要承重构件条状开展型非结构性裂缝评价值;

$E(C,SSR)_i^{Ma}$ ——第 i 跨(桥墩、台)主要承重构件网状开展型非结构性裂缝评价值;

$E(C,SS)_i^{Ma}$ ——第 i 跨(或桥墩、台)主要承重构件的非结构性裂缝评价值;

$E(C,SSS)_i^{Mi}$ ——第 i 跨(桥墩、台)一般承重构件条状开展型非结构性裂缝评价值;

$E(C,SSR)_i^{Mi}$ ——第 i 跨(桥墩、台)一般承重构件网状开展型非结构性裂缝评价值;

$E(C,SS)_i^{Mi}$ ——第 i 跨(或桥墩、台)一般承重构件的非结构性裂缝评价值;

ξ_m ——第 i 跨(桥墩、台)主要(一般)承重构件修正系数,按表 4.2.3-2 取值。

(5)桥梁上(下)部结构主要(或一般)承重构件非结构性裂缝评价权重计算如下:

$$\omega_i^S = \frac{K_{\omega_i^S}}{K_{\omega_i^S} + K_{\omega_i^R}} \tag{4.3.4-9}$$

$$\omega_i^R = \frac{K_{\omega_i^R}}{K_{\omega_i^S} + K_{\omega_i^R}} \tag{4.3.4-10}$$

$$K_{\omega_i^S} = -\left(\frac{6.25}{3}\right)\times\left[\frac{E(C,SSS)}{100}\right]^3 + \left(\frac{6.25}{2}\right)\times\left[\frac{E(C,SSS)}{100}\right]^2 - \left(\frac{6.25}{150}\right)\times\frac{E(C,SSS)}{100} + 0.50 \tag{4.3.4-11}$$

$$K_{\omega_i^R} = -\left(\frac{6.25}{3}\right)\times\left[\frac{E(C,SSR)}{100}\right]^3 + \left(\frac{6.25}{2}\right)\times\left[\frac{E(C,SSR)}{100}\right]^2 - \left(\frac{6.25}{150}\right)\times\frac{E(C,SSR)}{100} + 0.50 \tag{4.3.4-12}$$

式中:$K_{\omega_i^S}$ ——第 i 跨(或桥墩、台)主要(一般)承重构件条状开展型非结构性裂缝评价权重调整系数;

$K_{\omega_i^R}$ ——第 i 跨(或桥墩、台)主要(一般)承重构件网状开展型非结构性裂缝评价权重调整系数;

ω_i^S ——第 i 跨(或桥墩、台)主要(一般)承重构件条状开展型非结构性裂缝评价权重;

ω_i^R ——第 i 跨(或桥墩、台)主要(一般)承重构件网状开展型非结构性裂缝评价权重。

(6)桥梁上(下)部结构各跨非结构性裂缝评价值 $E(C,SS)_i$,按下式方法计算:

$$E(C,SS)_i = \mathrm{Max}[E(C,SSR)_i^{Mi}, E(C,SS)_i^{Mi}] \tag{4.3.4-13}$$

式中:$E(C,SSR)_i^{Mi}$ ——第 i 跨(桥墩、台)一般承重构件网状开展型非结构性裂缝评价值;

$E(C,SS)_i^{Mi}$ ——第 i 跨(或桥墩、台)一般承重构件的非结构性裂缝评价值;

$E(C,SS)_i$ ——第 i 跨(桥墩、台)非结构性裂缝评价值。

4.4 混凝土强度指标 $E(S)$ 评价方法

4.4.1 混凝土强度评价时,上部结构以跨为基本评价单位逐跨进行评价,下部结构以各桥墩、桥台(包括盖梁部分)为基本评价单位逐个评价。

4.4.2 部位(或构件)混凝土评价值以混凝土推定强度系数 $K(S)$ 作为损伤程度标度。

$$K(S) = \frac{S(E)}{S(U)} \tag{4.4.2-1}$$

式中:$S(E)$ ——主要(一般)承重构件混凝土强度测区实测强度推定值(MPa);

$S(U)$ ——主要(一般)承重构件混凝土强度测区极限抗压强度值(MPa);

$K(S)$ ——主要(一般)承重构件混凝土强度测区推定强度系数。

(1)钢筋混凝土或B类预应力混凝土结构,混凝土强度指标评值计算方法如下:

$$E(S) = -435.4 \times K(S)^2 + 424.8 \times K(S) \tag{4.4.2-2}$$

(2)全预应力混凝土或A类预应力混凝土结构,混凝土强度指标评值计算方法如下:

$$E(S) = -451.9 \times K(S)^2 + 447.4 \times K(S) \tag{4.4.2-3}$$

式中:$K(S)$ ——主要(或一般)承重构件混凝土强度测区推定强度系数;

$E(S)$ ——主要(或一般)承重构件混凝土强度指标评价值,当 $E(S) > 100$ 时 $E(S) = 100$,$E(S) < 0$ 时 $E(S) = 0$,计算精确到1分。

4.4.3 桥梁上(下)部结构按主要承重构件结构性裂缝评价值计算方法如下:

$$E(S)_i^{Ma} = \mathrm{Max}[E(S)_{i,j}^{Ma}(j = 1,2,\cdots,n)] \times \xi_m \tag{4.4.3}$$

4.4.4 桥梁上(下)部结构按一般承重构件结构性裂缝评价值计算方法如下:

$$E(S)_i^{Mi} = \mathrm{Max}[E(S)_{i,j}^{Mi}(j = 1,2,\cdots,n)] \times \xi_m \tag{4.4.4}$$

4.4.5 桥梁上(下)部结构各跨混凝土强度评价值 $E(S)_i$,按下式方法计算。

$$E(S)_i = \mathrm{Max}[E(S)_i^{Ma},E(S)_i^{Mi}] \tag{4.4.5}$$

式中:$E(S)_{i,j}^{Ma}$ ——第 i 跨(或桥墩、台)主要承重构件第 j 测区混凝土强度指标评价值;

$E(S)_i^{Ma}$ ——第 i 跨(或桥墩、台)主要承重构件的混凝土强度指标评价值;

$E(S)_{i,j}^{Mi}$ ——第 i 跨(或桥墩、台)一般承重构件第 j 测区混凝土强度指标评价值;

$E(S)_i^{Mi}$ ——第 i 跨(或桥墩、台)一般承重构件的混凝土强度指标评价值;

$E(S)_i$ ——第 i 跨(或桥墩、台)混凝土强度评价值,取主要承重构件评价值与一般承重构件评价值最差值;

ξ_m ——第 i 跨(或桥墩、台)主要(一般)承重构件修正系数,按表4.2.3-2取值。

4.5 混凝土破损指标 $E(D)$ 评价方法

4.5.1 混凝土破损评价时,上部结构以跨为基本评价单位逐跨进行评价,下部结构以各桥墩、桥台(包括盖梁部分)为基本评价单位逐个评价。

4.5.2 混凝土破损评价 $E(D)$ 是以检测区域内实测混凝土破损面积占被测部位或构件相应面积的百分率 $P(D)$ 作为损伤程度标度进行评价的。

$$E(D) = [-5\,512\,186.1 \times P(D)^3 + 252\,155.4 \times P(D)^2 + 1\,146.5 \times P(D)] \times \xi_m \tag{4.5.2}$$

式中:$P(D)$ ——实测混凝土破损面积占被测部位或构件相应面积的百分率(%);

ξ_m ——第 i 跨(或桥墩、台)主要(或一般)承重构件修正系数,按表4.2.3-2取值;

$E(D)$ ——混凝土破损指标评价值,当 $E(D) > 100$ 时 $E(D) = 100$,$E(D) < 0$ 时 $E(D) = 0$,计算精确到1分。

4.5.3 桥梁上(下)部结各跨混凝土破损评价值 $E(D)_i$,按下式方法计算:

$$E(D)_i = \mathrm{Max}[E(D)_i^{Ma},E(D)_i^{Mi}] \tag{4.5.3}$$

式中:$E(D)_i^{Ma}$ ——第 i 跨(或桥墩、台)主要承重构件混凝土破损指标评价值;

$E(D)_i^{Mi}$ ——第 i 跨(或桥墩、台)一般承重构件混凝土破损指标评价值;

$E(D)_i$——第 i 跨(或桥墩、台)混凝土破损评价值。

4.6 钢筋锈蚀状况指标 $E(SC)$ 评价方法

4.6.1 本评价指标只适用于钢筋混凝土结构或预应力混凝土结构中的普通钢筋锈蚀状况评价。

4.6.2 钢筋锈蚀状况指标评价时,上部结构以跨为基本评价单位逐跨进行评价,下部结构以各桥墩、桥台(包括盖梁部分)为基本评价单位逐个评价。

4.6.3 钢筋锈蚀状况检测宜采用钢筋锈蚀电位法,评价指标 $E(SC,CP)$ 是以钢筋锈蚀电位法中的电位水平 CP 作为损伤程度标度进行评价。

$$E(SC,CP) = 1.29 \times 10^{-6}CP^3 + 1.28 \times 10^{-3}CP^2 + 1.19 \times 10^{-1}CP \tag{4.6.3}$$

式中: CP——钢筋锈蚀电位法中的实测电位水平(mV);

$E(SC,CP)$——电位水平评价值,当 $E(SC,CP) > 100$ 时 $E(SC,CP) = 100$,$E(SC,CP) < 0$ 时 $E(SC,CP) = 0$,计算精确到1分。

4.6.4 桥梁上(下)部结构按主要(或一般)承重构件钢筋锈蚀状况评价指标 $E(SC)$ 按下式确定:

$$E(SC) = [E(SC,CP) \times \xi_{IC} \times \xi_{CV}] \times \xi_m \tag{4.6.4}$$

式中: $E(SC,CP)$——电位水平评价值,当 $E(SC,CP) > 100$ 时 $E(SC,CP) = 100$,$E(SC,CP) < 0$ 时 $E(SC,CP) = 0$,计算精确到1分;

ξ_{IC}——钢筋锈蚀诱发条件系数,可按表4.6.4-1取值,如检测项目未包含混凝土氯离子含量测试,则 $\xi_{IC} = 1.00$;

ξ_{CV}——钢筋锈蚀速率系数,可按表4.6.4-2取值,如检测项目未包含混凝土电阻率测试,则 $\xi_{CV} = 1.00$;

ξ_m——第 i 跨(桥墩、台)主要(一般)承重构件修正系数,按表4.2.3-2取值。

钢筋锈蚀状况(氯离子含量)指标评价值 表4.6.4-1

序号	氯离子含量 CC(%)	钢筋锈蚀状况诱发条件系数 ξ_{IC}	诱发钢筋锈蚀的可能性
1	<0.5	0.50	很小
2	0.15~0.4	0.75	不确定
3	0.4~0.7	1.00	有可能诱发钢筋锈蚀
4	0.7~1.0	1.30	会诱发钢筋锈蚀
5	>1.0	1.50	钢筋锈蚀活化

钢筋锈蚀状况(混凝土电阻率)指标评价值 表4.6.4-2

序号	混凝土电阻率 CR(Ω·cm)	钢筋锈蚀状况诱发条件系数 ξ_{CV}	诱发钢筋锈蚀的可能性
1	>20 000	0.50	很小
2	15 000~20 000	0.75	不确定
3	10 000~15 000	1.00	有可能诱发钢筋锈蚀
4	5 000~10 000	1.30	会诱发钢筋锈蚀
5	<5 000	1.50	钢筋锈蚀活化

4.6.5 桥梁上(下)部结构各跨钢筋锈蚀状况评价值 $E(SC)_i$,按下式方法计算:

$$E(SC)_i = \mathrm{Max}[E(SC)_i^{Ma}, E(SC)_i^{Mi}] \tag{4.6.5}$$

式中:$E(SC)_i^{Ma}$——第 i 跨(或桥墩、台)主要承重构件钢筋锈蚀状况指标评价值;

$E(SC)_i^{Mi}$——第 i 跨(或桥墩、台)一般承重构件钢筋锈蚀状况指标评价值;

$E(SC)_i$——第 i 跨(或桥墩、台)钢筋锈蚀状况指标评价值。

4.7 钢筋保护层厚度指标 $E(PC)$ 评价方法

4.7.1 混凝土结构钢筋分布及保护层厚状况可采用电磁检测方法进行无损检测。

4.7.2 混凝土表面裂缝评价时,上部结构以跨为基本评价单位逐跨进行评价,下部结构以各桥墩、桥台(包括盖梁部分)为基本评价单位逐个评价。

4.7.3 部位(或构件)钢筋保护层厚度评价值以评判系数 $K(PC)$ 作为损伤程度标度。

$$K(PC) = \frac{PC(M)}{PC(D)} \tag{4.7.3}$$

式中:$PC(M)$——主要(一般)承重构件钢筋保护层厚度实测值(mm);

$PC(D)$——主要(一般)承重构件钢筋保护层厚度设计值(mm);

$K(PC)$——主要(一般)承重构件钢筋保护厚度评判系数。

4.7.4 桥梁上(下)部结构按主要(或一般)承重构件钢筋保护厚度评价指标 $E(PC)$ 按下式确定:

$$E(PC) = 487.7 \times K(PC)^3 - 1\,134.1 \times K(PC)^2 + 646.5 \times K(PC) \tag{4.7.4}$$

式中:$K(PC)$——主要(或一般)承重构件钢筋保护厚度评判系数;

$E(PC)$——主要(或一般)承重构件钢筋保护层厚度指标评价值,当 $E(PC) > 100$ 时 $E(PC) = 100$,$E(PC) < 0$ 时 $E(PC) = 0$,计算精确到 1 分。

4.7.5 桥梁上(下)部结构按主要承重构件钢筋保护层厚度评价值计算方法如下:

$$E(PC)_i^{Ma} = [\overline{E(PC)_{i,j}^{Ma}} + K \times S(PC)_i^{Ma}] \times \xi_m \tag{4.7.5}$$

4.7.6 桥梁上(下)部结构按一般承重构件钢筋保护层厚度评价值计算方法如下:

$$E(PC)_i^{Mi} = [\overline{E(PC)_{i,j}^{Mi}} + K \times S(PC)_i^{Mi}] \times \xi_m \tag{4.7.6}$$

4.7.7 桥梁上(下)部结构各跨钢筋保护层厚度评价值 $E(PC)_i$,按下式方法计算:

$$E(PC)_i = \mathrm{Max}[E(PC)_i^{Ma}, E(PC)_i^{Mi}] \tag{4.7.7}$$

式中:$\overline{E(PC)_{i,j}^{Ma}}$——第 i 跨(或桥墩、台)主要承重构件所有钢筋保护层厚度指标评价值均值;

$S(PC)_i^{Ma}$——第 i 跨(或桥墩、台)主要承重构件所有钢筋保护层厚度指标评价值标准差;

$E(PC)_i^{Ma}$——第 i 跨(或桥墩、台)主要承重构件钢筋保护层厚度指标评价值;

$\overline{E(PC)_{i,j}^{Mi}}$——第 i 跨(或桥墩、台)一般承重构件所有钢筋保护层厚度指标评价值均值;

$S(PC)_i^{Mi}$——第 i 跨(或桥墩、台)一般承重构件所有钢筋保护层厚度指标评价值标准差;

$E(PC)_i^{Mi}$——第 i 跨(桥墩、台)一般承重构件钢筋保护层厚度指标评价值;

K——第 i 跨(桥墩、台)主要(一般)承重构件所有钢筋保护层厚度指标的统计系数,按表 4.7.7 取值;

ξ_m——第 i 跨(或桥墩、台)主要(一般)承重构件修正系数,按表 4.2.3-2 取值;

$E(PC)_i$——第 i 跨(桥墩、台)钢筋保护层厚度指标评价值,取主要承重构件评价值与一般承重构件评价值最差值。

钢筋保护层厚度指标评价值统计系数 表 4.7.7

测点数 n	10~15	16~24	≥25
统计系数 K	1.695	1.645	1.595

4.8 碳化深度指标 E(CD) 评价方法

4.8.1 对混凝土碳化深度评价时,上部结构以跨为基本评价单位逐跨进行评价,下部结构以各桥墩、桥台(包括盖梁部分)为基本评价单位逐个评价。

4.8.2 部位(或构件)混凝土碳化深度评价值以评判系数 $K(CD)$ 作为损伤程度标度。

$$K(CD) = \frac{CD(M)}{PC(M)} \tag{4.8.2}$$

式中:$CD(M)$ ——主要(一般)承重构件碳化深度实测值(mm);

$PC(M)$ ——主要(一般)承重构件钢筋保护层厚度实测值(mm);

$K(CD)$ ——主要(一般)承重构件碳化深度评判系数。

4.8.3 桥梁上(下)部结构按主要(或一般)承重构件钢筋保护厚度评价指标 $E(CD)$ 按下式确定:

$$E(CD) = -1.5K(CD)^2 + 30.8 \times K(CD) \tag{4.8.3}$$

式中:$K(CD)$ ——主要(或一般)承重构件钢筋保护厚度评判系数;

$E(CD)$ ——主要(或一般)承重构件钢筋保护层厚度指标评价值,当 $E(CD) > 100$ 时 $E(CD) = 100$,$E(CD) < 0$ 时 $E(CD) = 0$,计算精确到1分。

4.8.4 桥梁上(下)部结构按主要承重构件钢筋保护层厚度评价值计算方法如下:

$$E(CD)_i^{Ma} = \frac{\sum_{j=1}^{n} E(CD)_{i,j}^{Ma}}{n} \times \xi_m \tag{4.8.4}$$

4.8.5 桥梁上(下)部结构按一般承重构件钢筋保护层厚度评价值计算方法如下:

$$E(CD)_i^{Mi} = \frac{\sum_{j=1}^{n} E(CD)_{i,j}^{Mi}}{n} \times \xi_m \tag{4.8.5}$$

4.8.6 桥梁上(下)部结构各跨钢筋保护层厚度评价值 $E(CD)_i$,按下式方法计算。

$$E(CD)_i = \mathrm{Max}[E(CD)_i^{Ma}, E(CD)_i^{Mi}] \tag{4.8.6}$$

式中:$E(CD)_{i,j}^{Ma}$ ——第 i 跨(或桥墩、台)主要承重构件第 j 测区碳化深度指标评价值;

$E(CD)_i^{Ma}$ ——第 i 跨(或桥墩、台)主要承重构件碳化深度指标评价值;

$E(CD)_{i,j}^{Mi}$ ——第 i 跨(或桥墩、台)一般承重构件第 j 测区碳化深度指标评价值;

$E(CD)_i^{Mi}$ ——第 i 跨(或桥墩、台)一般承重构件碳化深度指标评价值;

n ——第 i 跨(或桥墩、台)主要(或一般)承重构件碳化深度测区个数;

ξ_m ——第 i 跨(或桥墩、台)主要(或一般)承重构件修正系数,按表 4.2.3-2 取值;

$E(CD)_i$ ——第 i 跨(或桥墩、台)碳化深度指标评价值,取主要承重构件评价值与一般承重构件评价值最差值。

4.9 桥梁结构健康状况总体评价

4.9.1 桥梁结构承载能力影响因素评价

(1)桥梁结构承载能力影响因素总体评价值 $E(CC)$,按下式方法计算:

$$E(CC) = 100 - \text{Max}[E(CC)^{Sup}, E(CC)^{Sub}] \tag{4.9.1-1}$$

式中：$E(CC)^{Sup}$——桥梁上部结构承载能力影响因素总体评价值；

$E(CC)^{Sub}$——桥梁下部结构承载能力影响因素总体评价值；

$E(CC)$——桥梁结构承载能力影响因素总体评价指标评价值，当 $E(CC) < 0$ 时 $E(CC) = 0$，计算精确到1分。

(2)桥梁上部结构承载能力影响因素总体评价值 $E(CC)^{Sup}$，按下式方法计算。

①对于多跨桥梁，当各桥跨的评价指标 $E(CC)_i^{Sup}$ 值均小于或等于30时，对桥梁上部结构进行整体评价时，应综合考虑病害或缺陷的分布情况，评判方法如下：

$$E(CC)^{Sup} = \frac{\sum_{i=1}^{n}[E(CC)_i^{Sup} \cdot \omega(CC)_i^{Sup}]}{n} \tag{4.9.1-2}$$

$$\omega(CC)_i^{Sup} = -5.0 \times \left[\frac{E(CC)_i^{Sup} - \lambda \sum_{i=1}^{n} E(CC)_i^{Sup}}{100}\right]^2 + 1.5 \tag{4.9.1-3}$$

②对于多跨桥梁，当任一桥跨的评价指标 $E(CC)_i^{Sup}$ 值大于30时，对桥梁上部结构进行整体评价时，应综合考虑病害或缺陷的分布情况，评判方法如下：

$$E(CC)^{Sup} = \text{Max}[E(CC)_i^{Sup}] \times \omega(CC)_i^{Sup} \tag{4.9.1-4}$$

$$\omega(CC)_i^{Sup} = \frac{5}{6} \times \frac{\lambda \sum_{i=1}^{n} E(CC)_i^{Sup}}{100} + 1 \tag{4.9.1-5}$$

式中：$E(CC)_i^{Sup}$——第 i 跨上部结构承载能力影响因素指标评价值；

n——上部结构参加评价的跨径总数；

λ——上部结构参加评价跨径修正系数，当 $n \leq 10$，$\lambda = 0.1$，当 $n > 10$，$\lambda = 1/n$；

$E(CC)^{Sup}$——上部结构结构承载能力影响因素总体评价值，当 $E(CC)^{Sup} > 100$ 时 $E(CC)^{Sup} = 100$，计算精确到1分。

(3)桥梁下部结构承载能力影响因素总体评价值 $E(CC)^{Sub}$，按下式方法计算。

①对于多跨桥梁，当各桥墩(台)的评价指标 $E(CC)_i^{Sub}$ 值均小于或等于30时，对桥梁下部结构进行整体评价时，应综合考虑病害或缺陷的分布情况，评判方法如下：

$$E(CC)^{Sub} = \frac{\sum_{i=1}^{n}[E(CC)_i^{Sub} \cdot \omega(CC)_i^{Sub}]}{n} \tag{4.9.1-6}$$

$$\omega(CC)_i^{Sub} = -5.0 \times \left[\frac{E(CC)_i^{Sub} - \lambda \sum_{i=1}^{n} E(CC)_i^{Sub}}{100}\right]^2 + 1.5 \tag{4.9.1-7}$$

②对于多跨桥梁，当任一桥跨的评价指标 $E(CC)_i^{Sup}$ 值大于30时，对桥梁下部结构进行整体评价时，应综合考虑病害或缺陷的分布情况，评判方法如下：

$$E(CC)^{Sub} = \text{Max}[E(CC)_i^{Sub}] \times \omega(CC)_i^{Sub} \tag{4.9.1-8}$$

$$\omega(CC)_i^{Sub} = \frac{5}{6} \times \frac{\lambda \sum_{i=1}^{n} E(CC)_i^{Sub}}{100} + 1 \tag{4.9.1-9}$$

式中：$E(CC)_i^{Sub}$——第 i 跨下部结构承载能力影响因素指标评价值；

n——下部结构参加评价的跨径总数；

λ ——下部结构参加评价跨径修正系数，当 $n \leqslant 10$，$\lambda = 0.1$，当 $n > 10$，$\lambda = \frac{1}{n}$；

$E(CC)^{Sub}$ ——下部结构结构承载能力影响因素总体评价值，当 $E(CC)^{Sub} > 100$ 时 $E(CC)^{Sub} = 100$，计算精确到 1 分。

（4）桥梁上部结构各跨承载能力影响因素评价值 $E(CC)_i^{Sup}$，按下式方法计算：

$$E(CC)_i^{Sup} = \Big[E(C,LC)_i^{Sup} \cdot \omega(C,LC)_i^{Sup} + E(S)_i^{Sup} \cdot \omega(S)_i^{Sup} + E(D)_i^{Sup} \cdot \omega(D)_i^{Sup} + E(SC)_i^{Sup} \cdot \omega(SC)_i^{Sup}\Big] \times \xi_{sd} \tag{4.9.1-10}$$

$$\left.\begin{aligned} 0 \leqslant E(C,LC)_i^{Sup} \leqslant 60: \omega(C,LC)_i^{Sup} = & -10.0 \times \left[\frac{E(C,LC)_i^{Sup}}{100}\right]^3 + \\ & 8.50 \times \left[\frac{E(C,LC)_i^{Sup}}{100}\right]^2 + \\ & 0.25 \times \left[\frac{E(C,LC)_i^{Sup}}{100}\right]_i - 0.05 \\ 60 \leqslant E(C,LC)_i^{Sup} \leqslant 100: \omega(C,LC)_i^{Sup} = & \ 1.00 \end{aligned}\right\} \tag{4.9.1-11}$$

$$\left.\begin{aligned} 0 \leqslant E(S)_i^{Sup} \leqslant 60: \omega(S)_i^{Sup} = & -10.0 \times \left[\frac{E(S)_i^{Sup}}{100}\right]^3 + \\ & 8.50 \times \left[\frac{E(S)_i^{Sup}}{100}\right]^2 + \\ & 0.25 \times \left[\frac{E(S)_i^{Sup}}{100}\right]_i - 0.05 \\ 60 \leqslant E(S)_i^{Sup} \leqslant 100: \omega(S)_i^{Sup} = & \ 1.00 \end{aligned}\right\} \tag{4.9.1-12}$$

$$\left.\begin{aligned} 0 \leqslant E(D)_i^{Sup} \leqslant 60: \omega(D)_i^{Sup} = & -10.0 \times \left[\frac{E(D)_i^{Sup}}{100}\right]^3 + \\ & 8.50 \times \left[\frac{E(D)_i^{Sup}}{100}\right]^2 + \\ & 0.25 \times \left[\frac{E(D)_i^{Sup}}{100}\right]_i - 0.05 \\ 60 \leqslant E(D)_i^{Sup} \leqslant 100: \omega(D)_i^{Sup} = & \ 1.00 \end{aligned}\right\} \tag{4.9.1-13}$$

$$\left.\begin{aligned} 0 \leqslant E(SC)_i^{Sup} \leqslant 60: \omega(SC)_i^{Sup} = & -10.0 \times \left[\frac{E(SC)_i^{Sup}}{100}\right]^3 + \\ & 8.50 \times \left[\frac{E(SC)_i^{Sup}}{100}\right]^2 + \\ & 0.25 \times \left[\frac{E(SC)_i^{Sup}}{100}\right]_i - 0.05 \\ 60 \leqslant E(SC)_i^{Sup} \leqslant 100: \omega(SC)_i^{Sup} = & \ 1.00 \end{aligned}\right\} \tag{4.9.1-14}$$

式中：$E(C,LC)_i^{Sup}$ ——第 i 跨上部结构结构性裂缝评价值；

$E(S)_i^{Sup}$ ——第 i 跨上部结构混凝土强度评价值；

$E(D)_i^{Sup}$ ——第 i 跨上部结构混凝土破损指标评价值；

$E(SC)_i^{Sup}$ ——第 i 跨上部结构钢筋锈蚀状况指标评价值；

$\omega(C,LC)_i^{Sup}$ ——第 i 跨上部结构结构性裂缝评价指标权重；

$\omega(S)_i^{Sup}$ ——第 i 跨上部结构混凝土强度评价指标权重；

$\omega(D)_i^{Sup}$ ——第 i 跨上部结构混凝土破损评价指标权重；

$\omega(SC)_i^{Sup}$ ——第 i 跨上部结构钢筋锈蚀状况评价指标权重；

$E(CC)_i^{Sup}$ ——第 i 跨上部结构承载能力影响因素指标评价值；

ξ_{sd} ——桥址环境特征恶化系数，按表 4.2.3-1 取用。

（5）桥梁下部结构各跨承载能力影响因素评价值 $E(CC)_i^{Sub}$，按下式方法计算：

$$E(CC)_i^{Sub} = \left[E(C,LC)_i^{Sub} \cdot \omega(C,LC)_i^{Sub} + E(S)_i^{Sub} \cdot \omega(S)_i^{Sub} + E(D)_i^{Sub} \cdot \omega(D)_i^{Sub} + E(SC)_i^{Sub} \cdot \omega(SC)_i^{Sub}\right] \times \xi_{sd} \tag{4.9.1-15}$$

$$\left.\begin{aligned} &0 \leqslant E(C,LC)_i^{Sub} \leqslant 60: \omega(C,LC)_i^{Sub} = -10.0 \times \left[\frac{E(C,LC)_i^{Sub}}{100}\right]^3 + 8.50 \times \left[\frac{E(C,LC)_i^{Sub}}{100}\right]^2 + 0.25 \times \left[\frac{E(C,LC)_i^{Sub}}{100}\right]_i - 0.05 \\ &60 \leqslant E(C,LC)_i^{Sub} \leqslant 100: \omega(C,LC)_i^{Sub} = 1.00 \end{aligned}\right\} \tag{4.9.1-16}$$

$$\left.\begin{aligned} &0 \leqslant E(S)_i^{Sub} \leqslant 60: \omega(S)_i^{Sub} = -10.0 \times \left[\frac{E(S)_i^{Sub}}{100}\right]^3 + 8.50 \times \left[\frac{E(S)_i^{Sub}}{100}\right]^2 + 0.25 \times \left[\frac{E(S)_i^{Sub}}{100}\right]_i - 0.05 \\ &60 \leqslant E(S)_i^{Sub} \leqslant 100: \omega(S)_i^{Sub} = 1.00 \end{aligned}\right\} \tag{4.9.1-17}$$

$$\left.\begin{aligned} &0 \leqslant E(D)_i^{Sub} \leqslant 60: \omega(D)_i^{Sub} = -10.0 \times \left[\frac{E(D)_i^{Sub}}{100}\right]^3 + 8.50 \times \left[\frac{E(D)_i^{Sub}}{100}\right]^2 + 0.25 \times \left[\frac{E(D)_i^{Sub}}{100}\right]_i - 0.05 \\ &60 \leqslant E(D)_i^{Sub} \leqslant 100: \omega(D)_i^{Sub} = 1.00 \end{aligned}\right\} \tag{4.9.1-18}$$

$$\left.\begin{aligned} &0 \leqslant E(SC)_i^{Sub} \leqslant 60: \omega(SC)_i^{Sub} = -10.0 \times \left[\frac{E(SC)_i^{Sub}}{100}\right]^3 + 8.50 \times \left[\frac{E(SC)_i^{Sub}}{100}\right]^2 + 0.25 \times \left[\frac{E(SC)_i^{Sub}}{100}\right]_i - 0.05 \\ &60 \leqslant E(SC)_i^{Sub} \leqslant 100: \omega(SC)_i^{Sub} = 1.00 \end{aligned}\right\} \tag{4.9.1-19}$$

式中：$E(C,LC)_i^{Sub}$ ——第 i 跨下部结构结构性裂缝评价值；

$E(S)_i^{Sub}$ ——第 i 跨下部结构混凝土强度评价值；

$E(D)_i^{Sub}$ ——第 i 跨下部结构混凝土破损指标评价值；

$E(SC)_i^{Sub}$ ——第 i 跨下部结构钢筋锈蚀状况指标评价值；

$\omega(C,LC)_i^{Sub}$ ——第 i 跨下部结构结构性裂缝评价指标权重；

$\omega(S)_i^{Sub}$ ——第 i 跨下部结构混凝土强度评价指标权重；

$\omega(D)_i^{Sub}$ ——第 i 跨下部结构混凝土破损评价指标权重；

$\omega(SC)_i^{Sub}$ ——第 i 跨下部结构钢筋锈蚀状况评价指标权重；

$E(CC)_i^{Sub}$ ——第 i 跨下部结构承载能力影响因素指标评价值；

ξ_{sd} ——桥址环境特征恶化系数，按表 4.2.3-1 取用。

4.9.2 桥梁结构耐久性能影响因素评价

（1）桥梁结构耐久性能影响因素总体评价值 $E(DC)$，按下式方法计算。

$$E(DC) = 100 - \mathrm{Max}[E(DC)^{Sup},E(DC)^{Sub}] \tag{4.9.2-1}$$

式中：$E(DC)^{Sup}$ ——桥梁上部结构耐久性能影响因素总体评价值；

$E(DC)^{Sub}$ ——桥梁下部结构耐久性能影响因素总体评价值；

$E(DC)$ ——桥梁结构耐久性能影响因素总体评价指标评价值，当 $E(DC) < 0$ 时 $E(DC) = 0$，计算精确到 1 分。

（2）桥梁上部结构耐久性能影响因素总体评价值 $E(DC)^{Sup}$，按下式方法计算。

①对于多跨桥梁，当各桥跨的评价指标 $E(DC)_i^{Sup}$ 值均小于或等于 30 时，对桥梁上部结构进行整体评价时，应综合考虑病害或缺陷的分布情况，评判方法如下：

$$E(DC)^{Sup} = \frac{\sum_{i=1}^{n}[E(DC)_i^{Sup} \cdot \omega(DC)_i^{Sup}]}{n} \tag{4.9.2-2}$$

$$\omega(DC)_i^{Sup} = -5.0 \times \left[\frac{E(DC)_i^{Sup} - \lambda\sum_{i=1}^{n}E(DC)_i^{Sup}}{100}\right]^2 + 1.5 \tag{4.9.2-3}$$

②对于多跨桥梁，当任一桥跨的评价指标 $E(DC)_i^{Sup}$ 值大于 30 时，对桥梁上部结构进行整体评价时，应综合考虑病害或缺陷的分布情况，评判方法如下：

$$E(DC)^{Sup} = \mathrm{Max}[E(DC)_i^{Sup}] \times \omega(DC)_i^{Sup} \tag{4.9.2-4}$$

$$\omega(DC)_i^{Sup} = \frac{5}{6} \times \frac{\lambda\sum_{i=1}^{n}E(DC)_i^{Sup}}{100} + 1 \tag{4.9.2-5}$$

式中：$E(DC)_i^{Sup}$ ——第 i 跨上部结构耐久性能影响因素指标评价值；

n ——上部结构参加评价的跨径总数；

λ ——上部结构参加评价跨径修正系数，当 $n \leqslant 10$，$\lambda = 0.1$，当 $n > 10$，$\lambda = 1/n$；

$E(DC)^{Sup}$ ——上部结构结构耐久性能影响因素总体评价值，当 $E(DC)^{Sup} > 100$ 时 $E(DC)^{Sup} = 100$，计算精确到 1 分。

（3）桥梁下部结构耐久性能影响因素总体评价值 $E(DC)^{Sub}$，按下式方法计算。

①对于多跨桥梁，当各桥墩（台）的评价指标 $E(DC)_i^{Sub}$ 值均小于或等于 30 时，对桥梁下部结构进行整体评价时，应综合考虑病害或缺陷的分布情况，评判方法如下：

$$E(DC)^{Sub} = \frac{\sum_{i=1}^{n}[E(DC)_i^{Sub} \cdot \omega(DC)_i^{Sub}]}{n} \tag{4.9.2-6}$$

$$\omega(DC)_i^{Sub} = -5.0 \times \left[\frac{E(DC)_i^{Sub} - \lambda \sum_{i=1}^{n} E(DC)_i^{Sub}}{100}\right]^2 + 1.5 \tag{4.9.2-7}$$

②对于多跨桥梁,当任一桥跨的评价指标 $E(DC)_i^{Sup}$ 值大于 30 时,对桥梁下部结构进行整体评价时,应综合考虑病害或缺陷的分布情况,评判方法如下:

$$E(DC)^{Sub} = \mathrm{Max}[E(DC)_i^{Sub}] \times \omega(DC)_i^{Sub} \tag{4.9.2-8}$$

$$\omega(DC)_i^{Sub} = \frac{5}{6} \times \frac{\lambda \sum_{i=1}^{n} E(DC)_i^{Sub}}{100} + 1 \tag{4.9.2-9}$$

式中:$E(DC)_i^{Sub}$ ——第 i 跨下部结构耐久性能影响因素指标评价值;

n ——下部结构参加评价的跨径总数;

λ ——下部结构参加评价跨径修正系数,当 $n \leqslant 10$, $\lambda = 0.1$,当 $n > 10$, $\lambda = \frac{1}{n}$;

$E(DC)^{Sub}$ ——下部结构结构耐久性能影响因素总体评价值,当 $E(DC)^{Sub} > 100$ 时 $E(DC)^{Sub} = 100$,计算精确到 1 分。

(4)桥梁上部结构各跨耐久性能影响因素评价值 $E(DC)_i^{Sup}$,按下式方法计算:

$$E(DC)_i^{Sup} = \overline{E(Obj)_i^{Sup}} \cdot \omega_i^{Sup} \times \xi_{sd} \tag{4.9.2-10}$$

$$\omega_i^{Sup} = \omega(Obj)_i^{e-Sup} + \omega(Obj)_i^{d-Sup} \tag{4.9.2-11}$$

$$\omega(Obj)_i^{e-Sup} = -\frac{50}{3} \times \left[\frac{\overline{E(Obj)_i^{Sup}}}{100}\right]^3 + 10 \times \left[\frac{\overline{E(Obj)_i^{Sup}}}{100}\right]^2 + \frac{1}{6} \times \left[\frac{\overline{E(Obj)_i^{Sup}}}{100}\right] + 1 \tag{4.9.2-12}$$

$$\omega(Obj)_i^{d-Sup} = \frac{25}{9} \times \left[\frac{s(Obj)_i^{Sup}}{100}\right] \tag{4.9.2-13}$$

式中:$\omega(Obj)_i^{e-Sup}$ ——第 i 跨上部结构分项指标均匀性评价权重;

$\omega(Obj)_i^{d-Sup}$ ——第 i 跨上部结构分项指标离散性评价权重;

$\overline{E(Obj)_i^{Sup}}$ ——第 i 跨上部结构分项指标评价值均值,按下式计算:$\overline{E(Obj)_i^{Sup}} = \frac{E(C,LC)_i^{Sup} + E(C,SS)_i^{Sup} + E(S)_i^{Sup} + E(D)_i^{Sup} + E(SC)_i^{Sup} + E(PC)_i^{Sup} + E(CD)_i^{Sup}}{7}$;

$s(Obj)_i^{Sup}$ ——第 i 跨上部结构分项指标评价值标准差,按下式计算:

$s(Obj)_i^{Sup} = \sqrt{\sum_{j=1}^{7}[E(Obj)_{i,j}^{Sup} - \overline{E(Obj)_i^{Sup}}]^2/6}$;

ω_i^{Sup} ——第 i 跨上部结构耐久性能影响因素指标评价权重;

$E(DC)_i^{Sup}$ ——第 i 跨上部结构耐久性能影响因素指标评价值;

ξ_{sd} ——桥址环境特征恶化系数,按表 4.2.3-1 取用。

(5)桥梁下部结构各跨耐久性能影响因素评价值 $E(DC)_i^{Sub}$,按下式方法计算:

$$E(DC)_i^{Sub} = \overline{E(Obj)_i^{Sub}} \cdot \omega_i^{Sub} \times \xi_{sd} \tag{4.9.2-14}$$

$$\omega_i^{Sub} = \omega(Obj)_i^{e-Sub} + \omega(Obj)_i^{d-Sub} \tag{4.9.2-15}$$

$$\omega(Obj)_i^{e-Sub} = -\frac{50}{3} \times \left[\frac{\overline{E(Obj)_i^{Sub}}}{100}\right]^3 + 10 \times \left[\frac{\overline{E(Obj)_i^{Sub}}}{100}\right]^2 + \frac{1}{6} \times \left[\frac{\overline{E(Obj)_i^{Sub}}}{100}\right] + 1 \tag{4.9.2-16}$$

$$\omega(Obj)_i^{d-Sub} = \frac{25}{9} \times \left[\frac{s(Obj)_i^{Sub}}{100}\right] \tag{4.9.2-17}$$

式中：$\omega(Obj)_i^{e-Sub}$ ——第 i 跨下部结构分项指标均匀性评价权重；

$\omega(Obj)_i^{d-Sub}$ ——第 i 跨下部结构分项指标离散性评价权重；

$\overline{E(Obj)_i^{Sub}}$ ——第 i 跨下部结构分项指标评价值均值，按下式计算：$\overline{E(Obj)_i^{Sub}} = \dfrac{E(C,LC)_i^{Sub} + E(C,SS)_i^{Sub} + E(S)_i^{Sub} + E(D)_i^{Sub} + E(SC)_i^{Sub} + E(PC)_i^{Sub} + E(CD)_i^{Sub}}{7}$；

$s(Obj)_i^{Sub}$ ——第 i 跨下部结构分项指标评价值标准差，按下式计算：

$$s(Obj)_i^{Sub} = \sqrt{\frac{\sum_{j=1}^{7}[E(Obj)_{i,j}^{Sub} - \overline{E(Obj)_i^{Sub}}]^2}{6}};$$

ω_i^{Sub} ——第 i 跨下部结构耐久性能影响因素指标评价权重；

$E(DC)_i^{Sub}$ ——第 i 跨下部结构耐久性能影响因素指标评价值；

ξ_{sd} ——桥址环境特征恶化系数，按表 4.2.3-1 取用。

4.9.3 桥梁结构使用功能影响因素评价

(1)城市桥梁和公路桥梁在使用功能和服务水平方面的要求不同，指标 $E(OP)$ 的评价方法应区别评价。

(2)城市桥梁 $E(OP)$ 指标值取《城市桥梁养护技术规范》(CJJ 93—2003)中对桥面系的评价指标 BCI_m。

$$E(OP) = BCI_m \tag{4.9.3-1}$$

式中：BCI_m ——按照《城市桥梁养护技术规范》(CJJ 93—2003)计算的桥面系技术状况指标；

$E(OP)$ ——全桥使用功能完整性指标评价值，评价要素见表 4.9.3-1。

城市桥梁进行 $E(OP)$ 评价时包含的评价要素 表 4.9.3-1

序　号	评 价 要 素	序　号	评 价 要 素
1	桥面铺装	4	排水系统
2	桥头平顺	5	人行道
3	伸缩装置	6	护栏

(3)公路桥梁 $E(OP)$ 指标按《公路桥涵养护规范》(JTG H11—2004)中对桥面系部分的分值计算作为评价基础。

$$E(OP) = 100 - \frac{\sum_{i=1}^{n} R_i W_i}{70} \times 100 \tag{4.9.3-2}$$

式中：R_i ——按《公路桥涵养护规范》(JTG H11—2004)对各部件确定的标度(0～5)；

W_i ——各部件权重，$\sum W_i = 14$；

$E(OP)$ ——全桥使用功能完整性指标评价值，评价要素见表 4.9.3-2。

公路桥梁进行 $E(OP)$ 评价时包含的评价要素 表 4.9.3-2

序　号	评 价 要 素	序　号	评 价 要 素
1	桥面铺装	5	栏杆、护栏
2	桥头与路堤连接部	6	灯具、标志
3	伸缩缝	7	排水设施
4	人行道	8	调治构造物

4.9.4 全桥桥梁结构健康状况指标评价值 $E(HC)$

$$E(HC) = E(CC) \times \omega(CC) + E(DC) \times \omega(DC) + E(OP) \times \omega(OP) \tag{4.9.4}$$

式中：$E(CC)$ ——全桥结构承载能力影响因素指标评价值；

$E(DC)$ ——全桥结构耐久性能指标评价值；

$E(OP)$ ——全桥结构使用功能完整性指标评价值；

$\omega(CC)$——全桥结构承载能力影响因素指标评价权重值，公路桥梁和城市桥梁均取0.5；

$\omega(DC)$——全桥结构耐久性能指标评价权重值，公路桥梁为0.3，城市桥梁为0.2；

$\omega(OP)$ ——全桥结构使用功能完整性指标评价权重值，公路桥梁为0.2，城市桥梁为0.3；

$E(HC)$ ——全桥结构健康状况指标评价值。

4.10 桥梁结构损伤状况等级划分及其表达形式

4.10.1 桥梁结构承载能力影响因素 CC、耐久性能影响因素 DC 以及使用功能影响因素损伤等级 OP 按表4.10.1规定评价。

桥梁结构损伤等级 *CC*、*DC*、*OP* 的划分 表4.10.1

状态评价		良好状态	轻微损伤	中等损伤	严重损伤	危险状态
CC 损伤评价	标度	1	2	3	4	5
	分值	$100 \geq E(CC) \geq 91$	$91 > E(CC) \geq 79$	$79 > E(CC) \geq 61$	$61 > E(CC) \geq 40$	$40 > E(CC) \geq 0$
DC 损伤评价	标度	1	2	3	4	5
	分值	$100 \geq E(DC) \geq 91$	$91 > E(DC) \geq 79$	$79 > E(DC) \geq 61$	$61 > E(DC) \geq 40$	$40 > E(DC) \geq 0$
OP 损伤评价	标度	1	2	3	4	5
	分值	$100 \geq E(OP) \geq 90$	$90 > E(OP) \geq 80$	$80 > E(OP) \geq 66$	$66 > E(OP) \geq 50$	$50 > E(OP) \geq 0$

4.10.2 桥梁结构损伤状况等级 BC 应满足下列要求：

(1)桥梁结构损伤状况等级 BC 以承载能力影响因素评价等级 CC 作为评价基础，BC 的评价结果不得低于 CC。

(2)对于城市桥梁，结构耐久性能评价等级 DC 达到4级及以下时，BC 等级应相应提高一个级别。

(3)对于公路桥梁，结构耐久性能评价等级 DC 达到3级及以下时，BC 等级应相应提高一个级别。

(4)对于城市桥梁，使用功能完整性评价等级 OP 达到3级及以下时，BC 等级应相应提高一个级别。

(5)对于公路桥梁，结构耐久性能评价等级 OP 达到4级及以下时，BC 等级应相应提高一个级别。

(6)城市桥梁结构损伤状况等级 BC 可按下式方法计算：

$$BC = CC + (-0.125 \times DC^4 + 1.417 \times DC^3 - 5.375 \times DC^2 + 8.083 \times DC - 4.000) + (0.125 \times OP^4 - 1.583 \times OP^3 + 6.875 \times OP^2 - 11.417 \times OP + 6.000) \quad (4.10.2\text{-}1)$$

(7)公路桥梁结构损伤状况等级 BC 的计算方法：

$$BC = CC + (0.125 \times DC^4 - 1.583 \times DC^3 + 6.875 \times DC^2 - 11.417 \times DC + 6.000) + (-0.125 \times OP^4 + 1.417 \times OP^3 - 5.375 \times OP^2 + 8.083 \times OP - 4.000) \quad (4.10.2\text{-}2)$$

式中：CC ——全桥结构承载能力影响因素评价等级标度(1~5)；

DC ——全桥结构耐久性能评价等级标度(1~5)；

OP ——全桥结构使用功能完整性评价等级标度(1~5)；

BC ——全桥结构损伤状况评价等级标度，当 $BC > 5$ 时，$BC = 5$。

4.10.3 桥梁结构损伤状态分级表达式为：

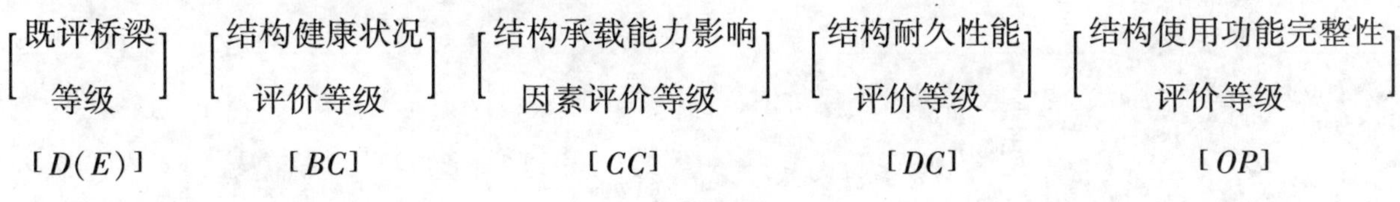

4.10.4 桥梁结构健康状况损伤分级的应用范围：

为使评价体系与现有桥梁养护技术规范相适宜，建议在桥梁养护以及检测过程中遇到下列情况时，可参照本方法进行桥梁结构健康状况评价。

(1)公路桥梁

①按照《公路桥涵养护规范》(JTG H11—2004)表3.5.2-2方法确定桥梁技术状况评定等级为三类、四类及五类的桥梁；

②按照《公路桥涵养护规范》(JTG H11—2004)桥梁技术状况评定 $D_r \geqslant 60$ 且按表3.5.2-1方法对各部件确定的评定标度 $R_i \geqslant 3$ 的桥梁；

③按照《公路桥涵养护规范》(JTG H11—2004)表3.5.2-3方法桥梁技术状况评定等级为三类、四类及五类的桥梁。

(2)城市桥梁

①按照《城市桥梁养护技术规范》(CJJ 99—2003)被评为不合格级的Ⅰ类养护的城市桥梁；

②按照《城市桥梁养护技术规范》(CJJ 99—2003)表4.5.2-5方法由 BCI^* 确定桥梁完好状况为D、E级的Ⅱ~Ⅴ类养护的城市桥梁；

③按照《城市桥梁养护技术规范》(CJJ 99—2003)4.5.3条规定直接评定为不合格级或D级的桥梁。

(3)除上述情况外，在桥梁健康档案资料中反映桥梁健康状况出现明显退化的桥梁，亦可按照本方法进行阶段性评价。

风积沙路基施工技术指南

主编单位：内蒙古自治区省际通道建设管理办公室

主要编制人员：

张　广　王熙林　仲玉善　李　斌　任德良

刘金利　李桂英　李　宽　万　山　贾廷跃

赵满喜　刘世清　季秋成　马骏原

编 制 说 明

内蒙古自治区省际通道全线风积沙路段里程达320km，为了确保风积沙路基的施工质量，特编制《风积沙路基施工技术指南》(以下简称技术指南)。本技术指南根据2002年内蒙古自治区省际通道风积沙试验路施工经验总结而成，在沙漠地区风积沙路基施工具有广泛的实用性与指导性。技术指南由内蒙古自治区省际通道建设管理办公室编制。

本技术指南共8部分，包括：总则、名词术语、风积沙最大干密度的确定方法和路基压实标准、风积沙路基施工的一般规定、施工前的准备工作、风积沙路基施工方法及工艺流程、风积沙路基质量控制重点和压实度的检测方法以及风积沙路基的防护。

通过本技术指南的编制及推广应用，旨在为沙漠地区风积沙路基施工提供科学依据，并为其他地区类似工程项目提供参考与借鉴。

为了进一步提高本技术指南的实用性和科学性，请有关单位在参考执行的过程中，注意积累资料，总结经验，将建议和有关信息及时反馈回来，以便再次修订时参考。同时，对参加本书编写工作人员表示诚挚的谢意！

目　　录

1 总则

1.0.1 为适应内蒙古自治区省际通道公路建设的需要,确保全线320km的风积沙段路基的施工质量,特制定《风积沙路基施工技术指南》。

1.0.2 本指南未涉及的条款,应按交通部颁布的现行有关规范、规程执行。

1.0.3 本指南根据2002年内蒙古自治区省际通道风积沙试验路施工经验总结编制,在使用中若发现问题,请及时函告内蒙古自治区省际通道建设管理办公室,以便修订。

1.0.4 风积沙地区路基施工宜在少风、风速较小或有雨季节分段集中施工,并在大风来临前配套完成。

1.0.5 风积沙地区路基施工应采取措施保护线路两侧的地表原有植被和地表硬壳,减少环境污染,防止水土流失,保护生态环境。施工的路基应集中力量完成一段,防护一段。

1.0.6 风积沙路基筑路时,路线主要控制桩,护桩、水准点桩、路基边桩等均应设置明显的标志,并妥善保护,以防被沙淹没。

1.0.7 沙区路基施工必须遵守国家有关土地管理法规,节约土地,保护林地和草地,应尽量移挖作填,减少土地占用。

1.0.8 沙区路基施工,应在符合施工工艺要求和质量标准的条件下,积极探索新材料、新技术、新工艺、新设备的应用。

2 名词术语

2.0.1 风积沙:经风荷载作用堆积而成的沙土。

2.0.2 风积沙路基:由风积沙填筑的路基。

2.0.3 干法施工:风积沙路基在天然含水率情况下振动压实的施工方法。

2.0.4 湿法施工:风积沙路基在饱水情况下振动压实的施工方法。

3 风积沙最大干密度的确定方法和路基压实标准

3.1 最大干密度的确定方法

目前国内没有成熟的沙区路基施工技术规范、施工工艺和方法,风积沙作为路基填料,其最佳含水率和最大干密度如何确定,现行规范中仍没有明确规定。为适应内蒙古自治区省际通道风积沙地区一级公路建设的需要,确保风积沙填筑路基的工程质量,必须合理确定风积沙的最大干密度。为此,省际通道经过大量的试验分析,对风积沙进行了分类,其分类情况如下:

(1)I类:I-1类,无塑级配不良沙,即土中小于0.074mm组分质量小于总质量的5%;I-2类,有塑级配不良沙,即土中小于0.074mm组分质量小于总质量的5%。

(2)II类:含细粒土沙,即土中小于0.074mm组分质量占总质量的5%~15%,其特点为塑性指数较大。

(3)III类:含细粒土沙,即土中小于0.074mm组分质量占总质量的15%~50%,其特点为塑性指数较大。

I-1类风积沙宜采用表面振动压实法(干法)和振动台法(干法和湿法)来确定最大干密度。从试验资料分析,I-1类风积沙采用表面振动压实法和振动台法比击实标准干密度提高5%~12%。采用标准击实法时,在击实筒试样上放钢垫板,其标准较准确。

I-2类风积沙宜采用标准击实法,其标准干密度较准确。

II、III类风积沙宜采用标准击实法(与黏性土试验方法一致)。

风积沙在室内不同的含水率情况下通过使用表面振动压实仪法和击实试验法取得试验数据。在室外通过修筑试验路,用不同的机具组合进行风积沙路基的压实试验,来对室内试验数据进行验证。

对小于1.8g/cm^{3}的最大干密度,高级驻地监理工程师应到施工现场按规定的施工工艺,经实体工程验证后,再批准使用。

3.2 路基压实标准

风积沙路基压实标准应满足表3.0.2的规定值。

路基压实标准　　表3.0.2

填挖类型		路床顶面以下深度(cm)	压实度(%)
填方路基	上路床	0~30	≥95
	下路床	30~80	≥95
	上路堤	80~150	≥95
	下路堤	150以下	≥93
零填及路堑路床		0~30	≥95
		30~80	≥95

注:①表列数值以饱水表面振动压实试验法和标准击实为准。

②路堤基底施工时均应进行填前处理与压实,当路堤填土高度小于80cm时(不含路面厚度),基底的压实度应不小于路床的压实标准,大于80cm时(不含路面厚度),基底的压实度不小于90%。

③为保证路基稳定,两阶段施工图补充设计确定边坡坡率为:当边坡高度小于3m时,边坡坡率为1:1.5;当边坡高度3~8m时,边坡坡率为1:2;当边坡高度大于8m时,边坡坡率为1:2.5;对于去年已开工的风积沙段,采取填方路基顶面3m以下增设边坡平台,压实度不小于90%。

4 风积沙路基施工的一般规定

4.0.1 沙区公路路基施工应尽量少破坏原植被地貌,减少环境污染,防止水土流失,对清除的原地表土方应集中堆放,用于恢复植被,以保护生态环境。

4.0.2 沙区植被稀疏,填方借土或挖方弃土等行车的便道应规划,尽可能少压草场。

4.0.3 路基取沙填筑以纵向调运为主,取沙应在指定的取土场,不得乱取乱挖,取后将取土场进行平整;对弃方应弃于低洼处并摊平,不能覆盖植被相对茂盛的长草地面。在不影响排水的情况下利于恢复植被并与周围环境协调。

4.0.4 沙漠地区路基施工应推行机械化施工。由于风积沙无黏聚性和非亲水性的特点,水分保持时间短,应结合当地气候条件,抓住有利施工季节,集中调配劳力、机具,优化组合,连续施工。

4.0.5 为保证路基边缘的压实度,采用加宽碾压的方法,即填方段路基每侧加宽0.30m,待路基成型后进行刷坡。

4.0.6 沙区路基施工应选择在沙漠中能自由行走的机械,如履带式推土机、装载机和前后轮驱动的运输汽车及振动压路机等。

4.0.7 施工机械的配备应根据实施性施工组织设计,按工程量大小,取、弃沙运距,工期要求及设备能力等因素综合确定,并制订详细的、切实可行的机械施工作业方案,最大限度地满足机械产量的要求,充分发挥机械效率。

4.0.8 涵洞及桥头附近不宜进行取、弃土。确需取、弃土时,应得到驻地监理工程师的批准,并做好排水和防护,不得影响原有天然沟渠的排水功能或对路基安全造成不利影响。

4.0.9 风积沙路基的工序检查及各项控制指标:线位、压实度、宽度、厚度。风积沙的碎石土封闭前测定纵面高程,以确定封闭的高程。

4.0.10 风积沙路基碎石土封闭后,对已完工的风积沙路基进行验收,实测项目及检测方法、检测频率和允许偏差及规定分比例按照公路工程质量检验评定标准土方路基实测项目执行。

5 施工前的准备工作

5.0.1 路基施工前,各施工单位应在全面熟悉设计文件和设计技术交底的基础上,进行现场核对和调查,发现问题应及时按有关程序上报监理部门和业主,并提出修改意见,报请设计变更。

5.0.2 根据设计要求和现场实际情况,核实工程数量,按工期要求、施工难易程度、人员、设备、试验等准备情况,编制较为详细的施工组织计划,上报监理工程师或业主批准,并及时提交开工申请报告,必要时应编制沙区路基施工网络计划或进度计划。

5.0.3 修建生活和工程用房,解决好通信、电力、水的供应,修建工程所需的临时便道,预制场地硬化,确保施工设备、材料、生活用品的供应,并设立必要的安全标志。

5.0.4 开工前应做好施工测量工作,包括导线、中线、水准点复测、横断面抽查及补测、增设水准点等。施工测量的精度应符合《公路勘测规范》(JTG C10—2007)的要求。

5.0.5 路基施工前应做好复查和试验工作,主要包括以下几个方面:

(1)应对路基范围内地质、水文情况进行详细调查,通过取样、试验确定其相关性质,并了解气候情况对工程进度和质量的影响。

(2)应根据设计文件提供的资料,对取自挖方或用于填方的风积沙取土场,按规定频率进行取样试验。

(3)用于填筑路基的风积沙应做下列试验项目,其方法按照《公路土工试验规程》(JTG E40—2007)执行。

①颗粒分析试验。

②天然含水率试验。

③最大干密度的试验。

5.0.6 场地清理应按如下要求进行:

(1)施工前应按设计要求进行放样,由业主办理征用土地手续。施工单位根据施工需要提出临时用地计划,送交有关单位办理拆迁及临时占用土地手续。

(2)路基用地范围内的已有房屋、道路、河沟、通信、电力设施及其他建筑物等,均应协助有关部门事先拆迁或改造,对于路基附近的文物古迹应妥善保护。

(3)路基用地范围内的树木、灌木丛等均应在施工前砍伐或移植清理,并将路基范围内的树根全部挖除,将坑穴填平碾压密实。

(4)填方地段的原地面应进行表面清理,清理深度应根据表土厚度决定。清出的表土应集中堆放,清理地面后,应整平压实到规定要求,方可进行填方作业。

5.0.7 试验路段

(1)试验路段位置应选择在地质条件、断面形式均具有代表性的地段,长度按实际情况确定。

(2)试验所用填料和机具应与全线施工所用的填料、机具和施工方法相同,最终确定碾压遍数、最佳的机械配套和施工组合。

(3)试验路段施工中及完成以后,应加强对有关技术指标的检测;完工后,应及时写出试验报告,以便指导全面施工。

6 风积沙路基施工方法及工艺流程

6.1 填方路堤施工

6.1.1 填方路堤施工前,对基底宽度内进行清表,原地面的坑、洞、低矮的沙丘等应推平或用风积沙回填,草皮、有机土、腐殖质、淤泥等应清除,并进行填筑前碾压,达到规定压实度后进行填筑施工。

6.1.2 严重下湿地段应先对基底用抛石挤淤的方法进行处理。片石抛填至地表长期积水水位以上,片石以上填50cm厚的天然砂砾或碎石土,宽度每侧比路基基底宽1m,然后再填筑路堤。

6.1.3 填筑用的风积沙不得夹杂块状黏土、植物、草皮、树根等杂质,必须是匀质的风积沙。

6.1.4 施工时必须分层填筑、分层压实,分层的最大松铺厚度不大于40cm。不得将风积沙和土在一层中混合填筑。

6.1.5 填筑路堤应采用水平分层填筑法施工,按照横断面全宽分成水平层次逐层向上填筑。如原地面不平,应由最低处分层填起,每填一层,检测下层压实度符合规定后,再填上一层。

6.1.6 当地面坡度缓于1:5且基底经处理符合要求时,可直接在处理的基底上分层填筑路堤;地面坡度陡于1:5时,原地面应挖成台阶(台阶宽度不小于2m)并进行压实。填筑应由最低一层台阶填起,逐台阶向上填筑,分层压实。所有台阶填完之后,即可按一般填方进行。

6.1.7 若填方分几个作业段施工,两侧连接处,不在同一时间填筑的,应将先填地段挖成宽度不小于2m的台阶;同一时间填筑的则应分层相互交叠衔接,其搭接长度不得小于2m。

6.1.8 路基填料优选推土机械从两侧小沙丘取沙或汽车纵向调配。当路堤较高时,可将填料运至路堤坡脚处,然后用装载机或挖掘机通过二次倒运的方法运至作业面上,再用推土机或平地机整平。如条件允许也可在沙层上铺天然砂砾、碎石土或土工织物,使重载车在上行走,运送风积沙。

6.2 挖方路堑施工

6.2.1 复查施工组织设计,核实挖方横断面设计图,用标志标明轮廓。

6.2.2 已开挖的适用于种植的草皮表土应堆积在指定地点,以便利用其覆盖弃沙沙面,用于植树种草。

6.2.3 根据试验结果,对开挖出的适用沙土,应用于路基填筑,不适用的按规定堆弃。

6.2.4 施工过程中发现风积沙层下部出现土质变化,应将上部风积沙全部挖除后再进行下部开挖,上部风积沙边坡坡度应符合设计要求。

6.2.5 路堑开挖,应根据选用机械及路堑深度和纵向长度的不同,采取横挖法和纵挖法两种方式。

横挖法是以路堑整个横断面的宽度和深度,从一端或两端逐渐向前开挖的方式;纵挖法是沿路堑全宽以深度不大的纵向分层挖掘;也可采用混合式开挖法,即将横挖法与纵挖法混合使用,先沿路堑纵向挖通道,然后沿横向坡面挖掘,以增加开挖坡面。

6.2.6 零填及挖方路段,到路床顶面高程后再超挖40cm,对下层进行碾压达到要求后,再回填超挖部分,以保证路床顶面以下0~80cm范围内的压实度。

6.2.7 对填挖结合部的路基,要先进行填方段的施工,避免挖方时将填方区域掩埋。

6.3 风积沙路基的施工工艺

6.3.1 干法施工法流程如图6.3.1所示。

(1)机械设备的选择。风积沙路基压实机械的选择除满足压实的技术要求外,还应根据工程规模、场地大小、压实机械效率及工期要求等因素综合考虑。应选择在沙漠中能自由行走的前后轮驱动的中型振动压路机及履带式推土机。振动压路机的激振力在250~300kN为宜,推土机功率应不小于103kW(即140马力)。

(2)推运填料。推土机从路基两侧或短距离内纵向调配或运至填方路段内。

(3)摊铺填料。对推运至填方路段内填料采用推土机摊铺并整平,或采用推土机配合平地机整平。每层松铺厚度不得超过40cm,采用挂线施工的方法控制松铺厚度。

(4)推土机稳压。推土机稳压时按照一般土方路基的压实工艺,从路基边缘向内侧逐轮碾压,碾压时轮迹重叠宽度不小于1/2单轮宽度,稳压2遍。

(5)振动压路机碾压。振动压路机碾压6遍以上,碾压时轮迹重叠宽度不小于1/3轮宽单轮宽度。

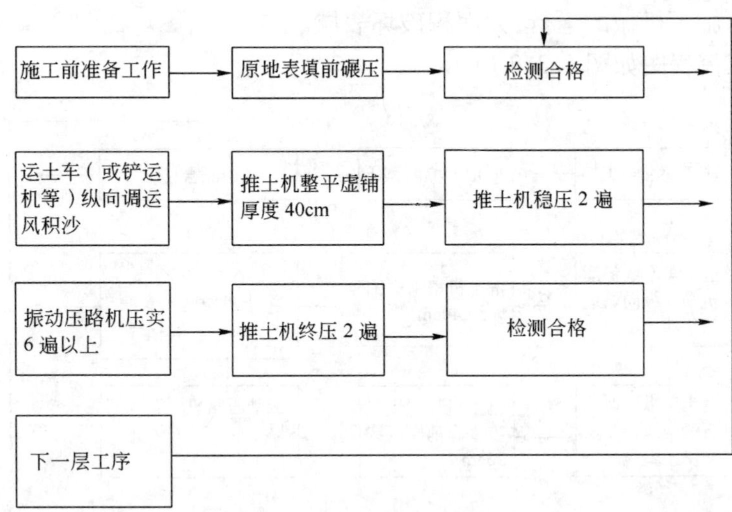

图6.3.1　干法施工流程图

(6)推土机终压。推土机终压工艺与推土机稳压工艺相同,碾压时轮迹重叠宽度不小于1/2单轮宽度,终压2遍。

(7)推土机或压路机的碾压行驶速度最大不超过4km/h。碾压时直线段由两边向中间,小半径曲线段由内侧向外侧,纵向进退式进行。前后相邻两区段(碾压区段之前的平整预压区段与其后的检验区段)应纵向重叠2.0m以上,达到无漏压、无死角,确保碾压均匀。

6.3.2　湿法施工法流程图如图6.3.2所示。

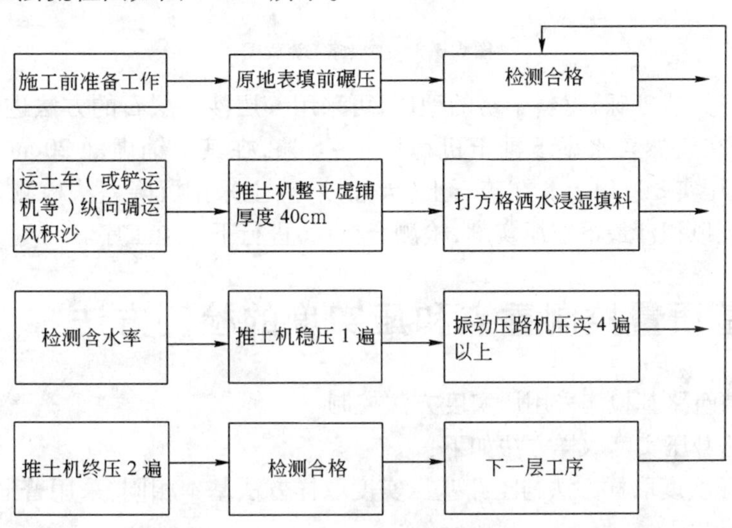

图6.3.2　湿法施工法流程图

(1)推运、摊铺填料。对推、运至填方路段内的填料用推土机摊铺并整平,或采用推土机配合平地机整平。每层松铺厚度不得超过40cm,采用挂线施工的方法控制松铺厚度。

(2)洒、放水。采用水车运水或打机井布管道的方法进行洒水,填料表面要打方格。洒水应洒透,即两层填料中间不得留有夹层,含水率控制在比最佳含水率高1%~2%。

(3)推土机、压路机碾压。洒水、放水完成后马上进行碾压。分稳压、振压、终压三个阶段进行。

稳压:用推土机或振动压路机静压1遍;

振压:用振动压路机振压4遍以上;

终压:用推土机碾压2遍。

(4)每层压实后,在进行下一层填土时不得对上一土层进行大的扰动,表面浮层(约10cm左右)可适当洒水稳压,不得因施工机械的运行,大面积破坏表层。

6.3.3 夹层施工流程图如图 6.3.3 所示。

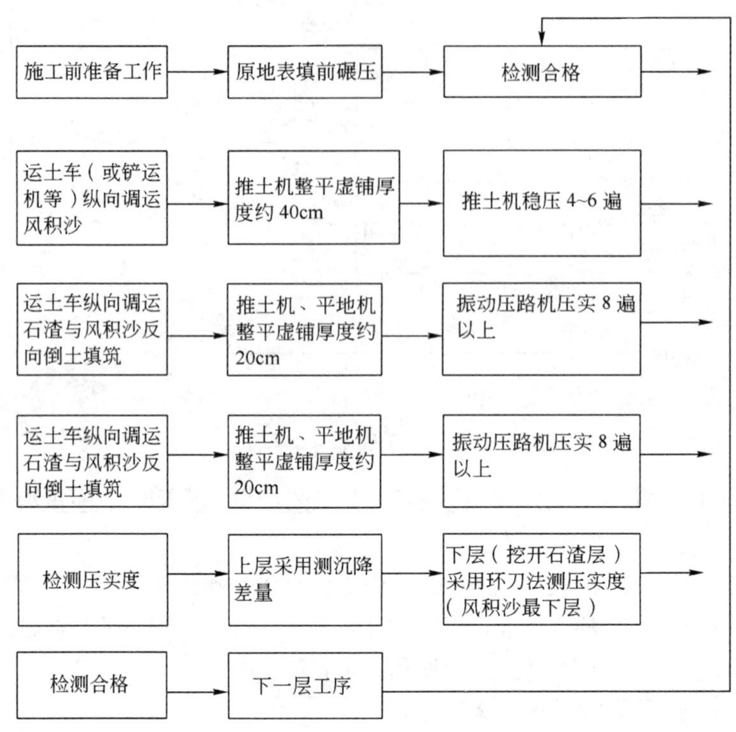

图 6.3.3 夹层施工流程图

对缺水和碎石土(天然砂砾)材料丰富的地区,可采用一层沙一层石的方法进行施工。风积沙虚铺 40cm 厚,然后风积沙在天然含水率下推土机稳压 4 ~ 6 遍,在其上铺虚铺 20cm 厚的碎石土(天然砂砾),重型振动压路机压实 8 遍以上。在碎石土(天然砂砾)上采用沉降差法检测,合格后下层(挖开碎石土层)采用环刀法测风积沙最下层压实度,检测合格后,进行下一道工序。

7 风积沙路基质量控制重点和压实度的检测方法

7.0.1 风积沙填筑路基检测采用压实度方法控制

7.0.2 风积沙路基压实度取样方法如下:

(1)风积沙路基压实度取样方法与土路基压实度取样方法基本相同,采用普通环刀取样,取样位置应在距每层顶面 25cm 以下。

(2)采用普通环刀取样,若当层难以取样,上层工艺控制合格后可在下层取样检测。

(3)夹层施工段,风积沙的取样必须在碎石土沉降差合格后穿过沙层取样。

7.0.3 风积沙填料的取样频率。颗粒分析、天然含水率、最大干密度试验每 3 万 m^3 作一组,且每个取土场(包括纵向利用)至少作一组。当施工中发现沙粒粒径、级配有变化时,应及时补作以上试验项目。

7.0.4 路堤填方、路堑路床顶面、零填及路堤基底碾压完成后,采用随机取样,每 2 000m^2 检测 8 点,不足 200m^2 检测 2 点。

7.0.5 监理人员旁站进行工艺控制,必须达到洒水、碾压的工艺要求。

7.0.6 由监理、施工单位分别同时独立按各自的频率检测压实度。

7.0.7 压实度符合要求后,应立即进行下一层填筑;如不符合要求,应分析原因,必要时取样重新进行最大干密度试验。

7.0.8 施工过程中的路基压实质量控制,要求每点压实度均不小于规定的压实度标准。分项工程质量评定时,只按上路床的检查数据用数理统计方法评分。

8 风积沙路基的防护

8.0.1 风积沙填筑的路基边坡防风加固既可用植物防护,也可用圬工、混凝土、碎砾石封闭,还可用化学材料封闭。

8.0.2 沙漠地区路基工程应遵循边施工边防护的原则,集中力量完成一段,防护一段,以减少风蚀等造成的路堤破坏。

8.0.3 分段路基尽量当年完成,为防止风蚀和为铺筑底基层提供通行条件,对路床顶面用碎石土或天然砂砾进行封闭,碎石土(天然砂砾)质量要求为:最大粒径不大于10cm,0.074mm以下颗粒含量不大于15%,液限不大于28%,塑性指数不大于9。在塑性指数偏大的情况下,塑性指数与0.5mm以下细土含量的乘积不应大于120。

8.0.4 路基填方的段落可用加密型土工格网防护,土工格网封闭的单位不大于2m×3m。

8.0.5 路基边坡采用碎石土、混凝土预制块、混凝土空心预制块(空心部分植草)、混凝土格状预制块加碎石土等多种形式进行封闭加固。

8.0.6 路堑段积沙平台(或储雪场)采用实体混凝土预制块封闭,路堑边坡设1.5m高的护面墙,其余采用插植柳条或芦苇方格封闭。方格尺寸为0.8m×0.8m,插植深度柳条35cm(芦苇15cm),外露不得小于15cm,沙障内撒播草籽。上风侧植物沙障外10m设柳条或芦苇栏栅1道。

8.0.7 所有取弃土场均应平整,表面插植柳条或芦苇方格,方格尺寸为1.5m×1.5m,方格内撒播草籽。

填石路堤施工技术指南

主编单位：内蒙古自治区省际通道建设管理办公室

主要编制人员：

张　广　王熙林　仲玉善　李　斌　任德良

刘金利　李桂英　李　宽　万　山　贾廷跃

赵满喜　刘世清　季秋成　马骏原

编 制 说 明

为了满足内蒙古自治区省际通道公路建设的需要,确保填石路堤的施工质量,规范填石路堤的施工检测方法,内蒙古自治区省际通道建设管理办公室特编制《填石路堤施工技术指南》(以下简称指南)。本指南根据各高速公路试验路建设经验总结编制,具有广泛的实用性与指导性。

本指南共6部分,包括:总则、名词术语、填石路堤分类、填石路堤施工的一般规定、不同强度填石路堤的压实层厚与压实机具要求和填石路堤的施工质量控制。

通过本指南的编制及推广应用,旨在为填石路堤施工提供科学依据、规范,对填石路堤施工进行指导,并对其他地区类似工程项目提供参考与借鉴。

为了进一步提高本指南的实用性和科学性,请有关单位在参考执行的过程中,注意积累资料,总结经验,将建议和有关信息及时反馈回来,以便再次修订时参考。同时,对参加本书编写工作人员表示诚挚的谢意!

目　　录

1 总则

1.0.1 为了适应内蒙古自治区省际通道公路建设的需要,确保填石路堤的施工质量,规范填实路堤的施工检测方法,特制定《填石路堤施工技术指南》。

1.0.2 本指南适用于内蒙古自治区省际通道的填石路堤工程。

1.0.3 本指南未涉及的条款,应按内蒙古自治区省际通道招标文件和《监理细则》以及交通部颁布的现行有关规范、规程执行。

1.0.4 本指南根据各高速公路试验路总结编制。

2 名词术语

2.0.1 沉降差:指压路机碾压前、后被压实层表面的沉降量之差值。

2.0.2 土石混填路堤:路堤填筑土中石料含量在25% ~75%之间的路堤。

3 填石路堤分类

3.0.1 除了膨胀性岩石且石料强度大于15MPa(用于护坡的不应小于20MPa)。填石路堤石料最大粒径不宜超过层厚的2/3;均可用于路堤填料。施工单位在发现填石料过水崩解快,体积膨胀明显时,应取样送有关部门进行试验。当确定岩石为膨胀性岩石时,应禁止用于路堤填筑。

3.0.2 根据填料中石料含量不同,路堤可分为填石路堤,土石混填路堤和土质路堤三种类型,如表3.0.2所示。

路堤类型划分表 表3.0.2

填 石 路 堤	土石混填路堤	土 质 路 堤
石料含量≥75%,粗粒含量一般(75mm)的颗料含量)超过70%(其中黏土含量<15%)	石料含量25% ~75%	石料含量<25%

注:在填石料中,当黏性土颗粒含量超过15%时,应按土石混填路堤考虑。

3.0.3 根据石料饱和抗压强度指标,填石料分为硬质岩石、中硬岩石和软质岩石,如表3.0.3所示。

岩石硬软分类表 表3.0.3

岩 石 类 型	饱水抗压强度(MPa)	代表性岩石
硬质岩石	60	新鲜—弱风化花岗岩、灰岩、石蔡砂岩等
中硬岩石	30 ~60	弱—中等风化花岗岩、灰岩、砂岩、部分凝灰岩等
软质岩石	15 ~30	泥质岩、互层砂页岩、泥质灰岩千枚岩等

4 填石路堤施工的一般规定

4.0.1 填石路堤的基底处理同填土路堤。

4.0.2 填石路堤的石料强度不应小于15MPa(用于护坡的不应小于20MPa)。填石路堤石料最大粒径不宜超过层厚的2/3。

4.0.3 填石路堤应分层填筑,分层压实。

4.0.4 分层松铺厚度不宜大于0.5m。

4.0.5 填石路堤边坡应用粒径大于30cm的硬质石料码砌。填石路堤高度小于或等于6m时,其码砌厚度不应小于1m;当高度大于6m时,码砌厚度不应小于2m。

4.0.6 逐层填筑时,应按排好石料运输路线,专人指挥,按水平分层,先低后高,先两侧后中央卸料,并用大型推土机摊平。个别不平处应配合人工用细石块、石屑找平。

4.0.7 当石块级配较差、粒径较大、石块间的空隙较大时,可在每层表面的空隙里扫入石渣、石屑、中、粗砂,再以压力水将砂冲入下部,反复数次,使空隙填满。

4.0.8 人工铺填粒径25cm以上石料时,应先铺填大块石料,大面向下,小面向上,摆平放稳,再用小石块找平,石屑塞缝,最后压实。人工铺填粒径25cm以下石料时,可直接分层摊铺分层碾压。

4.0.9 填石路堤的填料如其岩性相差较大,则应将不同岩性的填料分层或分段填筑。如路堑为不同岩种互层,允许使用挖出的混合石料填筑路堤,但石料强度不应小于15MPa,粒径不宜超过层厚的2/3。

4.0.10 用强风化石料或软质岩石填筑路堤时,应按土质路堤施工规定先检验其CBR值是否符合要求。CBR值不符合要求时不得使用,符合使用要求时应按土质填筑路堤的技术要求施工。

4.0.11 填石路堤路床顶面以下50cm范围内应填筑符合路床要求的土并分层压实。填料粒径不得大于10cm,其中小于0.5cm细料含量应大于30%。

4.0.12 填石路堤应采用重型振动压路机压实。

4.0.13 用作路堤的填石料除限制其最大粒径外,一般对填料级配不作限制,但当发现由于某种粒径的填料欠缺而影响压实结果时(一般为细料),可采用补充级配填料的办法进行改善。

5 不同强度填石路堤的压实层厚与压实机具要求

填石料的石质、压实,推土机具的功率是影响填筑层厚和最大粒径的主要因素。对于不同强度的填石料,填石路堤分区填筑层厚以及压实机具宜满足表5.1~表5.3的要求。

坚硬石料填实路堤 表5.1

路面底面以下深度(cm)	路堤分区	最大层厚(cm)	最大粒径(cm)	施工机具	
				振动压路机(t)	推土机(PS)
>150	下路堤	70,松铺	45	≥18	≥230
		60,松铺	40	≥18	≥200
80~150	上路堤	60,松铺	40	≥18	≥200
		50,松铺	30	≥12	≥200
0~80	路床	30,松铺	10	≥12	≥140

注:1PS=735.5W,余同。

中硬岩石填石路堤 表5.2

路基底面以下深度(cm)	路堤分区	最大层厚(cm)	最大粒径(cm)	施工机具	
				振动压路机(t)	推土机(PS)
>150	下路堤	50,松铺	30	≥18	≥200
80~150	上路堤	50,松铺	30	≥18	≥200
0~80	路床	30,松铺	10	≥12	≥140

软弱岩石填石路堤 表5.3

路基底面以下深度(cm)	路堤分区	最大层厚(cm)	最大粒径(cm)	施工机具	
				振动压路机(t)	推土机(PS)
>150	下路堤	50,松铺	30	≥12	≥200
80~150	上路堤	40,松铺	25	≥12	≥200
0~80	路床	30,松铺	10	≥12	≥140

6 填石路堤的施工质量控制

6.0.1 填石路堤检验采用沉降差检测:沉降检测是检查标准吨位的压路机(12t 以上)碾压前和碾压后被压实层表面的沉降量之差。在压路机碾压 6 ~ 8 遍后,测点沉降差平均值不大于 5mm。

6.0.2 布点方法:一般在压实表面沿路堤纵向并排布点;点位间纵向间距为 5m 左右,横向间距视现场情况而定;布点避免位于突出大石上和压路机不能压到的地方。

6.0.3 检测频率:压实面积每 2 000m^2 至少检测 16 点;压实面积不足 200m^2 时至少应检测 4 点。

6.0.4 压实层厚检测:填石路堤应测量填筑完工后每压实层顶面的高程(可结合沉降差检测进行)、相邻层位的高程差加上两次高程检测间路堤的沉降量应不大于相应分区路堤填筑厚度规定。

6.0.5 填石路堤路基实测项目参见表 6.0.5。

填石路堤路基实测项目 表 6.0.5

<table>
<tr><th>项目</th><th colspan="2">检 查 项 目</th><th>规定值或允许偏差</th><th>检查方法少频率</th><th>规定分</th></tr>
<tr><td rowspan="2">1</td><td colspan="2" rowspan="2">压实度</td><td>层厚和碾压遍数符合要求</td><td rowspan="2">水准线每 2 000m^2 测 16 点</td><td rowspan="2">30 分</td></tr>
<tr><td>压实平均沉降差≤5mm,标准差≤3mm</td></tr>
<tr><td>2</td><td colspan="2">纵断高程(mm)</td><td>+10,-20</td><td>水准仪每 200m 测 4 个断面</td><td>10 分</td></tr>
<tr><td>3</td><td colspan="2">中线偏位(mm)</td><td>50</td><td>经纬仪每 200m 测 4 点,变道加 HY、YH 两点</td><td>10 分</td></tr>
<tr><td>4</td><td colspan="2">宽度(mm)</td><td>20</td><td>米尺每 200m 测 4 处</td><td>10 分</td></tr>
<tr><td>5</td><td colspan="2">平整度(mm)</td><td>20 压实层表面无明显突出点</td><td>3m 直尺、每 200m 测 4 处×3 尺</td><td>15 分</td></tr>
<tr><td>6</td><td colspan="2">横坡(%)</td><td>±5</td><td>水准仪每 200m 测 4 个断面</td><td>10 分</td></tr>
<tr><td rowspan="3">7</td><td rowspan="3">边坡</td><td>坡度</td><td>不大于设计值</td><td colspan="2" rowspan="3">每 200m 测 4 点</td></tr>
<tr><td>平顺度</td><td>符合设计</td></tr>
<tr><td>码边厚度</td><td>符合规范</td></tr>
</table>